Kosten-Nutzen-Analyse von Jugendhilfemaßnahmen

STUDIEN ZUR JUGEND-
UND FAMILIENFORSCHUNG

Herausgegeben von Prof. Dr. Franz Petermann

Band 23

PETER LANG

Frankfurt am Main · Berlin · Bern · Bruxelles · New York · Oxford · Wien

Klaus Roos

Kosten-Nutzen-Analyse von Jugendhilfemaßnahmen

PETER LANG
Europäischer Verlag der Wissenschaften

Bibliografische Information Der Deutschen Bibliothek
Die Deutsche Bibliothek verzeichnet diese Publikation in der
Deutschen Nationalbibliografie; detaillierte bibliografische
Daten sind im Internet über <http://dnb.ddb.de> abrufbar.

Zugl.: Bremen, Univ., Diss., 2005

Gedruckt auf alterungsbeständigem,
säurefreiem Papier.

D 46
ISSN 0178-0212
ISBN 3-631-54045-0

© Peter Lang GmbH
Europäischer Verlag der Wissenschaften
Frankfurt am Main 2005
Alle Rechte vorbehalten.

Printed in Germany 1 2 3 4 6 7

www.peterlang.de

Vorwort des Herausgebers

Die vorliegende Arbeit basiert auf drei groß angelegten empirischen Studien zur Effektivität und Effizienz von Jugendhilfemaßnahmen („JULE", BMFSFJ, 1998; „JES", BMFSFJ, 2002; „Erfolg und Mißerfolg in der Heimerziehung, LWV Baden, 2000) und integriert die dort beigebrachten Daten unter volkswirtschaftlicher Perspektive durch eine Kosten-Nutzen-Analyse. Im Ergebnis werden Jugendhilfe-Maßnahmen als Investition dadurch legitimiert, dass ihre Kosten im weiteren Lebensverlauf der Maßnahmeempfänger gesamtwirtschaftlich durch ein Vielfaches „zurückgezahlt" werden und sie somit positiv bilanzieren. Untersucht wurden insbesondere die Bereiche „Erwerbstätigkeit versus Arbeitslosigkeit", „Gesundheitskosten" sowie „Delinquenz im Sinne des Strafrechts".

Das gewählte Thema erfordert eine theoretische Annäherung aus zwei Perspektiven. Im ersten Abschnitt der Arbeit werden nach einer Erläuterung der gesetzlichen Grundlagen und den hauptsächlichen Zielparametern in diesem Feld (Qualität, Effektivität und Effizienz) die Beiträge sowohl der Entwicklungspsychopathologie als auch der Humankapitaltheorie der Volkswirtschaftslehre diskutiert und die Tragfähigkeit ihrer Kombination für die vorliegende Fragestellung geprüft. In Anlehnung an die Gesundheitsökonomie wird herausgearbeitet, dass trotz unauflösbarer Inkompatibilität von Menschenbildern („Marktagent" vs. „Patient") und ethischer Normen eine unbedingte Notwendigkeit wirtschaftlicher Betrachtungsweisen besteht. Im Kern wird argumentiert, dass sich ein Produktivitätsmangel aufgrund defizitärer Erziehungsleistungen später negativ auf die Gesamtressourcenlage für solche Leistungen auswirkt, während umgekehrt eine inflationäre Inanspruchnahme, orientiert allein an ethischen Begründungen, ebenso zu einer Ressourcenverknappung führen müsste.

In der Arbeit werden der theoretische Ansatz der Kosten-Nutzen-Analyse sowie analoge Untersuchungen im Bereich der öffentlichen Gesundheit vorgestellt. Ziel ist dabei eine Operationalisierung von Kosten und Nutzen im Bereich der Jugendhilfe. Dabei wird unterstellt, dass positive Effekte entsprechender Maßnahmen auf psychologischer Ebene (Eigenverantwortlichkeit, Gemeinschaftsfähigkeit, Persönlichkeitsentwicklung) durch ein System vermittelnder Faktoren in volkswirtschaftlichen Konsequenzen (Arbeitslosigkeit, Produktivität, Delinquenz, Krankheit) zeigen.

Es werden erstmals monetarisierbare Erfolgsindikatoren aus den Datenbasen der drei zugrunde liegenden Studien identifiziert und in Beziehung zu den jeweiligen Kostendaten gesetzt. Aus nahe liegenden Gründen muss dabei zur Differenzenbildung gegenüber der Alternative „keine KJH-Maßnahme" auf allgemeine volkswirtschaftliche Maßzahlen und Schätzungen zurückgegriffen werden (z.B. fiskalische Kosten der Arbeitslosigkeit, Einkommensindex der OECD).

Für jedes Kriterium wird schließlich ein Teilmodell in Gleichungsform identifiziert, welches die Veränderung der Kosten als Produkt eines Erfolgsindikators, den Kosten für „Misserfolg", dem Betrachtungszeitraum sowie der Risikodifferenz für Misserfolg zwischen der Inanspruchnahmepopulation und der (geschätzten) Alternativpopulation ermittelt. Alle Teilmodelle werden anschließend unter Berücksichtigung der Moderatorvariable „Geschlecht" pro Studie und schließlich über die Gesamtdatenbasis diskutiert.

Alle drei Parameter sprechen eindeutig für die „Investition" Kinder- und Jugendhilfe: es wird ein Überschuss von knapp 150-350.000 € (absolut) bzw. ein relativer „return-of-investment"-Faktor von bis 4,7 pro Maßnahme ermittelt. Diese Kennzahlen werden nach Faktoren wie „Maßnahmedauer" oder „Geschlecht" etc. ausdifferenziert.

Die Relevanz des Themas steht angesichts der derzeitigen gesundheits- und familienpolitischen Debatte außer Frage. Gerade die intelligente Verbindung einer entwicklungspsychopathologischen Rahmentheorie auf der einen und der Humankapitaltheorie der Volkswirtschaftslehre auf der anderen Seite kann hier eine Brücke sein. Die Analyse der „Marktsituation" erlaubt künftig einen mehr „ganzheitlichen" Blick auf das Steuerungsgeschehen im Bereich der Kinder- und Jugendhilfe. Die ausführliche Darstellung der methodischen Einschränkungen und des Modellcharakters mit teilweise empirisch nicht gesicherten Ausgangsdaten lassen eine objektivere Bewertung zu, als man dies gewohnt ist. Hervorzuheben ist insbesondere, dass am Ende der Arbeit sehr konkrete Empfehlungen gegeben werden (Abkehr vom „Töpfe-Denken" in der Budgetierung, Legitimation von Frauenförderung aus sozialökonomisch-empirischen Ergebnissen heraus anstatt politisch etc.). Es ist dem Autor darin zuzustimmen, dass das größte Verdienst der Arbeit in der „Explizitmachung" der Zusammenhänge von Effektivität und Effizienz liegt. Damit unterstützt die Arbeit vor allem auch direkte Entscheidungen im Kontext einer sozialpolitischen Steuerung.

Bremen, im Mai 2005

Franz Petermann

Vorwort

Nicht erst seit kurzem, sondern eigentlich schon immer werden einerseits die hohen Kosten der Jugendhilfe und andererseits die leeren bzw. knappen Kassen der öffentlichen Haushalte beklagt. Im Alltag erleben Jugendhilfemitarbeiter häufig das Spannungsfeld zwischen dem pädagogisch Wünschenswerten und den aufgrund der beschnittenen finanziellen Mitteln begrenzten Möglichkeiten. Auf diesem Hintergrund enstand die Idee für die vorliegende Arbeit zu untersuchen, ob es auch aus ökonomischen Gründen sinnvoll ist, für die Jugendhilfe ausreichende finanzielle Mittel einzusetzen.

Für die vielfältige Unterstützung dieses Vorhabens möchte ich mich deshalb an dieser Stelle ganz herzlich bedanken.

Dank gebührt hier zunächst einmal dem Kinder- und Jugenddorf Klinge, insbesondere Herrn Dr. Johann Cassar, Herrn Pfarrer Herbert Duffner, Herrn Georg Groß sowie Herrn Manfred Nachtigall, als dessen Mitarbeiter ich einen Großteil der vorliegenden Arbeit bearbeiten und vorantreiben durfte. In einem gleichnamigen Praxisforschungsprojekt des Kinderdorfs durfte ich mich von Januar 1999 bis Dezember 2001 dem Thema dieser Arbeit widmen, im Auftrag des Deutschen Caritasverbands und mit finanzieller Förderung durch die Lotterie „Glücksspirale" unter Mitwirkung der Bundesarbeitsgemeinschaft der Freien Wohlfahrtspflege. An dieser Stelle möchte ich mich auch bei Herrn Heribert Mörsberger für die Unterstützung von Seiten des Deutschen Caritasverbandes bedanken.

Besonderer Dank gilt an dieser Stelle auch meinen Gutachtern Herrn Prof. Dr. Franz Petermann und Herrn Prof. Dr. Jürgen Blandow für die stets förderliche Betreuung und Begutachtung meiner Arbeit.

Viele Anregungen erhielt ich auch in Gesprächen mit Herrn Prof. Dr. Michael Macsenaere, Herrn PD Dr. Eckhard Knab sowie meiner Kollegin Frau Karin Zinkl vom Institut für Kinder- und Jugendhilfe in Mainz. Auch an sie an dieser Stelle ein herzlicher Dank.

All meine Bemühungen hätten jedoch nicht stattfinden können, ohne die Unterstützung und das Verständnis meiner Frau und meiner Kinder, da sie mir stets den nötigen Rückhalt gegeben und verständnisvoll die Folgen meiner zeitlichen Inanspruchnahme ertragen haben. Dafür kann ich mich nicht genug bedanken!

Elztal, im Mai 2005

Klaus Roos

INHALTSVERZEICHNIS

0. Abstract

Modellhaft wird eine Kosten-Nutzen-Analyse für Jugendhilfemaßnahmen entwickelt und deren Notwendigkeit begründet.

Anhand empirischer Hinweise werden für den Bereich der Heimerziehung exemplarisch volkswirtschaftliche Auswirkungen von Jugendhilfemaßnahmen auf der Grundlage des Humankapitalansatzes und Erkenntnissen der Entwicklungspsychopathologie in den Bereichen Erwerbstätigkeit und Arbeitslosigkeit, gesundheitsbezogenes Verhalten und Delinquenz geschätzt.

Dabei werden die Ergebnisse der Studien „Leistungen und Grenzen von Heimerziehung" (JULE, BMFSFJ 1998), „Effekte erzieherischer Hilfen und ihre Hintergründe" (JES, BMFSFJ, 2002) und „Erfolg und Misserfolg in der Heimerziehung" (LWV Baden, 2000) mittels Erfolgsindikatoren einbezogen und miteinander verglichen.

Als Schätzungen der Kosten der Maßnahmen fließen statistisch und empirisch ermittelte Schätzwerte mit ein.

Bei den Ergebnissen zeigen sich jeweils positive Nutzen-Kosten-Differenzen mit einer Bandbreite von 148.268 € bis 377.622 € je Maßnahme und positive Nutzen-Kosten-Relationen mit einer Bandbreite von 1,003 bis 4,676.

Eine Nutzen-Kosten-Relation von 1,003 bzw. 4,676 besagt, dass ein in Heimerziehung eingesetzter € im weiteren Lebensverlauf gesamtwirtschaftlich mit 2,00 € bzw. 5,68 € zurückgezahlt wird.

Als kritischer Zinssatz wird eine Bandbreite von 3,73 % bis 13,65 % ermittelt, bis zu dem sich eine vollständige Kreditfinanzierung der Maßnahme gesamtgesellschaftlich lohnt.

Abschließend werden die Aussagemöglichkeiten und Grenzen der vorliegenden Studie erörtert und auf zukünftige sinnvolle Erweiterungen und Forschungsmöglichkeiten eingegangen.

Keywords: cost-benefit-analysis, human capital theory, residential child care, youth care economics, delinquency, labour market effects.

1. Einleitung

„Die systematische Analyse der Aufwendungen für das System der Kinder- und Jugendhilfe, die Auseinandersetzung mit hoch aggregierten Finanzdaten findet eher in einem Schattenbereich der fachlichen Auseinandersetzungen statt. Dies macht die Beschäftigung mit diesen Themen umso notwendiger". Diese Stellungnahme aus dem 11. Kinder- und Jugendbericht der Bundesregierung (BMFSFJ, 2002, S. 70) beschreibt den aktuellen Forschungsstand im Bereich der Finanzen der Jugendhilfe. Dies erscheint umso erstaunlicher, da die aktuelle Situation in der Jugendhilfe geprägt ist durch die dauerhafte Finanznot der Kommunen. Angesichts leerer Kassen der öffentlichen Haushalte gerät der Jugendhilfebereich immer stärker unter Kostendruck.

Gesellschaftlich wird neben den relativ hohen Kosten der Heimerziehung (im Vergleich zu anderen Jugendhilfeformen und zu anderen stationären Unterbringungsformen im Pflegebereich) auch deren Notwendigkeit und Effektivität in Frage gestellt. Beispiele sind hierfür die negativen Darstellungen von Heimerziehung in der Öffentlichkeit und in den Medien.

Aus dieser Situation ergibt sich für Einrichtungen der Jugendhilfe die Notwendigkeit, die Qualität, Effektivität und Effizienz ihrer Leistungen belegen und öffentlich darstellen zu können, um dem gesellschaftlichen Legitimations- und Kostendruck bestehen zu können (Müller, 1996). Mittlerweile sind im Bereich der Jugendhilfe einige Effektivitätsstudien im Gange beziehungsweise gerade abgeschlossen, die die Qualität und Effektivität der Maßnahmen untersuchen. Auf diese wird in Kapitel 6.3. ausführlicher eingegangen.

Nicht vorhanden sind bisher Studien zur Effizienz der Maßnahmen, die belegen könnten, dass Jugendhilfemaßnahmen gesamtgesellschaftliche und gesamtwirtschaftliche „Zukunftsinvestitionen in Humankapital" darstellen, die sich insgesamt später durch gesenkte Folgekosten und höhere gesellschaftliche Produktivität auszahlen.

Effektivitätsstudien sind notwendig, um belegen zu können, dass eine Einrichtung oder bestimmte Jugendhilfemaßnahme die gesetzlichen Ziele und aufgetragene Aufgaben in einer angemessenen Qualität erbringt. Sie können jedoch nicht darstellen, ob eine Einrichtung oder bestimmte Maßnahmen diese Aufgaben und Ziele in einem wirtschaftlich vertretbaren Rahmen erfüllen. Sie geben daher keine Antworten auf den bestehenden Kostendruck.

Nur wenn es einer Einrichtung oder einer Jugendhilfeform gelingt darzustellen, dass sie sowohl effektiv (und damit mit einer entsprechenden Qualität), als auch effizient (d.h. in einem wirtschaftlich vertretbaren Rahmen) arbeitet, wird sie langfristig bestehen können. Genau diesen Nachweis der Effizienz von Jugendhilfemaßnahmen beabsichtigt die vorliegende Arbeit voranzubringen, indem sie zunächst ein allgemeines Modell entwickelt und die Anwendung beispielhaft am Bereich Heimerziehung darstellt.

Durch die Entwicklung eines allgemeinen, einfachen Modells einer Kosten-Nutzen-Analyse für Jugendhilfemaßnahmen lässt sich das angewendete Verfahren auf andere Einrichtungen und Jugendhilfemaßnahmen übertragen. Das einfache Modell der vorliegenden Analyse beschränkt sich auf die Untersuchung der volkswirtschaftlichen Effekte von Jugendhilfe im Rahmen dreier Zielbereiche.

Der erste Zielbereich lässt sich mit den Begriffen Bildung, Berufsausbildung, Arbeitsfähigkeit und –leistung, Produktivität, Arbeitslosigkeit sowie soziale Sicherung beschreiben.

Der zweite Zielbereich betrifft den Bereich aggressiven Verhaltens, Delinquenz und Kriminalität bzw. Legalverhalten.

Der dritte Zielbereich kann durch das Wort gesundheitsbezogenes Verhalten (Sucht, psychische und physische Erkrankungen bzw. Gesundheitszustände) beschrieben werden. In allen drei genannten Zielbereichen ergeben sich je nach Effekten der Jugendhilfe volkswirtschaftliche Kosten bzw. Nutzen.

Nach diesem Einleitungskapitel werden im zweiten Kapitel die Leistungsbereiche und Rechtsgrundlagen von Jugendhilfeleistungen kurz und überblickartig skizziert. Der Zusammenhang von Qualität, Effektivität und Effizienz sowie mögliche Ebenen der Effizienzbetrachtung im Bereich der Jugendhilfe werden dargestellt. Anschließend werden im dritten Kapitel die für diese Arbeit relevanten theoretischen Ansätze und Erkenntnisse aus der Entwicklungspsychopathologie, das Menschenbild der Ökonomie und der Humankapitalansatz der Volkswirtschaftslehre erläutert, die die Grundlage für das weitere Vorgehen des Verfassers bilden. Das vierte Kapitel stellt die Grundlagen des Verfahrens der Kosten-Nutzen-Analyse vor und überprüft deren Notwendigkeit und Anwendbarkeit für die Jugendhilfe. Im fünften Kapitel wird schließlich ein einfaches Modell einer Kosten-Nutzen-Analyse für Jugendhilfemaßnahmen konstruiert, welches dann im sechsten Kapitel auf den Bereich der Heimerziehung angewendet wird. Ebenfalls werden an dieser Stelle die auf der Basis der Modellrechnungen ermittelten Ergebnisse dargestellt. Im abschließenden siebten Kapitel werden diese Ergebnisse auf ihre Aussagekraft und ihren Erkenntnisgewinn hin interpretiert und Überlegungen zu weiteren sinnvollen Fragestellungen und Forschungsvorhaben in diesem Bereich getroffen.

2. Jugendhilfe im Überblick

Das folgende Kapitel dient dazu, den geneigten Leser in das Fachgebiet der Jugendhilfe überblickartig einzuführen, dessen gesetzliche Grundlagen und Leistungsformen kurz zu umreißen, sowie die Einbettung der Fragestellung der vorliegenden Arbeit in die Qualitätsentwicklung der Jugendhilfe aufzuzeigen.

2.1. Gesetzliche Grundlagen und Leistungsformen

Staatliche Leistungen im Rahmen der Kinder- und Jugendhilfe begründen sich auf einem Recht auf Erziehung, das im Kinder- und Jugendhilfegesetz (SGB VIII) (Bundesministerium für Familie, Senioren, Frauen und Jugend, 1997, S. 55) wie folgt formuliert ist:

„§ 1: Recht auf Erziehung, Elternverantwortung, Jugendhilfe

(1) Jeder junge Mensch hat ein Recht auf Förderung seiner Entwicklung und auf Erziehung zu einer eigenverantwortlichen und gemeinschaftsfähigen Persönlichkeit.

(2) Pflege und Erziehung der Kinder sind das natürliche Recht der Eltern und die zuvörderst ihnen obliegende Pflicht. Über ihre Betätigung wacht die staatliche Gemeinschaft".

Hierbei wird deutlich, dass es sich um ein Recht des jungen Menschen und seiner Eltern handelt. Aber gleichzeitig wird die Wächterfunktion der staatlichen Gemeinschaft über die Pflicht der Eltern zur Pflege und Erziehung des jungen Menschen benannt.

Diese Doppelfunktion wird bei der Betrachtung der Konsumentensouveränität (Abschnitt 4.4.3.) in der vorliegenden Arbeit nochmals intensiver zu berücksichtigen sein.

Die Vielfalt der verschiedenen Dienstleistungen, die unter dem Bereich Jugendhilfe subsumiert sind, lässt sich aus Tabelle 1 entnehmen.

Das Leistungsspektrum reicht von eher präventiv und allgemein wirkenden Maßnahmen, wie Förderung der Jugendarbeit, bis hin zu den direkt auf das einzelne Kind und dessen Familie bezogenen Hilfen zur Erziehung, z.B. auch in Form von Heimerziehung.

Die vorliegende Arbeit beschäftigt sich in Teilen auch mit der Förderung von Kindern in Tageseinrichtungen (Kindergärten, § 22 ff. KJHG), vornehmlich jedoch mit dem Bereich der Hilfen zur Erziehung (§§ 27-41 KJHG). Für eine umfassende Darstellung der Aufgaben, Zielsetzungen und Leistungsbereiche der Kinder- und Jugendhilfe siehe Gernert (1993) sowie Becker & Petermann (1998).

Leistungen nach dem Kinder- und Jugendhilfegesetz (KJHG)	Paragraphen des KJHG
Jugendarbeit, Jugendsozialarbeit, erzieherischer Kinder- und Jugendschutz	§§ 11 –14
Förderung der Erziehung in der Familie	§§ 16 – 21
Förderung von Kindern in Tageseinrichtungen und in Tagespflege	§§ 22 -26 §§ 22, 24 und 24a zu Tageseinrichtungen
Hilfe zur Erziehung, Hilfe für junge Volljährige	§§ 27 – 41 § 28 Erziehungsberatung § 29 Soziale Gruppenarbeit § 30 Erziehungsbeistandschaft § 31 Sozialpäd. Familienhilfe § 32 Tagesgruppe § 33 Vollzeitpflege § 34 Heimerziehung § 35 Intensive Sozialpädagogische Einzelbetreuung § 35a Eingliederungshilfe für seelisch behinderte Kinder und Jugendliche §41 Hilfe für junge Volljährige
Vorläufige Maßnahmen zum Schutze von Kindern und Jugendlichen	§§ 42 – 43
Schutz von Kindern und Jugendlichen in Familien, Pflege und in Einrichtungen	§§ 44 –49
Mitwirkung in gerichtlichen Verfahren	§§ 50 – 52
Pflegschaft und Vormundschaft für Kinder und Jugendliche	§§ 53 – 58

Tabelle 1: Übersicht über die Leistungen der Kinder- und Jugendhilfe

2.2. Qualität, Effektivität und Effizienz in der Jugendhilfe

In § 78 a bis g SGB VIII (KJHG) werden Maßnahmen der Qualitätsentwicklung für den Bereich der Hilfen zur Erziehung im Rahmen einer Qualitätsentwicklungsvereinbarung vom Gesetzgeber als Voraussetzung für die Übernahme des Leistungsentgelts vorgeschrieben.

In der sozialen Arbeit wird unter dem Begriff Qualitätsmanagement ein Prozess verstanden, durch den methodische Konzepte und Strukturen sozialer Einrichtungen bedarfsgerechter für eine bestimmte Zielgruppe gestaltet und in ihren Handlungsfeldern wirtschaftlicher und effizienter umgesetzt werden sollen.

Während die gängigen Diskussionen über Qualitätssicherung zu Beginn der 80er Jahre auf den Input der Leistungserbringung bezogen waren, meint Qualitätsmanagement der 90er Jahre etwas anderes. Hinter der moderneren Variante des Qualitätsmanagements verbirgt sich eine Formel für den Versuch, Leistungen zu erfassen, zu systematisieren, zu standardisieren, zu formalisieren, zu messen, zu kontrollieren, zu vergleichen und transparent zu machen. Modernes Qualitätsmanagement richtet seinen Fokus sowohl auf den Output sozialer Dienstleistungsarbeit, das heißt auf die Erfolgskontrolle als auch auf die Erfassung der adressatenbezogenen Wirkungen. Das Ziel besteht darin, fachliche Standards und sozialarbeiterische/pädagogische Prozesse durch operationalisierbare Kriterien und Verfahren bewertbar zu machen (Hermsen 2002).

Auf diesem Hintergrund lässt sich Qualität sowohl überindividuell und zeitlich konstant als auch einzelfallbezogen beschreiben. Die überindividuelle Qualität von Leistungen und Einrichtungen der Jugendhilfe werden mit dem Begriff Strukturqualität zusammengefasst, in die Rahmenbedingungen (öffentliche Ressourcen, gesetzliche Grundlagen) und die regionale Versorgungsstruktur einfließen. Die Strukturqualität gibt Auskunft über die Qualität allgemeiner Merkmale eines Leistungsangebots oder Einrichtung, die unabhängig vom konkreten Einzelfall übergreifend und dauerhaft für alle Maßnahmen gelten (sollen).

Die Strukturqualität fließt dann im konkreten Einzelfall in den jeweiligen Hilfeprozess und damit in die Prozessqualität ein. Die Prozessqualität gibt Auskunft über Art, Umfang und Qualität der Dienstleistungserbringung im konkreten Hilfeprozess für einen oder mehrere Kinder und Jugendliche. Diese Qualität der durchgeführten Interventionen wiederum bewirkt in Wechselwirkung mit den Charakteristika des Hilfeempfängers ein bestimmtes Hilfeergebnis, d.h. die Wirksamkeit oder Effektivität der Hilfe, was unter dem Begriff der Ergebnisqualität zusammengefasst wird.

Die im Bereich der Strukturqualität und Prozessqualität dargestellten Faktoren verursachen aus betriebswirtschaftlicher Sicht Kosten. Aus der Ergebnisqualität lässt sich der Nutzen der Hilfeleistung für das Individuum und die Gesamtgesellschaft ableiten. Während Effektivität den Grad der Zielerreichung oder die Wirksamkeit der Hilfe bezeichnet, gibt der Begriff Effizienz Auskunft über das Verhältnis der durch die Hilfe erzielten Wirksamkeit oder des daraus entstandenen Nutzens zu den dafür eingesetzten Mitteln oder Kosten. Insofern können über den Begriff der Effizienz Wirtschaftlichkeitsaussagen getroffen werden. Die beschriebenen Zusammenhänge sind in Abbildung 1 nochmals übersichtlich dargestellt.

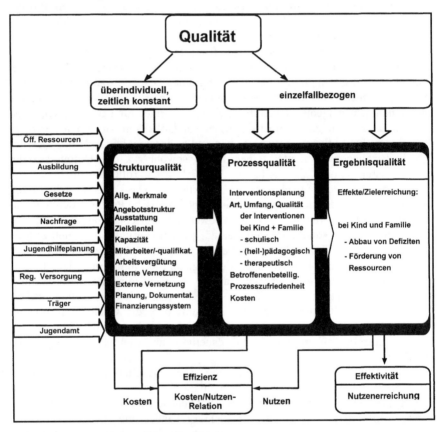

Abbildung 1: Qualitätsdimensionen in der Jugendhilfe
(Abbildung nach: Macsenaere, 2002, S. 102)

2.3. Ebenen der Effizienzbetrachtung in der Jugendhilfe

Aus ökonomischer Sicht lassen sich generell zwei unterschiedliche Ebenen der Effizienzbetrachtung in der Jugendhilfe unterscheiden. Auf betriebswirtschaftlicher Ebene beschäftigten sich Effizienzuntersuchungen mit Fragen des optimalen Mitteleinsatzes zur Erreichung vorgegebener Wirksamkeitsziele oder bei vorgegebenen Ressourcenbeschränkungen mit der Optimierung der Wirksamkeit.

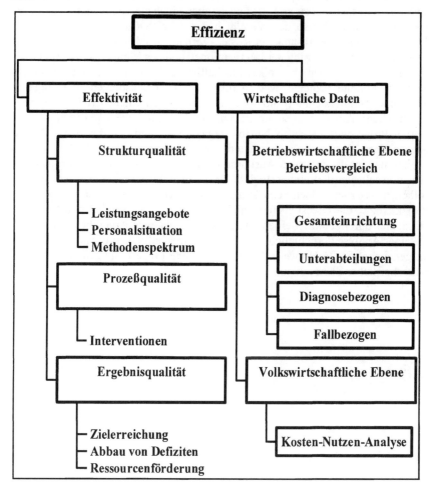

Abbildung 2: Ebenen der Effizienzbetrachtung in der Jugendhilfe (Abbildung entnommen aus: Hermsen, Roos & Zinkl, 2004, S. 9)

Hermsen, Roos & Zinkl (2004) konnten ein entsprechendes betriebswirtschaftliches Effizienzsystem entwickeln und in einem Benchmarkingprozess (Betriebsvergleich) einsetzen. Für die vorliegende Studie wichtige Ergebnisse werden hierzu an gegebener Stelle (Abschnitt 6.2.1.) dargestellt. Abbildung 2 verdeutlicht die beschriebenen Zusammenhänge.

Eine solche Betrachtung impliziert den Vergleich von Einrichtungen, Unterabteilungen, Diagnosegruppen und Einzelfällen auf ihre Ergebnisqualität hin (und um Wirkfaktoren zu ermitteln auch unter Einbezug von Struktur- und Prozessqualität) und ebenso den Vergleich der dabei entstehenden Kosten. Das dabei entstehende Wirksamkeits-Kosten-Verhältnis soll dann Auskünfte über eine mögliche Optimierung der Interventionen und des Mitteleinsatzes liefern. Demgegenüber werden aus volkswirtschaftlicher Sicht bei Effizienzuntersuchungen bestimmte Projekte, Maßnahmen oder Dienstleistungen (hier Jugendhilfe bzw. Heimerziehung) auf ihre gesamtgesellschaftlichen (d.h. volkswirtschaftlichen) Auswirkungen untersucht. In Kosten-Nutzen-Analysen werden hierbei Projektwirkungen als Nutzen monetarisiert und den durch das Projekt entstandenen Kosten gegenübergestellt. Das dabei entstandene Kosten-Nutzen-Verhältnis gibt dann darüber Auskunft, inwieweit das beabsichtigte Projekt sich gesamtgesellschaftlich lohnt und dafür finanzielle Mittel eingesetzt werden sollten. Es werden jedoch keine Aussagen darüber gemacht, ob das untersuchte Projekt (bzw. die Dienstleistung) nicht noch besser ausgestaltet und technisch effizienter durchgeführt werden könnte. Die vorliegende Arbeit beschäftigt sich in seiner Analyse vornehmlich mit der volkswirtschaftlichen Ebene bezieht aber an gegebener Stelle Hinweise für entsprechende Fragestellungen aus betriebswirtschaftlicher Sicht mit ein.

3. Theoretische Erwägungen

Im folgenden sollen zunächst grundlegende, für die spätere Analyse relevante theoretische Konzepte und empirische Erkenntnisse dargestellt und diskutiert werden. Dabei wird insbesondere der Frage nachgegangen, in welchen Bereichen der Kosten-Nutzen-Analyse Nutzeneffekte durch Jugendhilfe bzw. Heimerziehung zu erwarten sein könnten. Als wesentliche Elemente werden hierbei vom Autor Erkenntnisse der Entwicklungspsychopathologie angesehen. So werden Forschungsergebnisse in den Bereichen Aggression und Delinquenz dargestellt, aber auch Überlegungen zu jugendlichem, gesundheitsbezogenem Risikoverhalten. Weiter sollen Zusammenhänge zwischen dem Bildungsniveau und Erwerbstätigkeit aufgezeigt werden.

Als weiterer zentraler Ansatz wird die Humankapitaltheorie der Volkswirtschaftslehre dargestellt, die den Blickwinkel dieser Arbeit nochmals verdeutlichen und eine Brücke zwischen „klassischen" ökonomischen Sichtweisen und psychologischen Theorien darstellen kann.

Schließlich wird das Menschenbild der Ökonomie auf seine Anwendbarkeit in der Jugendhilfe hin dargestellt und überprüft, um auf die Begrenzungen von Wirtschaftlichkeitsüberlegungen in diesem Bereich hinzuweisen.

3.1. Erkenntnisse der Entwicklungspsychopathologie

Die oben dargestellte Dienstleistungsvielfalt der Jugendhilfe sagt allein nur wenig über die Problemlagen junger Menschen und deren Familien aus, die Jugendhilfe in Anspruch nehmen.

In vielen Effektivitätsstudien werden gegenwärtig psychische und soziale Charakteristika vor Aufnahme einer Jugendhilfemaßnahme erfasst, so dass mittlerweile ein recht differenziertes Bild der Jugendhilfe in Anspruch nehmenden Personen abgegeben werden kann. So berichten beispielsweise Hohm und Petermann (2000, S. 212 ff.), dass bei 97 % der Kinder ihrer Stichprobe Verhaltensauffälligkeiten zum Zeitpunkt des Beginns einer Jugendhilfemaßnahme bestehen. Der geringste Teil der Kinder kommt aus vollständigen Familien. Die psychosozialen Belastungen im sozialen Umfeld sind erheblich.[1]

Oft fehlt jedoch ein theoretischer Bezug dazu, wie die Entwicklung der jungen Menschen typischerweise ohne Jugendhilfemaßnahme verlaufen wäre bzw. auf welche Weise und in welche Richtung die Maßnahme Veränderungen bei dem jungen Menschen und seiner Familie hervorruft oder in Gang setzt.

---

[1] Auf eine differenzierte Darstellung wird hier aus Gründen der Übersichtlichkeit verzichtet. Für eine umfassendere Beschreibung der Problemlagen dieser jungen Menschen wird auf die Originalliteratur der in Kapitel 6.3. dargestellten Studien verwiesen, bzw. siehe auch Becker & Petermann (1998).

Wichtige Hinweise hierfür kann die Entwicklungspsychopathologie liefern, die sich unter anderem mit Risiko- und Schutzfaktoren in der Entwicklung von Kindern und Jugendlichen befasst.

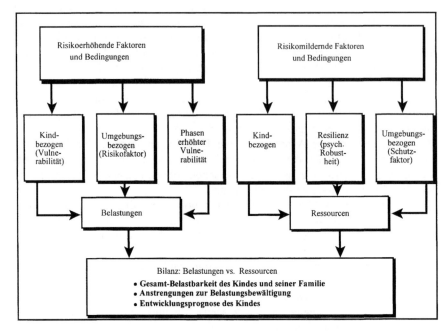

Abbildung 3: Risikoerhöhende und risikomildernde Faktoren in der kindlichen Entwicklung (aus Petermann, 2002, S. 12)

Scheithauer und Petermann (2002, S. 198ff.) unterscheiden risikoerhöhende Faktoren von risikomildernden Faktoren. Risikoerhöhende Faktoren können kindbezogen sein, man spricht dann von Vulnerabilität (z.b. Frühgeburt, Geburtskomplikationen etc.). Sie können aber auch umgebungsbezogen sein und werden dann als Risikofaktor bezeichnet (z.b. beengte Wohnverhältnisse etc.). Weiter sind sogenannte Phasen erhöhter Vulnerabilität zu beachten, die häufig soziale Entwicklungsübergänge darstellen (z. B. Einschulung, Pubertät). In diesen Phasen wird ein erhöhtes Risiko für Entwicklungsabweichungen und psychische Störungen angenommen. Kind- und umgebungsbezogene risiko-erhöhende Faktoren und Phasen erhöhter Vulnerabilität werden mit dem Begriff Belastungen zusammengefasst. Demgegenüber stehen risikomildernde Faktoren, die in kindbezogene (z.b. überdurchschnittliche Intelligenz), umgebungs-bezogene (z.b. stabile emotionale Beziehung zu einer Bezugsperson) sowie Resilienzfaktoren unterschieden werden. Unter Resilienz wird dabei Wider-

24

standsfähigkeit verstanden, d.h. „die Fähigkeit einer Person ... relativ unbeschadet mit den Folgen beispielsweise belastender Lebensumstände umgehen und Bewältigungskompetenzen entwickeln zu können" (Scheithauer & Petermann 1999, S.9). Resilienzfaktoren, die nicht notwendigerweise als zeitlich stabil betrachtet werden, können beispielsweise positives Sozialverhalten, Selbstwertgefühl, Selbstwirksamkeitsüberzeugung und aktives Bewältigungsverhalten sein.

Diese eben genannten risikomildernden Faktoren stellen die Ressourcen in der kindlichen Entwicklung dar und werden in einer Bilanz den Belastungen gegenübergestellt. Hieraus ergeben sich die Gesamtbelastbarkeit des Kindes und seiner Familie sowie die Anstrengungen zur Belastungsbewältigung, welche schließlich in einer Entwicklungsprognose des Kindes münden. Die genannten Beziehungen sind in der Abbildung 3 nochmals grafisch dargestellt.

Aus diesen allgemeinen Überlegungen lassen sich spezifische Entwicklungsmodelle psychischer Störungen ableiten. Darauf aufbauend sollen nun theoretische Überlegungen und Erkenntnisse zu den drei für die weitere Untersuchung zentralen Bereichen Delinquenz, gesundheitsbezogenes Verhalten sowie Erwerbstätigkeit und Arbeitslosigkeit dargestellt werden.

3.1.1. Erkenntnisse in den Bereichen Aggression und Delinquenz

Erkenntnisse im Bereich der Aggression erscheinen für das Verständnis der Wirkweise von Jugendhilfe und Heimerziehung besonders wichtig, da ein hoher Prozentsatz der jungen Menschen in Heimerziehung zum Zeitpunkt der Aufnahme aggressive Symptome aufweist. So berichtet die „Würzburger Jugendhilfe-Evaluationsstudie" (Patzelt, 2000, S.58), dass bei über 50% der Kinder bei Aufnahme eine aggressive Symptomatik festgestellt wurde. Bei über 30% der Kinder sei diese Symptomatik massiv vorhanden gewesen. Die Bewältigung dieser Aggressionsproblematik erscheint daher als eine wesentliche Hauptaufgabe von Jugendhilfe und Heimerziehung.

Aggressiv-dissoziales Verhalten wird dabei durch jene externalisierenden Verhaltensweisen beschrieben, die gesellschaftliche bzw. soziale Regeln oder Rechte anderer Personen verletzen (Scheithauer & Petermann, 2002, S. 188).

Epidemiologische Befunde

In der Literatur wird die Prävalenz aggressiv-dissozialen Verhaltens auf Grund methodischer Unterschiede mit einer großen Variation angegeben. So wird in internationalen Studien die Prävalenz der Störung des Sozialverhaltens in der Allgemeinbevölkerung im Alter von vier bis 18 Jahren zwischen 0 und 11,9 % der Altersgruppe mit einem Median bei 2 % beschrieben. Demgegenüber lag die Prävalenzrate in der Bremer Jugendstudie für die Störung des Sozialverhaltens für Jugendliche im Alter von zwölf bis 18 Jahren bei 4,7 % und die der Störung mit oppositionellem Trotzverhalten bei 2,5 % (Scheithauer & Petermann, 2002, S. 191). Aggressiv-dissoziales Verhalten tritt deutlich häufiger bei männlichen als bei weiblichen Kindern und Jugendlichen auf. Als Richtgröße kann ein Verhältnis von 2:1 angegeben werden, bei erheblicher Variation der Werte in der Literatur.

Vergleichen wir diese Zahlen mit den von Patzelt (2000) beschriebenen Zahlen für den Bereich Heimerziehung, der das Vorliegen einer massiv ausgeprägten aggressiven Symptomatik bei Aufnahme bei 30% der Kinder und Jugendlichen festgestellt hatte. Aus dem Zahlenvergleich könnte geschlossen werden, dass Heimerziehung für eine Gruppe von Kindern und Jugendlichen Dienstleistungen erbringt, deren Risiko für aggressiv-dissoziale Störungen gegenüber der Normalbevölkerung zumindest um das Sechsfache erhöht ist.

Als häufige, komorbide psychische Störungen der Störung des Sozialverhaltens werden die Störung mit oppositionellem Trotzverhalten sowie die Aufmerksamkeitsdefizit-/Hyperaktivitätsstörung (ADHS) aufgeführt. In klinischen Stichproben werden Komorbiditätsraten von 20-60 % angegeben. Kinder mit diagnostizierter Störung des Sozialverhaltens und ADHS weisen größere Funktionsdefizite und eine größere Variation und Stabilität aggressiv-dissozialen Verhaltens auf.

Als weitere komorbide Störungen werden depressive Störungen (genannte Komorbidität 8,5-45,4%) sowie Störungen durch Substanzkonsum (Komorbidität zwischen 40-52 % genannt) aufgeführt (Scheithauer & Petermann, 2002).

Entwicklungspfade aggressiv-dissozialen Verhaltens
Loeber (1990, S.21ff.) beschreibt im Jahre 1990 richtungweisend drei unterschiedliche Entwicklungspfade und ein Vielzahl damit korrelierter Risikofaktoren für die Entwicklung jugendlichen antisozialen und delinquenten Verhaltens. In weiteren Forschungsarbeiten differenziert er in Folge diese Entwicklungspfade aus.

Scheithauer und Petermann (2002) fassen den aktuellen Forschungsstand im Bereich der Aggression zusammen. Entwicklungspfade beschreiben dabei die Entwicklung ähnlicher Verhaltensmerkmale einer größeren Anzahl von Personen, die sich von denen anderer Personen unterscheiden (S. 196).

Bei dem über den Lebenslauf relativ stabil angesehenen Entwicklungspfad A wird von einer Stufenfolge ausgegangen, die von der Schwangerschaft bis ins Jugendalter bestimmte Schritte durchläuft.

Der als Entwicklung eines vielfältigen, aggressiven Verhaltensspektrums beschriebene Pfad A wird in der vorgeburtlichen Phase durch ein erhöhtes Risiko neuropsychologischer Schädigungen (Rauchen der Mutter etc.) sowie während der Geburt durch Geburtskomplikationen und geringes Geburtsgewicht gekennzeichnet.

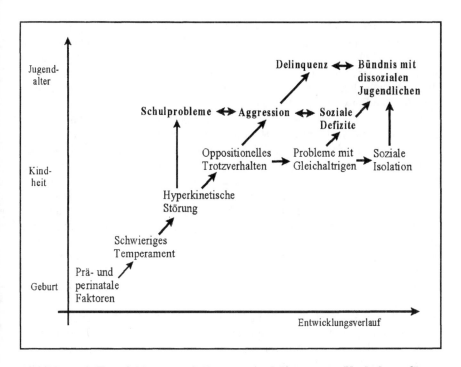

Abbildung 4: Entwicklungsmodell aggressiv-delinquenten Verhaltens für Pfad A nach Loeber 1990 (aus Scheithauer & Petermann, 2002, S. 197)

Im Säuglingsalter treten häufig ein als schwierig erlebtes Temperament sowie Regulationsstörungen auf. Wenn die Kinder laufen können, werden oft hyperkinetische Störungen bemerkt, die meist mit Impulsivität und Aufmerksamkeitsstörungen verbunden sind. Diese Kinder haben ein hohes Risiko bereits im Vorschulalter oppositionelles Trotzverhalten zu entwickeln, haben häufig Schwierigkeiten mit Gleichaltrigen, erleben von diesen Zurückweisungen, teilweise soziale Isolation. Es ergeben sich soziale Defizite mit Gleichaltrigen und Erwachsenen. Das nun auftretende aggressive Verhalten geht vielmals mit Schulproblemen und weiteren sozialen Defiziten einher. Schlechte Schulleistungen, Schuleschwänzen, Lügen, Stehlen, ein niedriger bzw. kein Schulabschluss und Drogenmissbrauch sind wesentliche Entstehungsfaktoren delinquenten Verhaltens. Dies geschieht häufig im Bündnis mit dissozialen Jugendlichen. Die entsprechenden Verhaltensweisen werden dabei durch entsprechende soziale Kontextfaktoren erleichtert und aufrechterhalten. Nach Loeber (1990) ist die Zeitdauer der entsprechenden Phasen variabel und ein Ausstieg aus der negativen Stufenfolge oder ein Stillstand auf jeder Stufe möglich. Die

Risikowahrscheinlichkeit für das Beschreiten dieses Entwicklungspfades sei eher hoch, wobei Jungen deutlich stärker gefährdet sind als Mädchen. Die Wahrscheinlichkeit diesen Entwicklungspfad wieder zu verlassen (Remission) wird von Loeber als eher gering angegeben. Abbildung 4 beschreibt die für diesen Entwicklungspfad typischen Verhaltensweisen und Probleme in den entsprechenden Entwicklungsalterstufen.

Der mit der Entwicklung eines eingeschränkt dissozialen Verhaltens beschriebene Entwicklungspfad B setzt demgegenüber erst in der späteren Kindheit oder im frühen oder mittleren Jugendalter ein und führt hauptsächlich zu Eigentums- und Drogendelikten mit kaum oder geringerer Gewaltanwendung als bei Pfad A. Meist stehen nichtaggressive Beziehungs- und Kontaktschwierigkeiten am Beginn. Aufmerksamkeits- und Impulsivitätsprobleme sind eher selten. Soziale Fähigkeiten sind eher vorhanden. Beziehungen zu anderen devianten Gleichaltrigen sind ebenfalls häufig anzutreffen. Das Inzidenzrisiko für diesen Entwicklungspfad wird von Loeber als eher niedrig bezeichnet. Die Remissionsrate sei eher hoch, zumindest für den Bereich der Delinquenz. Es ergeben sich kaum zusätzliche Verhaltensprobleme oder psychische Störungen. Entwicklungspfad B wird häufig auch als zeitlich begrenzter Entwicklungstyp beschrieben.

Schließlich wird ein als Entwicklung zum ausschließlichen Drogenmissbrauch bezeichneter dritter Entwicklungspfad C genannt, der durch einen Beginn in der mittleren oder späten Adoleszenz sowie einem Fehlen vorangegangener Kontakt- und Beziehungsprobleme gekennzeichnet wird. Es werden keine sonst typischen externalisierenden Verhaltensstörungen beschrieben, jedoch sind einhergehend affektive Störungen (insbesondere depressive Störungen) möglich.

In einer weiteren Systematik werden neben einem über den Lebenslauf stabilen Enwicklungstyp (entsprechend etwa dem Pfad A) und dem zeitlich begrenzten Entwicklungstyp (entsprechend etwa Pfad B) noch ein später Entwicklungstyp aufgeführt, der durch ein erstmaliges Auftreten aggressiven oder gewalttätigen Verhaltens im Erwachsenenalter charakterisiert wird.

Als weitere Differenzierung konnte für eine große Zahl aggressiver und gewalttätiger Jungen im Kindes- und Jugendalter ein so genannter offener Entwicklungspfad mit offenem, gewalttätigen Verhalten gegenüber zwei weiteren (verdeckter bzw. oppositioneller Pfad) abgegrenzt werden, die eher zu delinquenten bzw. oppositionellen Verhaltensweisen führen. Zwischen den Pfaden ergeben sich jedoch erhebliche Überlappungen.

Verlaufsprädiktoren und Risikofaktoren

Neben einem frühen Störungsbeginn erscheinen nach Loeber (1990) weitere risikoerhöhende Faktoren erforderlich, um zu einer Stabilisierung aggressiv-dissozialen Verhaltens beizutragen. Hierbei werden eine hohe Frequenz und Intensität sowie Variationsvielfalt des Problemverhaltens wie auch das Auftreten der Störung in verschiedenen Lebensbereichen (Schule, Freizeit, Zuhause etc.) beschrieben.

Als bereits im Kindesalter identifizierbare, wichtige Prädiktoren für Delinquenz im Erwachsenenalter werden ökonomische Benachteiligung, Kriminalität in der Familie, mangelhafte Erziehung, Schulversagen, Hyperaktivität sowie dissoziales und aggressives Verhalten genannt. Insbesondere familiäre Bedingungen wie negative elterliche Erziehungspraktiken (Vernachlässigung etc.), familiäre Belastungen, zerrüttete Familien sowie ein schlechter Gesundheitszustand der Eltern und der Einfluss devianter Gleichaltriger scheinen gute Prädiktoren für Delinquenz darzustellen (Scheithauer & Petermann, 2002).

In der Stichprobe der Würzburger Jugendhilfe-Evaluationsstudie (Patzelt 2000) stammen bei Aufnahme über 50 % der Kinder und Jugendlichen aus unvollständigen Familien. Der sozioökonomische Status der Familien ist eher gering. Über 60 % der Kinder weisen bei Aufnahme erhebliche schulische Auffälligkeiten auf. Es werden eine Vielzahl psychosozialer Belastungsfaktoren dokumentiert. Weiter bestehen bei Aufnahme bei knapp 40 % der Kinder Hyperaktivitätssymptome, davon knapp die Hälfte in massiver Ausprägung. Aggressive Verhaltensauffälligkeiten werden zu Beginn der Hilfe bei 32 % festgestellt, diese sind bei 17 % massiv vorhanden. Die hier für den Bereich Heimerziehung dargestellten Zahlen zeigen, dass eine Vielzahl der beschriebenen Prädiktoren in der genannten Stichprobe in hoher Intensität bestehen. Die entsprechenden Kinder und Jugendliche gehören daher einer Hoch-Risiko-Gruppe an.

Scheithauer & Petermann (2002, S. 198) differenzieren die wesentlichen risikoerhöhenden Faktoren aggressiven Verhaltens im Kindes- und Jugendalter in fünf Faktorgruppen. Darunter sind auch biologische Faktoren (neuropsychologische Defizite, prä-, peri- und postnatale Risiken, psychophysiologische und biochemische Faktoren) und frühkindliche Verhaltensfaktoren („schwieriges" Temperament sowie frühes impulsives Verhalten).

Ohne die Bedeutung dieser beiden Faktorgruppen schmälern zu wollen, erscheinen diese jedoch durch Interventionen im Rahmen der Heimerziehung eher weniger beeinflussbar, da entweder der Interventionszeitpunkt in der Regel zu spät liegt oder medizinisch-therapeutische Maßnahmen eher angezeigt sind.

Aus der Sicht der Heimerziehung hingegen besonders bedeutsam sind die Risikofaktorgruppen familiäre Faktoren sowie Eltern-Kind-Interaktion, kognitive Faktoren (geringe kognitive Fertigkeiten, schlechte Schulleistungen, Defizite in der sozial-kognitiven Informationsverarbeitung) sowie soziale Faktoren (Ablehnung durch Gleichaltrige, Einfluss devianter Gleichaltriger), da diese Ansatzpunkte für konkrete Interventionen im Rahmen der Heimerziehung bieten. Neben den familiären Faktoren wie Eltern-Kind-Konflikten, Erziehungsverhalten der Eltern, Bindungsmuster, Elternkonflikte, Vernachlässigung und sexueller Missbrauch sollten insbesondere auch die kognitiven und sozialen

Faktoren in ihrer Bedeutung hierbei nicht unterschätzt werden. Als risiko-mildernde Faktoren werden neben kindbezogenen Faktoren wie weibliches Geschlecht, erstgeborenes Kind, positives Temperament und überdurchschnittliche Intelligenz auch die resilient d.h. widerstandsfähiger machenden Resilienzfaktoren positives Sozialverhalten, positives Selbstwertgefühl und positive Selbstwirksamkeitsüberzeugung sowie aktives Bewältigungsverhalten aufgeführt.

Diese Resilienzfaktoren scheinen durch Heimerziehung im Sinne von Ressourcenaufbau ebenso förderbar wie die familiären Schutzfaktoren (stabile, emotionale Beziehung zu einer Bezugsperson, offenes, unterstützendes Erziehungsklima, familiärer Zusammenhalt sowie Modelle positiven Bewältigungsverhaltens) und die Schutzfaktoren im sozialen Umfeld, die soziale Unterstützung, positive Freundschaftsbeziehungen und positive Schulerfahrungen beinhalten (Scheithauer & Petermann 2002, S. 205).

Interventionsstrategien
Als wichtige Aspekte einer Interventionsplanung nennen Scheithauer & Petermann (2002, S. 209), neben einer genauen entwicklungsorientierten Diagnostik und funktionalen Verhaltensanalyse des Kindes, die Berücksichtigung der risikoerhöhenden Faktoren bei Kind und Familie, die Nutzung risikomildernder Faktoren als Ressource, die Beachtung des Entwicklungsstandes des Kindes, die Planung eines günstigen Interventionszeitpunkts, die Mitberücksichtigung von Umgebungs- und Einflussfaktoren des weiteren sozialen Umfeldes sowie die Einschätzung der Entwicklungsprognose. Insbesondere werden die Mitarbeit des Kindes und der Eltern bei der Intervention mit als zentral angesehen. Im Bereich der Jugendhilfe kann als zentrales Instrument der Interventionsplanung der Hilfeplanprozess angesehen werden, in dem ebenfalls die Beteiligung der Eltern und Kinder als wesentliches Element berücksichtigt ist.

Als Interventionsebenen werden soziale und kognitive Fertigkeits- und Problemlösetrainings, Elterntrainings, systemisch-verhaltenstherapeutische Ansätze sowie multimodale und multimethodale Verhaltenstrainings vorgeschlagen.

Jugendhilfe und speziell Heimerziehung bietet hierbei die Möglichkeit, entsprechende Interventionen in einem Verbund von interdisziplinären, aufeinander abgestimmten und miteinander vernetzten Hilfen (Pädagogik, Therapie, Schule, Ausbildung, Freizeit, Elternarbeit) in einem stationären Rahmen anbieten und durchführen zu können.

Wirkungen und Wirkfaktoren erzieherischer Hilfen
Beispielhaft für die Wirkungen und Wirkweisen erzieherischer Hilfen soll an dieser Stelle nochmals auf die Würzburger Jugendhilfe-Evaluationsstudie (Patzelt 2000) eingegangen werden, die ein explizit verhaltenstherapeutisch und

verhaltenstherapeutisch-systemisch (Familientherapie und Elternarbeit) ausgerichtetes Setting der Heimerziehung untersuchte.

Hierbei konnte gezeigt werden, dass aggressive Verhaltensweisen, die bei Aufnahme bei 31,9 % (davon 17,2 % in massiver Form) aller Kinder vorhanden waren um etwa die Hälfte reduziert werden konnten, so dass bei Beendigung der Hilfe lediglich noch 16,2 % (davon 7,1 % in massiver Form) dieser Verhaltensweisen zu verzeichnen waren. Verlaufsuntersuchungen zeigten, dass bereits im ersten Jahr der Hilfe entsprechende Verhaltensweisen deutlich reduziert wurden.

Ebenso konnten bei den komorbid auftretenden Störungsbildern Erfolge erzielt werden. So gelang es, die Auftretenshäufigkeiten von Symptomen von Hyperaktivitäts- und Aufmerksamkeitsstörungen deutlich zu reduzieren. Während bei Aufnahme Hyperaktivitätssymptome bei 39,7 % (davon 19,1 % in massiver Form) der Kinder berichtet wurden, waren bei Entlassung lediglich noch bei 20,8 % der Kinder diese Symptome festzustellen, davon bei 5,0 % diese in massiver Form. Ähnlich konnten die Symptome von Aufmerksamkeitsstörungen von 28,8 % (13,9 % massive) auf 13,6 % (3,1 % massive) verringert werden.

Im Bereich der Risikofaktoren zeigte sich weiter eine Abnahme von Teilleistungs- und Lernstörungen (von 24,9 auf 13,7 %) und eine deutliche Verbesserung der Schulleistungen mit zunehmender Verweildauer.

Auch im Bereich erworbener Schutzfaktoren bei Kindern und Eltern konnte eine deutliche Steigerung in vielen Bereichen erzielt werden. So konnte bei den Kindern eine sozial verträgliche, konstruktive Durchsetzungsfähigkeit von 6,3 % bei Aufnahme auf 67,4 % bei der Entlassung und das Vorhandensein von Frustrationstoleranz von 2,1 % auf 43,9 % gesteigert werden. Insgesamt ergaben sich deutlich verbesserte soziale Kompetenzen sowie gestiegene Fertigkeiten in allen Bereichen. Auch im Bereich der familiären protektiven Faktoren zeigten sich erhebliche Verbesserungen, wobei insbesondere im Bereich des Erziehungsverhaltens deutliche Fortschritte bei bis zu einem Drittel der Eltern erzielt werden konnten (Patzelt 2000, S. 50-77).

In der Jugendhilfe-Effekte-Studie (nachfolgend auch kurz als JES-Studie bezeichnet, BMFSFJ 2002) konnten ähnliche Effekte nachgewiesen werden. Der Schwerpunkt dieser Studie lag hierbei mehr in dem Vergleich der Wirkung verschiedener erzieherischer Hilfen und deren Wirkfaktoren untereinander und weniger auf der Erfassung der Wirkungen im Hinblick auf bestimmte Störungsbilder, so dass hier eher Daten im Hinblick auf eine Gesamtauffälligkeit berichtet wurden. Dabei konnte gezeigt werden, dass sowohl über alle Hilfeformen als auch für den Bereich der Heimerziehung die Gesamtauffälligkeit der Kinder und die psychosozialen Belastungen im Umfeld deutlich reduziert werden konnten. Das psychosoziale Funktionsniveau konnte ebenfalls über alle Hilfeformen als auch für Heimerziehung deutlich verbessert werden (BMFSFJ 2002, S. 141-162).

In einer katamnestischen Untersuchung ehemaliger Heimbewohner, die bereits bei Aufnahme in die Einrichtung in sehr hohem Maße hinsichtlich des Legalverhaltens (Einträge ins Bundeszentralregister für Straftaten) auffällig gewesen waren, konnte bei 47,7 % ein uneingeschränkter Maßnahmenerfolg (d.h. keine weiteren Einträge ins Bundeszentralregister) festgestellt werden. Bei weiteren 18,3 % wurde zumindest ein Teilerfolg festgestellt (Landeswohlfahrtsverband Baden, 2000, S. 59). Auf die Ergebnisse der erwähnten Studien wird nochmals in Kapitel 6.3. detaillierter eingegangen werden.

Im Rahmen eines regressionsanalytischen, grafischen Kettenmodells wurden in der Würzburger Jugendhilfe-Evaluationsstudie die Bedeutung einer intensiven Elternarbeit und der Hilfedauer als Wirkfaktoren betont. Vermittelnd über die Entwicklung familiärer Ressourcen wirken diese auf die Veränderung des Störungsbildes und die Reintegration in die Familie (Patzelt, 2000, S. 90).

In der katamnestischen Befragung ehemaliger Heimbewohner wurde nachdrücklich die Bedeutung von Erfolgen im schulischen und Ausbildungsbereich hervorgehoben. Weiter wurden positive Erzieher-Jugendlichen-Interaktionen und –Beziehungen sowie die Entwicklung von Ressourcen bei den Jugendlichen als wichtige Wirkfaktoren erfolgreicher Verläufe diskutiert (Landeswohlfahrtsverband Baden, 2000, S. 80).

In der Jugendhilfe-Effekte-Studie wurden insbesondere Aspekte der Prozessqualität als Wirkfaktoren untersucht. Hierbei ergaben sich als wesentliche Faktoren die Kooperation mit den Eltern, die gelungene Kooperation mit dem Kind sowie die Rahmenbedingungen der pädagogischen Förderung (z.B. die Fachlichkeit der Mitarbeiter oder die Seltenheit von Beziehungswechseln) (BMFSFJ, 2002, S. 527-528).

Zusammenfassung

In diesem Abschnitt konnte die hohe Auftretenshäufigkeit aggressiver Störungen im Bereich erzieherischer Hilfen (speziell Heimerziehung) dargestellt und damit die Bedeutung dieses Störungsbildes für die vorliegende Untersuchung verdeutlicht werden. Mit den skizzierten Entwicklungspfadmodellen liegt ein schlüssiges theoretisches Modell der Entwicklungspsychopathologie vor, mit dessen Hilfe Prädiktoren sowie risikoerhöhende und risikomildernde Faktoren eingeordnet und beschrieben werden können. Diese dienen wiederum als Grundlage für entsprechende Interventionen, die die beschriebenen Verläufe positiv beeinflussen sollen. Verschiedene empirische Evaluationsstudien belegen die Wirksamkeit insbesondere von Heimerziehung in diesem Bereich und geben Hinweise auf wichtige Wirkfaktoren dieser Interventionen, die Risikofaktoren verringern und Resilienz- bzw. Schutzfaktoren erhöhen können. Weiter konnten Zusammenhänge zwischen aggressiv-delinquenten Verhaltensweisen und den anderen Zielbereichen der Untersuchung, gesundheitsbezogenes Verhalten sowie Bildungsniveau, Arbeitslosigkeit und Erwerbstätigkeit bereits ansatzweise dargestellt werden.

Zusammenfassend lässt sich feststellen, dass für sehr viele Kinder im Bereich der Heimerziehung viele der beschriebenen Risikofaktoren zutreffen. Damit ist vor dem Beginn einer entsprechenden Jugendhilfeintervention von einer gegenüber dem Normalbereich deutlich erhöhten Risikowahrscheinlichkeit für das Beschreiten eines aggressiv-antisozial-delinquenten Entwicklungspfades auszugehen.

Heimerziehung kann nach den dargestellten Befunden dazu beitragen, dass diese Entwicklungspfade möglichst verlassen und eine positivere Entwicklung eingeschlagen werden kann.

Indikatoren für eine positivere Entwicklung durch Heimerziehung können entsprechend dieser Darstellung neben Auswirkungen im Bereich Delinquenz z.b. auch positive Entwicklungen im Bereich des Bildungsniveaus sein.

3.1.2. Erkenntnisse der Forschungen zum gesundheitsbezogenen Verhalten

Prävention im Bereich der Gesundheit verfolgt das Ziel, das Auftreten spezifischer Gesundheitsstörungen zu verhindern. Dabei beinhaltet der Begriff Gesundheit nach Hurrelmann & Settertobulte (2002, S. 132) „eine erfolgreiche Anpassung des Individuums auf biologischer, physiologischer und immunologischer, aber auch auf sozialer, psychischer und kultureller Ebene". Prävention ist hierbei eng mit Annahmen über die Ursachen und über Risikofaktoren für das Auftreten von Störungen im Lebenslauf verbunden. Entsprechend ergeben sich auch hier deutliche Verknüpfungen zur Entwicklungswissenschaft.

Gesundheitsgefährdendes Verhalten im Kindes- und Jugendalter

Gesundheitsgefährdende Verhaltensweisen im Kindes- und Jugendalter sind Teil der lebensgeschichtlichen Entwicklung. Die in dieser Lebensphase erworbenen verschiedenen Verhaltensmuster, Fähigkeiten und Einstellungen werden auch in späteren Lebensabschnitten beibehalten. Ebenso wird die im Jugendalter sich vollziehende Entwicklung selbstrelevanter Einstellungen als bedeutsam für gesundheitsbezogene Verhaltensweisen betrachtet. Aus Sicht der Sozialisationsforschung ist für die Entwicklung zum Erwachsenen charakteristisch, dass mit verschiedenen, auch gerade risikobehafteten Verhaltensweisen experimentiert wird. Dabei lassen diese gesundheitsgefährdenden Verhaltensweisen oft ihre schädigenden Wirkungen erst in erheblich späteren Lebensabschnitten erkennen. Dies gilt besonders für das Sucht-, Ernährungs- und Bewegungsverhalten, die als Teil eines mehr oder weniger verfestigten Lebensstils schon sehr früh einsetzen, dessen Effekte in Gestalt von Kreislauferkrankungen, Krebserkrankungen, degenerativen Schädigungen jedoch typischerweise erst im mittleren Erwachsenenalter auftreten. Dies gilt auch für Einstellungen zur eigenen Person und damit für den Erwerb von Bewertungsmustern und Bewältigungsfähigkeiten für kritische Lebensereignisse. Das ist nach Hurrelmann und Settertobulte (2002, S.132) auch der wesentliche Grund, warum Präventionsmaßnahmen in der für den Lebenslauf formativen Phase des Kindes- und Jugendalters beginnen und nicht erst zu späteren Zeitpunkten.

Risikofaktoren und Auswirkungen von Substanzkonsum

Nach Hurrelmann (1999) ist die Aufnahme des Konsums der Alltagsdroge Nikotin häufig mit Selbstwertproblemen verbunden: Verhaltensunsicherheit in der Pubertät, mangelnde Anerkennung in der Gleichaltrigengruppe, Misserfolgserlebnisse in der Schule und andere, als ungünstig erlebte, soziale Vergleichsprozesse wurden aus einer Befragung von 2500 Jugendlichen im Alter von 12-16 Jahren eruiert. Bei Alkohol kommen danach als weitere Risikofaktoren hinzu: ungünstige soziale Situation der Familie (psychisch, sozial und materiell), mangelnde Harmonie in der Familie und dauernde Beziehungsstörungen, ungünstiger Erziehungsstil, sozialer Abstieg und Arbeitslosigkeit von Familienmitgliedern, Alkoholismus in der Familie. Die Aufnahme des Konsums von illegalen Drogen wird auffällig häufig von denjenigen Jugendlichen vorgenommen, die starke Tabak- und/oder Alkoholkonsumenten sind.

Vergleicht man die hier beschrieben Risikofaktoren mit den unter 3.1.1. beschrieben Risikofaktoren für aggressives Verhalten, so ergeben sich deutliche Überschneidungsbereiche. Auf die häufige Komorbidität von Störungen des Sozialverhaltens mit Störungen durch Substanzkonsum wurde dort bereits hingewiesen. Berücksichtigt man die bisher dargestellten, empirischen Befunde im Bereich der Heimerziehung, so zeigt sich, dass viele junge Menschen zum Zeitpunkt der Aufnahme in Heimerziehung sehr viele dieser Risikofaktoren kumulativ mit sich tragen.

Die Konsequenzen eines langfristigen Konsums von Nikotin, Alkohol sowie anderer legaler und illegaler Drogen werden in der Literatur als gravierend eingeschätzt. So wird im Suchtbericht Deutschland 1997 (Simon, Tauscher & Gessler 1997) das Risiko für Raucher an Lungenkrebs zu sterben 20 mal höher eingeschätzt als für Nichtraucher, bei Kehlkopfkrebs 10 mal höher. In der Abbildung 5 werden weitere Risikoindizes dargestellt.

Hurrelmann (1999) weist jedoch darauf hin, dass massive Gesundheitsgefährdungen nicht nur durch Missbrauch von Alkohol und Nikotin verursacht werden, sondern bereits durch den regelmäßigen Konsum. So würde der regelmäßige Konsum beider Stoffe bereits ausreichen, um Krebskrankheiten, Herz-Kreislaufstörungen und psychovegetative Beeinträchtigungen mit zu verursachen, was wiederum zu vermehrten Unfällen, Arbeitsunfähigkeit etc. führen würde.

Lokalisation	Männer		Frauen	
	Anteil des Rauchens an der Sterblichkeit	Gegenüber Nichtrauchern erhöhtes Sterberisiko	Anteil des Rauchens an der Sterblichkeit	Gegenüber Nichtrauchern erhöhtes Sterberisiko
Lunge	90 %	22,4	79 %	11,9
Kehlkopf	81 %	10,5	87 %	17,8
Mundhöhle	92 %	27,5	61 %	5,6
Speiseröhre	78 %	7,6	75 %	10,3
Pankreas	29 %	2,1	34 %	2,3
Harnblase	47 %	2,9	37 %	2,6
Niere	48 %	3,0	12 %	1,4
Magen	17 %	1,5	25 %	1,5
Leukämie	20 %	2,0	20 %	2,0
Cervix	31 %	2,1	31 %	2,1
Endometrium	--	0,7	--	0,7

Abbildung 5: Rauchen und Krebsrisiko (aus Simon, Tauscher & Gessler , 1997, S. 243)

Die volkswirtschaftlichen Kosten des regelmäßigen Konsums dieser Stoffe würden nach Auffassung Hurrelmanns die Kosten des „reinen Missbrauchs" deutlich übersteigen (da mehr Personen davon betroffen sind). Auf die erheblichen volkswirtschaftlichen Auswirkungen dieser Verhaltensweisen wird in Abschnitt 6.4.2. ausführlich eingegangen.

Risiko psychischer Störungen im Kindes- und Jugendalter
Aufgrund unterschiedlicher eingesetzter Instrumente und Methodik ergaben sich unterschiedliche Studienergebnisse bezüglich der Auftretenshäufigkeit psychischer Störungen im Kinder- und Jugendalter (siehe auch hierzu Petermann, Döpfner, Lehmkuhl & Scheithauer 2002, S. 47). Für Deutschland ermittelte Esser et al. 1992 eine Prävalenzrate von 16,2 % für Kinder im Alter von 8 Jahren, von 17,8 % für Jugendliche im Alter von 13 Jahren und von 16,0 % für junge Erwachsene im Alter von 18 Jahren. Demgegenüber sollen nochmals beispielhaft für den Bereich Heimerziehung die Störungsraten bei Aufnahme aus der Würzburger Jugendhilfe-Evaluationsstudie dargestellt werden (Patzelt,

2000, S. 50-63). In jeweils massiv ausgeprägter Form ergaben sich dort bei 19,1 % der Kinder Hyperaktivitätsstörungen, bei 13,9 % Aufmerksamkeitsstörungen, bei 10,6 % Teilleistungs- und Lernstörungen, bei 17,2 % Störungen des Sozialverhaltens, bei 5,2 % Enuresis, bei 8,7 % Soziale Angst sowie bei ca. 2 % Zwangsstörungen. Die genannten Zahlen machen deutlich, dass zum Zeitpunkt der Aufnahme in Heimerziehung bei den Kindern und Jugendlichen von einem deutlich erhöhten Risiko für psychische Störungen mit Krankheitswert ausgegangen werden muss und somit die jungen Menschen auch in diesem Bereich einer Hoch-Risiko-Gruppe angehören.

Kriterien für Präventionsprogramme

Hurrelmann & Settertobulte (2002, S. 139) stellen fest, dass aus verhaltenstheoretischer Sicht die kurzfristigen Konsequenzen gesundheitsgefährdenden Verhaltens von Jugendlichen häufig positiv wahrgenommen werden (z.b. durch Rauchen Gewinn von Anerkennung bei Bezugsgruppen).

Deshalb sollten Präventionsprogramme dazu beitragen, dass auch die kurzfristigen Folgen gesundheitsbewußten Verhaltens durch Jugendliche positiv bewertet werden z. B.: Körperliche Attraktivität; Vitalität, erhöhte Stressresistenz und größerer Lebensgenuß. Auch sei zu berücksichtigen, dass gesundheitsangemessenes Verhalten häufig starke Anforderungen an die eigene Verhaltenssteuerung und das Ertragen von Unlustzuständen stelle. Aus sozialisationstheoretischer Sicht seien gesellschaftsbedingte, gesundheitsschädliche Kontext- und Umfeldbedingungen zu berücksichtigen, weshalb allgemeine Verbesserungen von Bildungs- und Entfaltungsmöglichkeiten von Kindern und Jugendlichen gefordert werden.

Als wesentliche Kriterien für Präventionsprogramme werden abgeleitet:
1. Das Ansetzen an der Erlebnis- und Erfahrungswelt und der Lebensfreude der Jugendlichen, also kein restriktiv-disziplinierendes Vorgehen,
2. die Berücksichtigung gesellschaftlicher Rahmenbedingungen (z. B. die Analyse von Werbemechanismen beim Rauchen)
3. die Berücksichtigung des alltäglichen Lebensstils von Kindern und Jugendlichen.

Wirkungen von Heimerziehung

Die Wirkung von Heimerziehung im Bereich der Reduktion psychischer Störungen wurde bereits unter 3.1.1. am Beispiel der Störungen des Sozialverhaltens erläutert. Auch bezüglich anderer psychischer Störungsbilder berichtet Patzelt (2000, S. 50-63) deutliche Reduktionsraten. Demgegenüber können im Bereich der Beeinflussung jugendlichen gesundheitsgefährdenden Verhaltens, z. B. durch Substanzkonsum gegenwärtig kaum empirisch abgesicherte Aussagen getroffen werden.

36

Da erfolgreiche Heimerziehung allgemein die Bildungs- und Entfaltungsmöglichkeiten der Kinder und Jugendlichen verbessert, sind hierdurch sicher
auch gesundheitsfördernde Effekte zu erwarten. Inwieweit jedoch die oben
genannten Kriterien für Präventionsmaßnahmen tatsächlich im Bereich der
Heimerziehung adäquat und vollständig berücksichtigt werden, ist bisher weder
untersucht worden, noch sind dem Autor Studien zur Wirksamkeit in diesem
Bereich bekannt. Dies wäre sicher ein interessanter Ansatzpunkt für weitere
Forschungen.

Zusammenfassung
Das Kindes- und Jugendalter ist eine besonders wichtige Phase für die
Entwicklung von gesundheitsförderlichen Verhaltensweisen. Die dort erworbenen Einstellungen und Verhaltensmuster werden häufig im weiteren Lebensverlauf beibehalten. Entwicklungsbedingt experimentieren aber Jugendliche
auch in dieser Phase sehr häufig mit gesundheitsgefährdenden Verhaltensweisen, besonders im Bereich des Suchtverhaltens (Nikotin, Alkohol und ille-
gale Drogen). Betrachtet man hierfür bekannte Risikofaktoren, so ergibt sich
wiederum, dass für die Zielgruppe von Kindern und Jugendlichen, für die
Heimerziehung als Hilfestellung erwogen wird, vor Beginn der Hilfe von einem
sehr hohen Risiko für den Erwerb und die Verfestigung gesundheits-
gefährdender Verhaltensweisen auszugehen ist. Ähnlich wie im Bereich der
Reduzierung von psychischen Störungen durch Heimerziehung (entsprechende
empirische Befunde wurden dargestellt) kann auch hier eine Reduzierung von
gesundheitsgefährdenden Verhaltensmustern durch Heimerziehung bewirkt
werden, wenn die genannten Kriterien der Prävention bei der Interventionsplanung berücksichtigt werden. Hierfür stehen jedoch noch empirische Belege
in Form von Evaluationsstudien aus.

3.1.3. Erkenntnisse zur Fragen der Arbeitsfähigkeit und Produktivität

Als eine von vier wesentlichen Entwicklungsaufgaben der Jugend wird die
Berufswahl und damit verbunden die Erreichung entsprechender schulischer
und ausbildungsbezogener Ziele angegeben (Petermann, Niebank & Scheithauer 2004, S. 287). Die sich hierbei vollziehenden Prozesse haben entscheidende Bedeutung für das spätere Arbeits- und Berufsleben der jungen Menschen. Das erfolgreiche Gelingen dieser Entwicklungsschritte ist dabei nicht nur
für das einzelne Individuum sondern auch für die gesamte Gesellschaft von
Interesse. Arbeitslosigkeit bzw. die Nichtteilnahme am Erwerbsleben, als mögliche Folge einer nicht ausreichend gelungenen Bewältigung dieser Entwick-
lungsaufgabe, haben neben individuellen Folgen auch gesellschaftliche
Konsequenzen in Form von sozialen Transferleistungen (Arbeitslosengeld,
Sozialhilfe etc.) sowie verringerter gesamtgesellschaftlicher Produktivität.

Dabei spielt das erreichte Bildungsniveau junger Menschen als vermittelnde Variable eine große Rolle.

Einflüsse des Bildungsniveaus auf die Erwerbstätigkeit
Vom Zentrum für Forschung und Innovation im Bildungswesen der „Organisation für wirtschaftliche Zusammenarbeit und Entwicklung (OECD)" werden in regelmäßigen Abständen so genannte OECD-Indikatoren veröffentlicht, die Zusammenhänge zwischen dem Bildungsniveau sowie Arbeitslosigkeit und Erwerbstätigkeit in den verschiedenen OECD-Staaten darstellen (OECD, 1998, 2001, 2003).
Dabei ergeben sich über alle OECD-Staaten hinweg und auch für Deutschland im speziellen deutliche Einflüsse des erreichten Bildungs- und Ausbildungsniveaus auf die zu erwartende Arbeitslosigkeit und die Teilnahme am Erwerbsleben. Je höher der erreichte Bildungs- und Ausbildungsabschluss, desto geringer ist im gesamten Lebensverlauf das zu erwartende Risiko für Arbeitslosigkeit und je höher ist die Wahrscheinlichkeit am Erwerbsleben teilzunehmen (OECD, 2001, S. 287-294). Ebenso steigt mit dem erreichten Bildungsniveau das zu erwartende Erwerbseinkommen, das aus ökonomischer Sicht mit einer gestiegenen Produktivität der Erwerbsperson einhergeht. Das Lohneinkommen entspricht hierbei der Grenzleistungsfähigkeit der Arbeit (Lancaster 1983, S. 203). Die genauen Zahlen werden in Kapitel 6.4. dargestellt.

Verbindung zur Entwicklungswissenschaft
Wie bereits unter 3.1.1. vermerkt, lassen sich Zusammenhänge darstellen zwischen den von Loeber (1990) beschriebenen aggressiv-dissozialen Entwicklungspfaden und schlechten Schulleistungen. Ein erheblicher Teil dieser Gruppe verlässt die Schule vorzeitig und ohne Bildungsabschluss.
Aber auch für andere Störungsbilder können solche Zusammenhänge dargestellt werden. Ebenfalls für den Bereich der hyperkinetischen und Aufmerksamkeitsstörungen sowie den Bereichen der Teilleistungsstörungen und umschriebenen Entwicklungsstörungen erscheint dies mehr als nahe liegend, da sie eine hohe Bedeutung für Schulleistungsprobleme besitzen (Esser & Wyschkon, 2002, S. 410). Insbesondere die Störung schulisch relevanter Funktionen und Fertigkeiten (z. B. Aufmerksamkeit, Lese-Rechtschreib-Schwäche etc.) können daher als stark risikoerhöhende Faktoren für schlechte Schulleistungen und das Erreichen von keinen oder niedrigen Bildungs- und Ausbildungsabschlüssen angesehen werden.

Ausgangslage vor Heimerziehung
Detaillierte Informationen zur schulischen Situation vor Heimerziehung können der Würzburger Jugendhilfe-Evaluationstudie (Patzelt 2000, S. 65-71) entnommen werden. In dieser Stichprobe besuchten 63 % der Kinder und

Jugendlichen vor Beginn der Hilfe eine Regel-Grundschule bzw. eine Regel-Hauptschule, dabei waren 77 % dieser Kinder vor ihrer Behandlung von Schulversagen bedroht, d.h. 48,3 % der Gesamtstichprobe. Weitere 23 % der Gesamtstichprobe besuchten bereits zu diesem Zeitpunkt Förderschulen zur Lernförderung bzw. der Erziehungshilfe, Sprachheilschulen oder Förderklassen. Die Notendurchschnitte vor Hilfebeginn über alle Kinder und Jugendlichen und Schulformen wurden in den Hauptfächern zwischen 3,7 und 4,0 angegeben. Dies verdeutlicht, dass ein sehr hoher Prozentsatz der Kinder und Jugendlichen zu diesem Zeitpunkt von Schulversagen bedroht war. Ebenso fällt auf, dass nur 9% der Kinder vor Aufnahme eine weiterführende Schule (Realschule, Gymnasium) besuchten.

Da junge Menschen in Heimerziehung vor dem Beginn der Intervention mit relativ hoher Wahrscheinlichkeit einer Risikogruppe zugeordnet werden können, die entweder die Schule ohne Bildungsabschluss vorzeitig verlässt, oder Abschlüsse deutlich unter ihren Möglichkeiten erzielt, ist bei dieser Gruppe von einer deutlich erhöhten Wahrscheinlichkeit für Arbeitslosigkeit auszugehen. Ebenfalls kann eine deutlich verminderte Erwerbsquote, ein deutlich vermindertes zu erwartendes Einkommen sowie deutlich geringere Produktivität bei dieser Gruppe erwartet werden.

Wirkungen von Heimerziehung

Patzelt (2000, S. 68-70) beschreibt deutliche Verbesserungen der Schulleistungen im Rahmen von Heimerziehung, die mit zunehmender Verweildauer stetig zunehmen. So werden Verbesserungen der Notendurchschnitte über alle Kinder und Jugendlichen von 0, 3 Notenpunkten im ersten Jahr der Hilfe bis 0,9 Notenpunkten nach mehr als drei Jahren berichtet. Die Befunde sprechen für eine kontinuierliche Aufarbeitung bestehender Leistungsdefizite und die Entwicklung schulischer Fertigkeiten. Auch konnte gezeigt werden, dass durch die Förderung der Kinder zunehmend weniger externe Kontrolle notwendig war und bei vielen Kindern und Jugendlichen ein selbständiger Lernstil entwickelt werden konnte.

In einer katamnestischen Befragung ehemaliger Heimbewohner einer Einrichtung der Jugendhilfe mit einem Förderschwerpunkt im Bereich des Erreichens von Bildungs- und Ausbildungsabschlüssen konnte gezeigt werden, dass sich die in der Studie ermittelte Arbeitslosenquote und Erwerbsquote nicht wesentlich von den in den OECD-Indikatoren aufgeführten Werten unterschied (Landeswohlfahrtsverband Baden 2000, S. 46). Hierauf wird nochmals in Kapitel 6.4. ausführlicher eingegangen.

Zusammenfassung

Ähnlich wie in den vorangegangenen Abschnitten konnte auch hier dargestellt werden, dass für die Zielgruppe junger Menschen, für die Heimerziehung als

Hilfe vorgesehen wird, vor Beginn der Hilfe ein hohes Risiko besteht, aufgrund von Schulleistungsdefiziten und Schulversagen keine oder nur relativ niedrige Bildungs- und Ausbildungsabschlüsse zu erreichen. Vermittelt über das niedrige Bildungsniveau steigt daher bei dieser Gruppe das Risiko für Arbeitslosigkeit und die Wahrscheinlichkeit am Erwerbsleben teilzunehmen ist vermindert. Weiter sind ein geringeres Einkommen und eine geringere Produktivität zu erwarten.

Hier ergeben sich auch erste Übergänge zur Theorienbildung der Volkswirtschaftslehre. Nach der Humankapitaltheorie, die im folgenden Absatz dargestellt wird, sollten sich die oben dargestellten Zusammenhänge zwischen steigendem Bildungsniveau, steigender Erwerbsquote, höherem zu erwartendem Einkommen und Produktivität ebenfalls ergeben.

3.2. Der Humankapitalansatz der Volkswirtschaftslehre

Für Leser aus dem Bereich der sozialen Arbeit mag die Wortverbindung „Human-Kapital" etwas merkwürdig und anrüchig erscheinen. Sie könnte eine Gleichsetzung von menschlichen Wesen mit Kapitalformen wie Maschinen (Produktionsfaktoren) oder Geldvermögen implizieren. Nobelpreisträger Gary Becker, der 1992 für seine Arbeiten im Bereich der Humankapitaltheorie den Nobelpreis für Wirtschaftswissenschaften erhielt, beschreibt die Ablehnung den der Begriff zunächst hervorrief: „den bloßen Begriff Humankapital empfand man als Abwertung, weil er vermeintlich Menschen mit Maschinen gleichsetzte. Schulbildung als Investition hinzustellen statt als Kulturerfahrung, sah man als gefühllos und engstirnig an". (Becker 1996, S.29)

Indes erscheint eine solche Ablehnung aufgrund der begrifflichen (Miß-) Deutung verkürzt und nicht gerechtfertigt. Vielmehr versucht die Humankapitalanalyse ökonomische Sichtweisen (d.h. die Abwägung von Kosten- und Nutzenaspekten) auf verschiedenste Formen menschlichen Verhaltens anzuwenden. Sie kann daher als ein weiterer Erklärungsansatz unter anderen sozialwissenschaftlichen Theorien betrachtet werden. Aufgrund seiner ökonomischen Grundausrichtung erhält dieser Ansatz in der gegenwärtigen Phase einer zunehmenden Ökonomisierung, sprich „Verbetriebswirtschaftlichung" (Müller, 1996), der Sozialen Arbeit seinen besonderen Reiz. Hierbei ist anzumerken, dass die Humankapitaltheorie gerade nicht ihren Ursprung in der Betriebswirtschaftslehre, sondern ihre Grundlagen in der volkswirtschaftlichen Wirtschaftstheorie (Haushaltstheorie) hat.

Die Humankapitalanalyse geht von der Annahme aus, der Einzelne entscheide unter Beachtung von Kosten- und Nutzenaspekten über seine Bildungs-, Gesundheits- und andere Aktivitäten, die seine Fähigkeiten und Fertigkeiten beeinflussen. Hierbei umfasst der Begriff Humankapital eine Vielzahl von Verhaltensweisen, die sowohl schädlichen als auch nützlichen Einfluss auf diese Fähigkeiten und Fertigkeiten haben (z.B. Suchtverhalten in seinem Einfluss auf die Gesundheit und somit auch auf die Arbeitsfähigkeit etc.) (Becker, 1996 S.29).

Diese Entscheidungen und Verhaltensweisen können als Humankapitalbildung verstanden werden, da sie zum einen konkrete direkte ökonomische Konsequenzen haben, zum anderen sich auch zu späteren Zeitpunkten ökonomisch auswirken. Als klassisches Beispiel hierfür ist die Entscheidung eines jungen Menschen hinsichtlich seiner Ausbildungs- und Berufswahl zu sehen.

Eine Entscheidung für einen höheren Bildungsabschluss (und damit für ein längeres Verbleiben auf der Schule) hat als direkte ökonomische Konsequenzen, dass der junge Mensch länger ohne eigenes Einkommen bleibt (Einkommensverzicht in jungen Jahren). Indes hofft er durch den höheren Bildungsabschluss (Investition in Humankapital) später ein höheres Einkommen erzielen zu können, das den Einkommensverzicht in jungen Jahren mehr als aufwiegen sollte. Wenn jedoch die Wahrscheinlichkeiten abnehmen, nach der Erreichung eines entsprechenden Bildungsabschlusses auch entsprechende Arbeitsstellen zu bekommen (z.B. Akademikerarbeitslosigkeit etc.), so wird die Attraktivität des höheren Bildungsabschlusses und damit Investitionen in diese Form von Humankapital weniger wahrscheinlich.

Aber auch soziale Fähigkeiten oder Suchtverhalten betreffen das Humankapital, da sie die Möglichkeiten für zukünftige Nutzenerträge beeinflussen. So können geringe oder überdurchschnittliche kommunikative Fähigkeiten, Stressbewältigungskompetenzen oder z.B. Alkoholismus ganz erheblichen Einfluss auf die zukünftige Lebensgestaltung und Arbeitsfähigkeit haben, die sogar die Bedeutung des Bildungsabschlusses deutlich übersteigen können.

Insofern können auch diese Verhaltensweisen als Investitionen bzw. Desinvestitionen in Humankapital begriffen werden, da sie den zukünftigen möglichen Nutzen des Einzelnen mit beeinflussen. Die gegenwärtige Betrachtungsweise geht vom Individuum aus, das seine Handlungsentscheidung aufgrund von Abwägungen gegenwärtiger und zukünftig zu erwartender Kosten und Nutzen trifft. In gleicher Weise lassen sich entsprechende Überlegungen auf gesellschaftlicher Ebene treffen. Ähnlich des einzelnen Individuums kann auch die staatliche Gemeinschaft entsprechende Kosten-Nutzen-Überlegungen treffen. So entscheidet das Gemeinwesen z.B. über Investitionen in die Bereiche des Bildungswesen, des Gesundheitswesen, des Sozialwesens und damit auch der Jugendhilfe, in Abhängigkeit davon, welche gegenwärtige Kosten und welche erwarteten zukünftigen Nutzen damit gesellschaftlich verbunden werden.

In der ökonomischen Diskussion hat der Humankapitalansatz insbesondere in der Wachstumstheorie deutlich an Bedeutung gewonnen. Verschiedene Arbeiten in diesem Bereich ermittelten bzw. postulierten eine starke Bedeutung der Investition in Humankapital auf das zukünftige Wirtschaftswachstum einer

Gesellschaft (OECD, 2001, S. 50-54). Ein Überblick über ökonomische Arbeiten zum Einfluss des Humankapitals und insbesondere der Bildungsinvestitionen auf das Wirtschaftswachstum kann auch in der Arbeit von Temple (2000) gewonnen werden.

Eine Gesellschaft, wie die der Bundesrepublik Deutschland, ist in besonderer Weise aufgrund von geringen Rohstoffen, relativ hohen Kosten der Arbeit, einem hohen technischen Standard und starker Exportabhängigkeit auf einen hohen Fähigkeits- und Fertigkeitsstandard ihrer Bevölkerung angewiesen, um ihre mitführende Position auf dem Weltmarkt weiterhin behaupten zu können. Insofern werden die Fähigkeits- und Fertigkeitsstandards der Bevölkerung und damit der Umfang und die Qualität der Investitionen in Humankapital über den zukünftigen Lebensstandard und die Lebensqualität mitentscheiden.

In dieser Betrachtungsweise erscheinen somit staatliche Ausgaben in die Bereiche Bildung, Erziehung und Gesundheit aus ökonomischer Sicht nicht mehr als (unliebsame) periphere Pflichtausgaben einer Gesellschaft. Vielmehr werden sie von zentraler Bedeutung für die zukünftige Leistungsfähigkeit und ökonomische Bedeutung einer Gesellschaft.

Die Abkehr von einer Sichtweise, die Sozialausgaben (Bildung, Erziehung, Gesundheit) als notwendiges Übel zur Milderung von Begleiterscheinungen einer fortschreitenden ökonomischen Entwicklung sieht und diese Ausgaben primär abhängig von dieser Entwicklung macht („wenn es uns gut geht, können wir auch für Soziales etwas tun"), ist der entscheidende Fortschritt des Humankapitalansatzes.

Stattdessen rücken nun gerade die Bereiche Bildung, Erziehung und Gesundheit in den Mittelpunkt ökonomischer Betrachtung und werden als wesentliche Faktoren der ökonomischen Entwicklung angesehen („Wir tun etwas Soziales, damit es uns auch weiterhin gut gehen wird"). Was verändert sich durch diese andere Sichtweise für die Jugendhilfe? Konkret bedeutet diese neue Sichtweise für die Jugendhilfe, dass sich Argumentationslinien umkehren.

Stagnierende wirtschaftliche Entwicklung kann nun eigentlich nicht mehr als Argument dafür dienen, dass man z.B. das Angebot und die Qualität der Entwicklungsförderung durch Tageseinrichtungen für Kinder reduziert aufgrund knapper Mittel.

Vielmehr wäre wirtschaftliche Stagnation gerade ein Argument dafür, die Qualität und das Leistungsvermögen z.B. von Kindergärten zu erhöhen, da sie, als Investition in Humankapital verstanden, gerade dazu dienen die zukünftige wirtschaftliche Entwicklung (Wachstum) zu fördern und zu sichern.

Die Frage wäre somit zu stellen, ob wir gerade aus ökonomischer Sicht deshalb z.B. weniger Straßenbau und weniger Industriesubvention, dafür aber mehr Investitionen in Bildung, Erziehung und Gesundheit brauchen, um wirtschaftliche Entwicklung gewährleisten zu können.

Aufgabe der Jugendhilfe wäre es nun, sich nicht mehr ökonomischen Frage-stellungen zu verschließen und ihre Legitimation rein aus ethischen Begrün-dungen abzuleiten. Zweifelsfrei gibt es solche ethischen Prinzipien (Menschen-rechte, Kinderrechte etc.), die hier legitimer Weise genannt werden. Angesichts knapper finanzieller Ressourcen erscheint es jedoch auch erforderlich darzu-stellen, welchen positiven Einfluss die Jugendhilfe auf die gesamtgesellschaft-liche Entwicklung und unter dem Blickwinkel des Humankapitals auch auf die wirtschaftliche Entwicklung hat.

Aus dieser Perspektive erscheint es sinnvoll, möglichst frühzeitig und intensiv die Entwicklung junger Menschen zu fördern und nicht zu warten, bis eine Entwicklung eventuell derart negativ verläuft, dass aus ethischen Prinzipien ein Nicht-Handeln nicht mehr vertretbar wird.

In Abbildung 6 werden modellhaft summierte Erträge und Kosten im Lebens-verlauf eines Menschen dargestellt. Von der Geburt an, in der Kindheit und Jugend, bis zum Eintritt ins Erwerbsleben ergeben sich Aufwendungen, Inves-titionen in Humankapital, denen keine oder nur geringe Erträge gegenüber-stehen. Mit Eintritt ins Erwerbsleben bis ins Rentenalter werden dann Ertrags-überschüsse erwirtschaftet, die in der Regel die Höhe der früheren Aufwen-dungen deutlich übersteigen (günstiger Verlauf). Mit dem Übergang in das Rentenalter übersteigen die Aufwendungen wiederum die Erträge. Die Summenfunktion hat ihr Maximum überschritten und nimmt wieder ab, bleibt jedoch deutlich im positiven Bereich. Bei einem ungünstigen Verlauf (beispielsweise bei benachteiligten jungen Menschen ohne zusätzliche Jugend-hilfemaßnahmen) kann ein deutlich geringeres Einkommen und Produktivität, geringere Zeiten der Erwerbstätigkeit und längere Zeiten der Arbeitslosigkeit erwartet werden.

Dies kann dazu führen, dass zwar teilweise in manchen Jahren Ertrags-überschüsse entstehen, die Summenkurve jedoch nie den negativen Bereich verlässt und sich im Alter aufgrund von Renten- oder Sozialhilfezahlungen deutlich im negativen Bereich bewegt.

Jugendhilfe sollte erreichen, dass sich dieser zu erwartende ungünstigere Kur-venverlauf der Summenfunktion deutlich verbessert und sich hin zum Kurven-verlauf bei einem günstigen Verlauf bewegt. Im besten Fall würde sich eine um die Kosten der Jugendhilfe nach unten verschobene, aber sonst mit der Sum-menfunktion bei günstigem Verlauf identische Kurve ergeben.

Eine frühzeitige Förderung (Investition in Humankapital) erleichtert die weitere Entwicklung (kumulative Vorteile) und verlängert die möglichen Ertragszeiten für die getätigten Investitionen. Dabei ist zu beachten, dass finanzielle Res-sourcen z.B. im Bereich der Jugendhilfe, zwar notwendige aber nicht hin-reichende Bedingungen für die Schaffung von Fähigkeiten und Fertigkeiten und damit Humankapital sind.

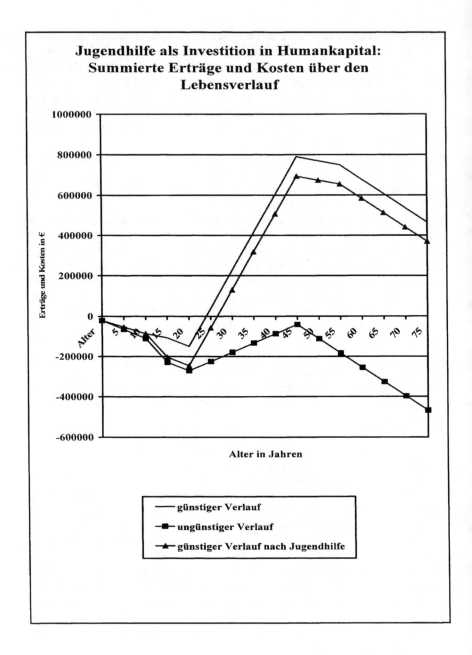

Abbildung 6: Jugendhilfe als Investition in Humankapital

Dies bedeutet für die Jugendhilfe, dass sie die Effizienz ihres Handelns nachweisen muss. Ein hoher finanzieller Mitteleinsatz allein garantiert noch nicht gewünschte Humankapitalinvestitionen. Vielmehr geht es um die Qualität und Wirksamkeit der erbrachten Leistungen, die dann zur „Bildung von Humankapital" führt.

Für die Qualität und Wirksamkeit ist die Bereitstellung finanzieller Ressourcen ein wesentlicher, aber nicht unbedingt der wichtigste Faktor.

Qualität wird vielmehr durch die inhaltliche, erzieherische Leistung bestimmt. Auch die bloße Implementierung eines Qualitätsentwicklungssystems allein garantiert noch keine erwünschte, ausreichende Qualität. Die Beschreibung und Sicherung einer entsprechenden Prozessqualität erscheint sinnvoll, entscheidend ist jedoch die Frage, ob der entsprechende Prozess auch zielführend ist, d.h. zur gewünschten Ergebnisqualität führt. Man sollte sich daher über die Begrenztheit der derzeit eingesetzten Qualitätssicherungsmaßnahmen bewusst sein (Müller, 1996).

Betrachtet man das Konzept des Humankapitals, so wird deutlich, dass eine Vielzahl unterschiedlicher Verhaltensweisen Auswirkungen auf die Fähigkeiten und Fertigkeiten eines jungen Menschen haben, die ihrerseits untereinander in Wechselwirkung stehen.

So hängt die Notwendigkeit oder der Erfolg einer Jugendhilfe in Form der Heimerziehung möglicherweise mit von der Qualität des Bildungssystems (Qualität der Schule; Lern- und Sozialerfahrungen des Schülers) oder von der Qualität des Gesundheitswesens (Diagnostik, ambulante und stationäre Psychotherapien etc.) ab.

Diese Wechselwirkungen bedingen es, dass die Wirksamkeit bestimmter Jugendhilfemaßnahmen nicht nur von Faktoren innerhalb des Systems Jugendhilfe sondern auch von exogenen Faktoren (z.B. sozialen Sicherungssystemen, Schul- und Ausbildungssituation, wirtschaftliche Lage etc.) abhängen. Die Wirksamkeit von Jugendhilfe auf das Humankapital hängt also auch von der Wirksamkeit anderer Einflusssysteme ab. Dies macht die Überprüfung der Wirksamkeit von Jugendhilfemaßnahmen entsprechend schwierig.

Ähnliches gilt für den Bereich der Effizienz zu sagen. Hier wird sogar deutlich, dass die gleiche Leistung mit gleicher Qualität aber von unterschiedlichen Kostenträgern finanziert zu unterschiedlichen Effizienzaussagen führt.

Wird beispielsweise Psychotherapie im Rahmen des KJHG erbracht und finanziert (Kostenträger Jugendhilfe), so wird dadurch die Jugendhilfe augrund der dort anfallenden Kosten vom Ergebnis betrachtet im Vergleich zu einer Finanzierung der Psychotherapie durch das Gesundheitswesen ineffizienter, vorausgesetzt die Ergebnisqualität bzw. Wirksamkeit bleibt in beiden Fällen gleich. Demgegenüber steigt die Effizienz der Jugendhilfe, wenn die Psychotherapie über die Krankenkasse abgerechnet werden kann.

Das Beispiel zeigt, dass bei gleicher Leistungserbringung und Effekten auf das Humankapital, der Abrechnungsmodus erheblichen Einfluss auf die getroffene Effizienzaussage hat. Hierbei wird deutlich, dass insbesondere die Schnittstellen zwischen den verschiedenen Leistungssystemen erhebliche Probleme aufwerfen, aber auch immense Möglichkeiten der Qualitätsverbesserung und Effizienzverbesserung bieten.

Dieses Plädoyer für eine stärkere Betrachtung von Zusammenhängen und Wechselwirkungen zwischen den verschiedenen Bereichen (Erziehung, Bildung, Gesundheit, Soziale Sicherung etc.) macht die Notwendigkeit einer stärkeren Integration und Vernetzung deutlich und fordert gleichsam die Abkehr vom „Töpfe-Denken" einer kameralistischen Haushaltspolitik.

3.3. Das Menschenbild der Ökonomie und seine Anwendbarkeit auf die Jugendhilfe

Der folgende Abschnitt beschäftigt sich mit der Frage, inwieweit die Anwendung ökonomischer Sichtweisen in einem klassischen, sozial-ethisch dominierten Themengebiet wie dem der Jugendhilfe überhaupt angemessen und gerechtfertigt ist. Deshalb soll an dieser Stelle das Menschenbild der Ökonomie (homo oeconomicus) vorgestellt und seine Anwendbarkeit und seine Begrenzungen im Bereich der Jugendhilfe anhand des Vergleichs mit anderen Menschenbildern und Erklärungsansätzen menschlichen Verhaltens untersucht werden. Wissenschaftliche Theorien versuchen die Komplexität der Realität zu erklären, indem sie diese reduzieren. Sie sind deshalb jeweils nur ein Abbild der Realität und erfassen somit nicht deren Gesamtheit.

Das Mikroökonomische Theoriengebäude ist Teil der Wirtschaftstheorie, dessen Grundannahmen wie folgt beschrieben werden können:
„ Die Wirtschaftstheorie operiert seit dem Ausgang des 19. Jahrhunderts mit mathematischen Modellen, denen bestimmte Annahmen über den wirtschaftenden Menschen zugrunde liegen: Der homo oeconomicus wird als ein egoistischer, rationaler Nutzenmaximierer angesehen. Er kennt seine Bedürfnisstruktur, formuliert auf ihrer Basis Präferenzen, die er in einer Präferenzordnung hierarchisch strukturiert und versucht, seine Bedürfnisse optimal zu befriedigen. Überdies wird ihm Nicht-Sättigung unterstellt. Das bedeutet, dass er immer mehr haben will, als er tatsächlich hat. Schließlich wird meist angenommen, dass sein Wohlbefinden nur vom eigenen Nutzen, nicht aber von dem seiner Mitmenschen abhängt." (Manstetten, Hottinger, Faber 1998: S. 128-129).
Dass der „wirtschaftende Mensch" zumindest phasenweise nach den Prinzipien des homo oeconomicus handeln kann, sei unbestritten. Jedoch stellt die

Festlegung der Wirtschaftstheorie auf die Prinzipien des homo oeconomicus, als für den wirtschaftenden Menschen alleinig geltende Verhaltensregel, eine stark einschränkende Modellannahme dar, da sie die Komplexität menschlicher Entscheidungsfindungsprozesse und menschlichen Handelns nur unzureichend abbildet. So argumentieren Manstetten, Hottinger und Faber (1998), dass selbst Adam Smith (1723-1790), der „als Begründer der modernen Volkswirtschafts-lehre" gilt, dem homo oeconomicus andere Verhaltensmöglichkeiten zur Seite stellte: den homo biologicus („der instinkt-geleitete Mensch"), den homo politi-cus („der vom Eifer für die Gemeinschaft bewegte Mensch") sowie den homo religiosus („der aus der Sichtweise des Interesse des Universums geleitete Mensch").

Eine solche Vielfalt unterschiedlicher menschlicher Handlungs- und Entscheidungsmöglichkeiten entspricht auch mehr gegenwärtigen Sichtweisen der Psychologie, die den Menschen als bio-psycho-soziales Wesen ansehen, das sich aktiv mit sich und seiner Umwelt in einem interaktiven Prozess auseinandersetzt[2].

Wieland (1993, S. 13) stellt dem homo oeconomicus insbesondere für den Bereich der Gesundheitsökonomie den homo patiens gegenüber: „den Men-schen, den sein Leiden in eine Situation geführt hat, in der er sich nicht mehr selbst helfen kann, sondern fremder Hilfe, in vielen Fällen sogar sachkundiger professioneller Hilfe bedarf." Der Autor begründet, dass die „Prinzipien der Humanität und der Menschenwürde (...) es rechtfertigen und zugleich bedingen, dass dem homo patiens eine Sonderrolle zugestanden wird." Diese Würde setze die Prinzipien des homo oeconomicus für den Gesundheitsbereich außer Kraft, da „was dagegen über allen Preis erhaben ist, mithin kein Äquivalent gestattet, das hat eine Würde" (Wieland, 1993, S. 16-17). Aus diesem Prinzip der Men-schenwürde wurde für den Gesundheitsbereich die Rolle des homo patiens von der Rolle des homo oeconomicus entkoppelt und somit einer ökonomischen Steuerung durch den „freien" Markt entzogen.

Ähnliches ist auch für den Jugendhilfebereich zu sagen, da es hier ebenfalls um ein sehr hoch geachtetes Gut (nämlich Erziehung) geht, das ebenfalls mit den Begriffen Humanität und Menschenwürde verbunden ist. Auch hier befinden sich teilweise Menschen in der Rolle des homo patiens, der in einer Notlage fremder Hilfe bedarf. Auf die Ähnlichkeit von Jugendhilfeleistungen und Gesundheitsleistungen wird nachfolgend noch näher eingegangen.

Ein wesentlicher noch zu erwähnender Punkt ist, dass der homo oeconomicus als in der Wirtschaftstheorie herrschendes Menschenbild seinerseits mensch-liches Verhalten stark mit beeinflussen kann, da aus ihm gesellschaftliche und soziale Rollenerwartungen zum Beispiel von Marktagenten (Konsumenten,

---

[2] Für einen Überblick über bio-psycho-soziale Erklärungsansätze menschlicher Entwicklung und menschlichen Verhaltens siehe Niebank & Petermann (2002).

Produzenten) abgeleitet werden, die für das Individuum handlungsleitend werden können, so dass dieses sich entsprechend einer „sich selbst erfüllenden Prophezeiung" (self-fullfilling-prophecy) nach dem homo oeconomicus-Prinzip verhält. Problematisch erscheint dies insbesondere aufgrund der Nichtsättigungshypothese und der Annahme, dass das menschliche Wohlbefinden nicht von dem Wohl der Mitmenschen abhängt, was zu einer weiteren Entsozialisierung der Gesellschaft führen könnte.

Eine Nicht-Berücksichtigung ökonomischer Denkweisen und Perspektiven erscheint jedoch ebenfalls nicht angemessen, da auch das Handeln nach rein ethischen Prinzipien (z. B. nach dem Bild des homo patiens) im Sozialbereich ökonomische Konsequenzen (insbesondere Kosten) nach sich zieht. Aufgrund der Begrenztheit finanzieller Ressourcen bedeutet dies, dass ein Handeln rein nach ethischen Prinzipien und unter Vernachlässigung ökonomischer Sichtweisen in einem Bereich (z. B. Gesundheitswesen) mit hoher Wahrscheinlichkeit zur Folge hätte, dass entsprechende finanzielle Mittel in einem anderen sozialen Bereich (z.B. der Jugendhilfe) in geringerem Ausmaß zur Verfügung stünden und somit ethisches Handeln in diesem Bereich begrenzt wäre. Insofern erfordert auch sozial-ethisches Handeln die Berücksichtigung einer ökonomischen Sichtweise.

Trotz der erwähnten Einwände erscheint der wirtschaftstheoretische Ansatz mit dem Menschenbild des homo oeconomicus daher als ein wichtiger Erklärungsansatz für das Verhalten des (wirtschaftenden) Menschen, der mit anderen Erklärungsansätzen in Verbindung bzw. Konkurrenz steht, also keine Alleingültigkeit beanspruchen kann und sollte.

4. Grundlagen der Kosten-Nutzen-Analyse

Im folgenden Kapitel werden die Grundlagen der vorliegenden Kosten-Nutzen-Analyse dargestellt. Nach einer Einführung in die Theorie der Kosten-Nutzen-Analyse und methodischer Probleme werden bisherige Überlegungen zu Kosten-Nutzen-Analysen im Bereich der Jugendhilfe dargestellt. Als benachbartem Bereich wird anschließend auf bisherige Erfahrungen im Bereich des Gesundheitswesens eingegangen. Schließlich werden die Notwendigkeit und Vorraussetzungen einer Kosten-Nutzen-Analyse im Bereich der Jugendhilfe überprüft.

4.1. Theorie der Kosten-Nutzen-Analyse

Hauptanwendungsgebiet der Kosten-Nutzen-Analyse ist der öffentliche Sektor. Vorraussetzung für die Durchführung einer Kosten-Nutzen-Analyse ist, dass im Anwendungsgebiet Marktversagen vorliegt, d.h. die weiter unten zu beschreibenden Marktkriterien aufgrund von Verzerrungen nicht vollständig erfüllt sind. Ansonsten wäre eine Kosten-Nutzen-Analyse überflüssig, da bei Erfüllung der Marktkriterien wirtschaftstheoretisch abgeleitet werden, dass eine optimale Güterallokation sich einstellt (Erster Hauptsatz der Wohlfahrtstheorie, Faber 1999).

Ziel einer Kosten-Nutzen-Analyse ist die Beantwortung der Frage, ob es aus ökonomischen Gründen sinnvoll ist, staatliche Projekte auf Kosten des Entzugs von Mitteln aus dem privaten Sektor durchzuführen. Dabei ist aus einer Anzahl möglicher Alternativen die ökonomisch sinnvollste auszuwählen. Entscheidend hierbei sind die positiven oder negativen Beiträge der Alternativen zur gesamtgesellschaftlichen Wohlfahrt (Hanusch, 1987).

In diesem Kontext wird die gesamtgesellschaftliche oder soziale Wohlfahrt als Aggregation des individuellen Nutzens der Konsumenten bzw. Haushalte des betreffenden staatlichen Gebildes (d.h. dessen Volkswirtschaft) betrachtet.

Als zentrale Elemente der Kosten-Nutzen-Analyse sind die Begriffe „Nutzen" und „Kosten" zu definieren.

Mikroökonomisch wird unter dem Nutzen „eine rein subjektive Größe, die dem Empfinden des jeweiligen Konsumenten entspricht", verstanden (Lancaster 1983, S. 253). Jede ökonomische Entscheidung impliziert dabei ein Abwägen der Vorteile oder des Nutzens einer möglichen Handlung mit deren Nachteilen oder Kosten. Die Kosten einer Handlung entsprechen hier dem Wert der (besten) alternativen Gelegenheit, auf die durch die Wahl dieser Handlung anstatt der Alternative verzichtet wurde (Lancaster, 1983, S. 133). Diese Definition des Kostenbegriffs bezeichnet man auch als Opportunitätskostenkonzept. Kosten sind demnach nichts anderes als entgangener Nutzen, d.h. Kosten und Nutzen sind zwei Seiten der gleichen Medaille.

Wichtig bleibt ebenfalls festzuhalten, dass Kosten und Nutzen subjektive Werturteile des einzelnen Individuums sind. Hierbei ist zu berücksichtigen, dass der Nutzen eines Gutes für ein Individuum / Haushalt dessen subjektive Wertschätzung ausdrückt. Dies bedeutet, dass sich interindividuell sehr unterschiedliche Präferenzordnungen und damit Nutzenrelationen von Gütern für die einzelnen Haushalte ergeben können.

4.1.1. Vorgehensweise der Kosten-Nutzen-Analyse

Nach Hanusch (1987) hat die Kosten-Nutzen-Analyse folgende Teilaufgaben zu erfüllen:

1.) Bestimmung der relevanten Nebenbedingungen.
2.) Formulierung und Vorauswahl von Alternativen.
3.) Bestimmung der Projektwirkungen, Erfassung und Bewertung der positiven und negativen Wirkungen von Alternativen in Form ihrer monetären Nutzen und Kosten.
4.) Zeitliche Homogenisierung der Nutzen und Kosten auf dem Wege der Diskontierung.
5.) Gegenüberstellung von Nutzen und Kosten für die verschiedenen Alternativen; Synthese zu eindimensionalen Güte- oder Entscheidungsmaßen.
6.) Berücksichtigung von Risiko und Unsicherheit, eventuell Modifizierung der Entscheidungsmaße.
7.) Aufstellung einer Rangordnung der Alternativen anhand der Entscheidungsmaße und Empfehlung ein oder mehrerer Alternativen.
8.) Erstellen eines Endberichts der sämtliche Verfahrensschritte beinhaltet.

Eine wesentliche Unterscheidung von Modellwirkungen ist die zwischen tangiblen und intangiblen Effekten.
Unterscheidungskriterium ist hierbei die Messbarkeit der Effekte.
Alle tangiblen Wirkungen sind in monetären Größen quantifizierbar. Intangible Wirkungen lassen sich hingegen nur durch qualitative Angaben umschreiben (z.B. die soziale Geborgenheit im vertrauten häuslichen Umfeld).
Sowohl tangible als auch intangible Effekte eines Vorhabens sollen in eine Kosten-Nutzen-Analyse aufgenommen werden, wobei die intangiblen Effekte präzise beschrieben und dem zahlenmäßigen Ergebnis der Kosten-Nutzen-Analyse beigefügt werden sollen (Hanusch, 1987).

4.1.2. Unterscheidung und Integration von Kosten-Nutzen- Analyse und Kosten-Wirksamkeitsanalyse

Von der Kosten-Nutzen-Analyse (KNA) ist die Kosten-Wirksamkeitsanalyse zu unterscheiden. Während eine Kosten-Nutzen-Analyse versucht Kosten und Nutzen monetär zu bewerten, verzichtet die Kosten-Wirksamkeits-Analyse darauf Nutzen in Geldeinheiten zu bewerten. Stattdessen wird die Wirksamkeit eines Projektes anhand der physischen (oder auch psychischen) Programmoutputs mittels Wirksamkeitskriterien bewertet. Insofern lässt sich die Kosten-Wirksamkeits-Analyse als Vorstufe zur Kosten-Nutzen-Analyse verstehen, da letztere zusätzlich diese Programmoutputs in monetärer Form bewertet (Kriedel 1980).

4.1.3. Probleme der Kosten-Nutzen-Analyse

An dieser Stelle wird aus theoretischer Sicht auf drei allgemeine Hauptprobleme von Kosten-Nutzen-Analysen in knapper Form eingegangen. Weitere für den Bereich der Jugendhilfe spezifische Probleme werden weiter unten erläutert.

Kardinale vs. ordinale Nutzenbewertung
Problematisch erscheint die Frage, ob Nutzen ordinal oder kardinal messbar ist. Der kardinale Bewertungsansatz versucht jede Änderung von Gütermengen als Änderung des individuellen Nutzens darzustellen. Wesentliche Konzepte sind hierbei die Konsumentenrente und die individuelle Zahlungsbereitschaft (Ahlheim & Rose 1989, S. 34 ff.).
Ein kardinaler Bewertungsansatz erscheint jedoch problematisch, da sich subjektive Einschätzungen aus psychologischer Sicht nicht kardinal erfassen lassen. Probleme sind hierbei beispielsweise, dass Nutzenunterschiede nicht interpretiert werden können oder dass selbst einfache Ordnungsrelationen nicht ohne weiteres erfüllt sind. Bei mehrdimensionalen Alternativen kommt es vor, dass Alternative a der Alternative b vorgezogen wird und diese wiederum der Alternative c. Beim direkten Vergleich von Alternative a mit Alternative c wird jedoch Alternative c vorgezogen. Ein solches Nichtvorliegen der Transitivitätseigenschaft einer Skala lässt jedoch bereits die Annahme einer Ordinalskala als problematisch erscheinen. Eine kardinale Messung des Nutzens erscheint daher sehr problematisch.
Realistischer ist es, einen ordinalen Bewertungsansatz zu wählen, bei dem es möglich ist solche Messprobleme etwas zu entschärfen (z.B. durch Einführung einer "Schwachen Ordnung" oder "Semi-Ordnung", siehe dazu auch Opp 1976, S. 52 ff).

Der Nutzen verschiedener Alternativen kann hierbei möglicherweise in eine eindeutige Rangreihe gebracht werden. Nutzenunterschiede erscheinen jedoch nicht interpretierbar. Wesentliches Konzept dieses Ansatzes ist das Pareto-Kriterium. Eine Pareto-Verbesserung ist dann gegeben, wenn durch eine Maßnahme mindestens eine Person besser gestellt aber keine Person schlechter gestellt werden würde. Pareto-optimal bedeutet ein Zustand, bei dem kein Individuum bei gegebenen Rahmenbedingungen besser gestellt werden kann, ohne zugleich ein anderes schlechter zu stellen. Bei der Bewertung aufgrund eines ordinalen Nutzenkonzepts können eindeutige Aussagen nur in Bezug auf pareto-inferiore versus pareto-optimale Lösungen, d.h. bei Pareto-Verbesserungen gemacht werden. Zu verschiedenen pareto-optimalen Projektalternativen kann jedoch keine eindeutige Aussage gemacht werden (Lancaster, 1983, S.323 ff.).

Die Kosten-Nutzen-Analyse versucht nun Nutzen und Kosten mönetär zu bewerten, das heißt den Nutzen und die Kosten auf einer kardinalen, mönetären Skala abzubilden und einander gegenüberzustellen.

Bei der vorliegenden Arbeit wird von einem kardinal messbaren Nutzenäquivalent (=Geld) ausgegangen. Nutzen selbst wird jedoch als lediglich ordinal messbar im Sinne einer Präferenzordnung betrachtet.

Aggregation individueller Nutzenänderungen

Bei der Aggregation der individuellen Nutzenniveaus bzw. deren Änderungen zu einer gesamtgesellschaftlichen Wohlfahrt ergibt sich das Problem der Gewichtung des Beitrags der individuellen Nutzenniveaus.

Oft werden Einkommenseffekte nicht berücksichtigt, das heißt es wird eine optimale Einkommensverteilung unterstellt, und Verteilungsaspekte werden aus der Analyse ausgeschlossen. Oder aber es sind politische Setzungen erforderlich, die die Gewichtungsfaktoren der individuellen Nutzenfunktionen bestimmen. Bei Unterstellung einer optimalen Einkommensverteilung erhalten alle Gewichte den Wert 1, d.h. der Nutzen jedes Haushalts wird gleich bewertet (Ahlheim & Rose, 1989, S. 4ff.).

Effekte von Jugendhilfemaßnahmen auf die Einkommensverteilung werden in der vorliegenden Arbeit ebenfalls nicht berücksichtigt.

Die Festlegung eines Zinssatzes zur Abdiskontierung

Eine weitere prinzipielle Schwierigkeit der Kosten-Nutzen-Analyse besteht in der Festlegung eines Zinssatzes zur Abdiskontierung zukünftiger Erträge, d.h. zur Bestimmung deren so genannter Gegenwartswerte. Je länger ein entsprechender Zeithorizont ist, in dem Projektfolgen erwartet werden, desto unsicherer werden zukünftige Kosten und Erträge.

Insbesondere lässt sich ein zukünftiger Marktzinssatz nicht eindeutig bestimmen. Vielmehr ist eine „willkürliche" Festlegung desselben erforderlich, was erhebliche Konsequenzen für die Gesamtbewertung des Projekts haben kann. Weiter ergibt sich durch die Festlegung eines positiven Zinssatzes (d.h. $r>0$), dass zukünftige Erträge geringer gewichtet werden als jetzige. Dies impliziert eine gesamtgesellschaftliche Minderschätzung zukünftigen Konsums bzw. zukünftiger Erträge gegenüber jetzigem Konsum bzw. Erträgen. Zwar erscheint eine solche Abbildung individueller Präferenzen angemessen und spiegelt sich auch in den Zinssätzen wider. Jedoch könnte man auch argumentieren, dass sich der Staat weitsichtiger verhalten solle als die Individuen. Insbesondere im Bereich der Umweltökonomie wird deshalb häufig gefordert, die Diskontrate für Projekte deutlich geringer als den Marktzinssatz festzulegen oder aber aus ethischen Gründen auf eine Abdiskontierung ganz zu verzichten. Eine Diskontrate $r=0$, so wird argumentiert, sei erforderlich um nachhaltige Entwicklung und nachhaltiges Wirtschaften zu ermöglichen. Nachhaltigkeit bedeutet hierbei eine Berücksichtigung der Interessen zukünftiger Generationen, insbesondere der Erhalt der Lebensgrundlagen für diese und Verzicht auf übermäßigen Ressourcenverbrauch (Liesegang 2000).

Im Sinne dieser Betrachtungsweise wird für die vorliegende Kosten-Nutzen-Analyse auf eine Abdiskontierung zukünftiger Erträge und Kosten verzichtet, d.h. eine Diskontrate $r=0$ gewählt.

Um einen Eindruck zu gewinnen, ob eine Fremdfinanzierung (durch Kreditaufnahme) des Projektes sich ökonomisch lohnen würde, wird jedoch ein so genannter „kritischer Zinssatz" angegeben. Dieser kritische Zinssatz gibt an, bis zu welchem Realzinssatz (= inflationsbereinigter Zinssatz) sich eine positive Nutzen-Kosten-Differenz unter Abzug der Kreditzinsen gerade noch ergeben würde, d.h. eine Investition sich ökonomisch lohnt.

4.2. Bisherige Überlegungen zu Kosten-Nutzen-Analysen im Bereich Jugendhilfe

4.2.1. Nationale Ansätze

Erste Überlegungen hinsichtlich von Kosten-Nutzen-Analysen im Bereich der Jugendhilfe lassen sich auf eine Expertentagung Ende 1996 zurückführen. Im Rahmen dieser Expertentagung zu ökonomischen Aspekten von Beratung (insbesondere Jugend-, Ehe und Familienberatung) wurden auch volkswirtschaftliche Konsequenzen aus der institutionellen Beratung thematisiert.

Neubauer (1997) beschreibt dabei, dass es notwendig sei, die Leistungs- und Kostenrechnungen für Non-Profit-Unternehmen (wie z.B. im Bereich der Jugendhilfe) zu einer volkswirtschaftlichen Nutzen-Kosten-Untersuchung zu erweitern. Er argumentiert weiter, dass einzelwirtschaftliche Betrachtungen oft deshalb zu kurz greifen, weil sie die nicht direkt spürbaren externen Kosten und Nutzen nicht berücksichtigen. Dies gelte insbesondere für Sozial- und Gesundheitsleistungen, die oft den Charakter von Sozialinvestitionen in das Humankapital einer Volkswirtschaft haben. Investitionen in Humankapital brächten nur längerfristige Erträge, die schwer operationalisierbar und damit bewertbar seien. Dennoch müssten Leistungen, deren Nutzen und Kosten teilweise längerfristig anfallen und auf andere Mitglieder und Betriebe einer Volkswirtschaft ausstrahlen, um diese indirekten und externen Effekt erweitert werden. Andernfalls bestünde die Gefahr einer suboptimalen Versorgung, gerade mit solchen Gütern, die langfristig und breit wirken. Eine Unterversorgung könnte aber beim Bemerken von Defiziten nicht mehr bzw. nur sehr viel aufwendiger beseitigt werden. Neubauer (1997) nennt als Beispiel hierfür die Erziehung von Kindern. Defizite in der Kindererziehung könnten später kaum mehr adäquat beseitigt werden. Abschließend bewertet Neubauer die Durchführung von Kosten-Nutzen-Untersuchungen im Bereich der Jugendhilfe (insbesondere auch für den Bereich Beratung) als notwendig, verweist jedoch auch auf die erheblichen methodischen und empirischen Hindernisse, die nicht unterschätzt werden sollten.

Hinweise auf konkret durchgeführte Projekte oder realisierte Kosten-Nutzen-Analysen im Bereich der Jugendhilfe konnten jedoch trotz Recherche durch den Autor, bis auf eine Ausnahme, nicht gefunden werden.

Lediglich das auch unter Mitarbeit des Autors durchgeführte Projekt „Qualitätsentwicklung durch Effizienz-Benchmarking" (Hermsen, Roos & Zinkl, 2004) beschäftigte sich erstmals mit Effizienz-Untersuchungen im Bereich der Jugendhilfe. Hierbei wurden unter anderem auf betriebswirtschaftlicher Ebene Wirksamkeits-Kosten-Indices für den Bereich der Heimerziehung entwickelt. Für die vorliegende Studie relevante Ergebnisse werden an geeigneter Stelle dargestellt (siehe Kapitel 6.2.).

4.2.2. Internationale Ansätze

Während in Deutschland die ökonomische Betrachtung von Erziehung und auch der Jugendhilfe noch sehr gering ausgeprägt ist, sind in den USA etwas mehr Forschungsanstrengungen in diesem Bereich unternommen worden. Zwar sind die Ergebnisse dieser Studien nicht direkt auf die deutschen Verhältnisse übertragbar, da das soziale System der USA[3] sich von dem Deutschlands deutlich unterscheidet und in beiden Ländern unterschiedliche Traditionen von Erzieh-

---

[3] Eine Darstellung der verschiedenen nationalen Jugendhilfesysteme, insbesondere der Heimerziehung findet sich in Gottesman (1991).

ung existieren. Jedoch könnten einige der Fragestellungen und Ergebnisse auf ihre Gültigkeit auch für deutsche Verhältnisse überprüft werden.

Bereits 1992 erschien im „Journal of Human Ressources" ein Schwerpunktheft zum Thema „Child Care", in dem unter anderem sowohl Zusammenhänge zwischen Preis, Qualität, Einkommen und der Nachfrage nach „Child Care" erörtert wurden (Hofferth und Wissoker 1992) als auch das Angebot analysiert wurde (Walker 1992).

Blau (1997) untersuchte die Produktion von Qualität in „Child Care Centers" auf ihre Abhängigkeit von der Gruppengröße und dem Betreuungsschlüssel. Powell und Cosgrove (1992) fanden Zusammenhänge zwischen Qualität und Kosten von „Child Care Centers". Mocan (1997) betrachtete Zusammenhänge zwischen Kostenfunktionen, Effizienz und Qualität in „Child Day Care Centers". „Child Care Centers" können wohl am ehesten mit deutschen Kindertagesstätten verglichen werden.

Das National Child Care Information Center der USA listet eine Reihe auch bundesstaatlicher Analysen über den ökonomischen Einfluss von „Child Care" auf, wobei zwar wirtschaftliche Effekte dargestellt (Schaffung neuer Arbeitsplätze etc.) werden. Explizite Kosten-Nutzen-Analysen fehlen jedoch ähnlich wie in Deutschland fast völlig (NCCIC, 2004).

Zwei Studien, deren untersuchte Interventionen wohl am ehesten mit den Hilfen zur Erziehung vergleichbar sind, sollen hier jedoch genannt werden.

Die RAND Corporation (Hennepin, 2001) verglich die Effektivität und Kosten-Einsparungseffekte zweier Projekte in ihrer Studie „Investing in Our Children". Im Elmira Prenatal & Early Incancy Project wurden bei vorher ausgewählten „high-risk"-Familien und „lower-risk"-Familien Hausbesuche von Fachkräften während der Schwangerschaft und bis ins Kindesalter von zwei Jahren durchgeführt.

Bei den „high-risk"-Kindern ergaben sich Ausgaben in Höhe von ca. 6.100 $ pro Kind, währenddessen Ausgabenreduktionen und erhöhtes Steueraufkommen von ca. 24.700 $ errechnet wurden. Es wurde eine Nutzen-Kosten-Differenz von ca. 18.600 $ und eine Nutzen-Kosten-Relation von 3:1 ermittelt. Demgegenüber zeigten sich bei den „lower-risk"-Kindern geringere Einsparungen, so dass eine negative Nutzen-Kosten-Differenz von − 2.307 $ sich ergab. Die Studie folgerte daraus, dass sich entsprechende Programme aus ökonomischer Sicht auf „high-risk"-Familien konzentrieren sollten.

Im Perry Preschool Project wurden 3-4 jährige Kinder, die aus sozial benachteiligten Familien stammten und einen IQ < 85 aufwiesen, mittels zweijährigem Vorschulbesuch und zusätzlichen Hausbesuchen durch Lehrer / Erzieher gefördert. Bei Maßnahmenkosten von 12.000 $ pro Kind ergaben sich Einspar- und Steuereffekte von 25.437 $ je Kind, so dass eine Nutzen-Kosten-Differenz von 13.289 $ ermittelt werden konnte.

In einer weiteren Studie der RAND (Hennepin, 2001) wurden drei Interventionen in ihrer Wirkung in Form von reduzierter Kriminalität untersucht. Hausbesuche in den Familien und vier Jahre Kindertagesbetreuung (Intervention A) wurde verglichen mit Elterntraining und Familientherapie für junge verhaltensauffällige Schulkinder (Intervention B) sowie mit einer Überwachungs- und Kontrollmaßnahme („monitoring and supervision") für Jugendliche mit delinquenter Vorgeschichte an weiterführenden Schulen (Intervention C). Alle drei Maßnahmen reduzierten nachfolgende Kriminalität.

Anhand der Kosten für die Reduktion einer Straftat wurde eine Rangfolge der Maßnahmen erarbeitet. Dabei ergaben sich für das Elterntraining (B) Kosten von lediglich 6.351 $ je reduzierter Straftat, für die Überwachungsmaßnahmen (C) Kosten von 13.899 $ und für die Hausbesuche und Tagesbetreuung (A) Kosten von 89.035 $ je reduzierter Straftat.

Eine weitere amerikanische Studie von Cohen (2000) quantifizierte den Wert von Interventionsprogrammen. Die gesellschaftlichen Kosten einer typischen kriminellen Karriere bezifferte er mit 1,3 bis 1,5 Millionen $, die Kosten eines typischen schweren Drogenkonsumverlaufs mit 370.000 bis 970.000 $ und die Kosten einer typischen Schulversager-/abbruchskarriere mit 243.000 bis 388.000 $. Der monetäre Wert der Bewahrung eines hoch gefährdeten Jugendlichen vor einer entsprechenden negativen Entwicklung wurde mit 1,7 bis 2,3 Millionen $ angegeben.

Cohen, Miller & Wiersema (1996) beschäftigten sich im Auftrag des amerikanischen Justizministeriums mit den Kosten der Opfer bei Straftaten. Die jährlichen Kosten der Straftaten durch Eigentums- und Produktivitätsverluste und medizinische Ausgaben betrugen in den USA 105 Mrd. $. Die Opferkosten in Form von erfahrenen Schmerzen, Traumatisierung, Behinderung und erhöhtem Sterberisiko wurden als deutlich höher berechnet. Unter Berücksichtigung auch dieser Kosten ergaben sich Gesamtkosten in Höhe von 450 Mrd. $ jährlich für die USA.

Die genannten Themenbereiche amerikanischer Autoren zeigen auf, in welche Richtungen verstärkte Forschungsbemühungen in diesem Bereich gehen könnten. Weitere interessante Ansätze lassen sich im Bereich des Gesundheitswesen bzw. der Gesundheitsökonomie finden, die nachfolgend dargestellt werden.

4.3. Kosten- Nutzen-Analysen bei gesundheitsökonomischen Fragestellungen

Da bisher Kosten-Nutzen-Analysen im Bereich der Jugendhilfe fehlen, wird auch aufgrund vieler Gemeinsamkeiten von Jugendhilfedienstleistungen und Gesundheitsdienstleistungen hier die Anwendung der Kosten-Nutzen-Analyse im Gesundheitswesen dargestellt und mögliche Verbindungen zur Jugendhilfe aufgezeigt.

4.3.1. Ähnlichkeiten der Güter Erziehung und Gesundheit

Die beiden Güter Erziehung und Gesundheit ähneln sich in vielfältiger Weise. Beide Güter sind bei der Bildung und Erhaltung von Humankapital beteiligt (Johansson und Löfgren 1995, S. 70-71). Bei beiden handelt es sich um direkte personenbezogene Dienstleistungen. Jeweils wird ein asymmetrisches Informationsgefälle zwischen Arzt und Patient bzw. Erziehendem und jungen Menschen unterstellt. Beide Güter werden von der Gesellschaft subventioniert. Sie sind Mischgüter, d.h. Güter mit sowohl privatem als auch öffentlichem Nutzen. Drummond (1993, S. 107) stellt fest, dass neben Gesundheitsleistungen auch Erziehung und andere Umweltfaktoren bei der Produktion von Gesundheit beteiligt sind. Ein umgekehrter Einfluss des Gutes Gesundheit auf die Produktion von Erziehung liegt ebenfalls nahe.

Insofern erscheint es sinnvoll, Ergebnisse aus der Gesundheitsökonomie auf ihre Übertragbarkeit für den Jugendhilfebereich zu überprüfen. Nicht erst seit dem zum 1.1.2004 in Kraft getretenen GKV-Modernisierungsgesetz für das Gesundheitswesen stehen die erheblichen volkswirtschaftlichen Aufwendungen für Gesundheitsleistungen im Blickpunkt des Interesses. Deshalb ist die Anwendung der Kosten-Nutzen-Analyse bei gesundheitsökonomischen Fragestellungen mittlerweile häufig. Die Unvollkommenheit des Marktes für Gesundheitsleistungen lässt eine ansonsten bei vollkommenen Märkten anzunehmende optimale Allokation von Ressourcen und Outputs nicht selbstverständlich erscheinen. Aus diesem Grund ist die Kosten-Nutzen-Analyse im Bereich des Gesundheitswesens erforderlich und angezeigt.

4.3.2. Eigenschaften von Gesundheitsleistungen

Die zuvor genannte Unvollkommenheit des Marktes (aus wirtschaftstheoretischer Sicht) ist dabei nicht allein durch das in der Bundesrepublik Deutschland installierte duale Gesundheitssystem begründet. Neben den systembedingten Marktbeschränkungen (z.B. Preiskontrollen, Zulassungsbeschränkungen für Ärzte etc.) ergeben sich systemunabhängige Eigenschaften von Gesundheitsleistungen, die die Marktfähigkeit dieser Leistungen erheblich einschränken.

Unter Marktfähigkeit wird hierbei die Existenz eines Marktmechanismus verstanden, der gewährleistet, dass Güter und Dienstleistungen für einen Preis sowohl angeboten als auch nachgefragt werden. Damit ein Konsument jedoch sich gemäß seines Nutzenkalküls (Nutzenmaximierung) verhalten kann, muss er zuvor abschätzen können, welches Gut in welcher Menge ihm welche Bedürfnisbefriedigung verschafft. Diese Vorraussetzungen sind jedoch nur unzureichend erfüllt.

Kriedel (1980) nennt hierfür vier typische Eigenschaften von Gesundheitsleistungen, die deren Marktfähigkeit einschränken:

1. Zwangskonsum
2. Nachfrageunsicherheit
3. Produktunsicherheit
4. Anbieterdominanz

Teilweise werden Gesundheitsleistungen auch ohne Einwilligung erbracht, z.B. bei Bewusstlosigkeit des Patienten (Zwangskonsum). Hinzu kommt, dass der Patient selbst gar nicht genügend informiert ist und abschätzen kann, welche Gesundheitsleistungen ihm nützen und er nachfragen soll (Nachfrageunsicherheit). Auch kann er die Qualität der erhaltenen Leistungen nicht abschätzen und diese sind auch abhängig vom Zustand des Patienten (Produktunsicherheit). Schließlich ist der Patient auf ein Vertrauensverhältnis zum behandelnden Arzt angewiesen, was zu einer deutlichen Machtstellung des Arztes (Anbieters von Leistungen) führt (Anbieterdominanz).

Zusammengefasst ergibt sich, dass der Patient keine ausreichende Konsumentensouveränität über die angebotenen Leistungen besitzt und damit eine wesentliche Bedingung für die effiziente Allokation über das Preissystem nicht gegeben ist.

Eine entsprechende Analyse für den Bereich der Jugendhilfe wird unter Abschnitt 4.4. durchgeführt.

4.3.3. Anwendungsgebiete und Probleme der Kosten-Nutzen-Analyse im Gesundheitswesen

Nachdem gezeigt wurde, dass Marktversagen im Bereich des Gesundheitswesens zu erwarten ist und damit die Notwendigkeit von Kosten-Nutzen-Analysen deutlich gemacht wurde, soll nun ein kurzer Überblick über bisherige Anwendungsgebiete in diesem Bereich gegeben werden.

Ein großer Teil der Analysen bezieht sich auf die Effizienz von Vorsorgemaßnahmen. So wurden Kosten-Nutzen-Analysen beispielsweise zur Nützlichkeit von ärztlichen Schwangerschaftsvorsorgeuntersuchungen, Impfungen gegen Poliomelitis und Grippe (Alter & Klausing 1974) und Krebsfrüherkennung (Arnold 1978) durchgeführt.

Ebenfalls wurden solche Analysen zu Medikamenten und medikamentösen Behandlungen (Horrisberger 1986) veröffentlicht.

Henke (1986) berechnet in einer Studie die direkten und indirekten Kosten von Krankheiten in der Bundesrepublik Deutschland.

McNaull (1981) unterscheidet zwischen direkten, indirekten und psychosozialen Kosten von Krebs. Als direkte Kosten werden Kosten für Prävention, Diagnostik und Behandlung angesehen. Diese würden ca. 20 % der Gesamtkosten betragen. Als indirekte Kosten werden Einkommensverluste durch Morbidität und Mortalität genannt. Psychosoziale Kosten sind demnach psychische und soziale Probleme aufgrund der Krebserkrankung, die teilweise in den indirekten Kosten enthalten sind.

Rees (1985) berichtet über Einkommensverluste von Familien krebskranker Kinder, die ein Viertel des Wocheneinkommens betragen.

Für einen ausführlicheren Überblick siehe Andersen & von der Schulenburg (1991).

Durch die Unterschiedlichkeit und Vielfalt der Fragestellungen und damit auch der Kosten-Nutzen-Analysen im Gesundheitswesen ergeben sich eine Vielzahl von Problemen.

Hauptproblem aller Kosten-Nutzen-Analysen im Gesundheitswesen ist die Nutzen-Seite. Sind die monetären Kosten eines Projekts noch halbwegs erfassbar und abschätzbar, so erscheint es bereits theoretisch problematisch, den Nutzen der Projekte abzuschätzen. Sehr viele Modelleffekte im Gesundheitswesen sind intangibel und entziehen sich daher einer direkten Bewertung. Eine reine Bewertung nach primär monetären (d.h. tangiblen) Effekten erscheint jedoch ungenügend, da möglicherweise die entscheidenden Effekte ausgeklammert würden und die Kosten-Nutzen-Analyse ein irrelevantes, weil verzerrtes Ergebnis liefern würde. Intangible Effekte sollten deshalb so stark wie möglich in die Kosten-Nutzen-Analyse integriert werden (Drummond, 1993).

Intangible Effekte sollen der monetären Kosten-Nutzen-Analyse im Abschlußbericht beigefügt werden. Eine Nichtberücksichtigung intangibler Effekte in der monetären Analyse erscheint aber für die Gesamtbewertung problematisch. Denn es ist anzunehmen, dass bei der politischen Bewertung das Hauptaugenmerk auf die monetäre Analyse gelegt wird und möglicherweise die beschriebenen intangiblen Effekte aufgrund der Nicht-Quantifizierung nicht ausreichend berücksichtigt werden.

Neben der Kosten-Nutzen-Analyse ergeben sich weitere interessante Fragestellungen und Aspekte aus der Gesundheitsökonomie, die auf ihre Anwendbarkeit im Bereich der Jugendhilfe überprüft werden sollten, so z.B. zu Finanzierungs- und Entgeltssystemen die Arbeit von Finsinger und Mühlenkamp (1989).

4.4. Einsatzbereich der Kosten-Nutzen-Analyse und Prüfung der Voraussetzungen

Die Kosten-Nutzen-Analyse findet Anwendung in ökonomischen Bereichen, in denen ein sogenanntes „Marktversagen" vorliegt, d.h. in denen eine Güterallokation durch Marktmechanismen (das freie Spiel von Angebot und Nachfrage nach Gütern und Dienstleistungen) nicht zu einem gesamtgesellschaftlich erwünschten Ergebnis führt. Als mögliche Ursachen für ein Marktversagen seien z.B. externe Effekte bzw. das Vorliegen öffentlicher Güter genannt (Arnold, 1992). Besteht hingegen kein Marktversagen, d.h. die Bedingungen eines so genannten vollkommenen Markes liegen vor, so ist die Durchführung einer Kosten-Nutzen-Analyse nicht angezeigt. Denn bereits wohlfahrtstheoretisch kann gezeigt werden, dass durch den Markt dann ein gesellschaftlich optimaler Zustand der Güterallokation erreicht wird. (Erster Hauptsatz der Wohlfahrtstheorie, Faber 1999).

Deshalb ist im folgenden zunächst das Vorliegen von Marktversagen in dem Bereich der Jugendhilfe nachzuweisen und somit der Einsatz der Kosten-Nutzen-Analyse zu rechtfertigen.

4.4.1. Voraussetzungen des Marktbegriffs

Der Marktbegriff ist eines der zentralen Konzepte in der mikroökonomischen Analyse. Lancaster (1983, S. 55) definiert in seinem volkswirtschaftlichen Standardwerk „Moderne Mikroökonomie" den Markt als „den Rahmen, innerhalb dessen Markttransaktionen stattfinden. Markttransaktionen implizieren einen freiwilligen Austausch zwischen verschiedenen Individuen."

Freiwilliger Austausch bedeutet hierbei Konsumentensouveränität bei den Nachfragenden bzw. Leistungsabnehmern, d.h. dass diese sich frei für oder gegen einen Austausch entscheiden können. Ebenfalls ist erforderlich, dass die Leistungsanbieter sich frei für das Anbieten einer Leistung entscheiden können, also z.B. zum Anbieten der Leistung nicht gesetzlich verpflichtet sind.

Weiteres Kriterium ist, dass sich durch den Austausch keiner wissentlich bzw. bewusst schlechter stellen möchte (Lancaster 1983, S. 57). Dadurch soll z.B. altruistisches Verhalten ausgeschlossen werden.

Als zusätzliche Kriterien für einen vollkommenen Markt sind zu nennen:

1.) eine hinreichend große Anzahl von Käufern und Verkäufern, die alle nur einen Bruchteil des gesamten Warenangebots nachfragen oder anbieten,

2.) das gehandelte Gut kann als homogen bezeichnet werden, d.h. es besitzt bei den unterschiedlichen Anbietern im wesentlichen die gleichen Eigenschaften und Qualität,

3.) das einzige Transaktionskriterium ist der Preis, das heißt, dass kein besseres Geschäft anderweitig möglich ist (bisherige Erfahrungen und persönliche Beziehungen spielen keine Rolle),

4.) vollkommene Information, d.h. alle Marktteilnehmer kennen sämtliche verfügbaren Angebote (Lancaster 1983, S. 61).

4.4.2. Allgemeine Überprüfung der Jugendhilfetransaktionen

Boeßenecker (1998, S. 174) beschreibt die Austauschbeziehungen im Bereich der Jugendhilfe in der in Abbildung 7 dargestellten Weise.

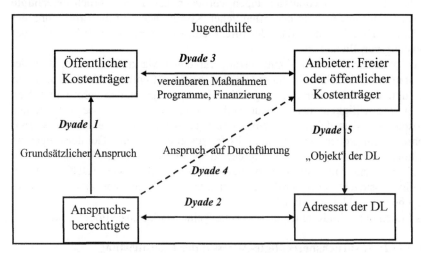

Abbildung 7: Austauschbeziehungen in der Jugendhilfe (nach Boeßenecker, 1998, S. 174)

Eine wesentliche Ergänzung sollte hierbei beachtet werden. In Abbildung 7 ist die nach §1 KJHG vorhandene Wächterfunktion des Staates über die Pflicht der Eltern zur Erziehung ihrer Kinder nicht enthalten. Diese spielt bei der Identifikation des Konsumenten jedoch ebenfalls eine wesentliche Rolle.

Wie aus der Abbildung ersichtlich sind im Bereich der Jugendhilfe generell vier unterschiedliche Instanzen, Personengruppen oder Individuen am Geschehen beteiligt: Der „Anspruchsberechtigte", das sind in der Regel die Eltern, die einen Rechtsanspruch auf Jugendhilfe besitzen, der an den „Öffentlichen Kostenträger" gerichtet ist. Der „Öffentliche Kostenträger", das ist das Jugendamt, wirkt wiederum wesentlich bei der Wächterfunktion der Gesellschaft über die Pflicht der Eltern zur Erziehung ihrer Kinder mit.

Es vereinbart Maßnahmen, Programme und die Finanzierung mit einem „freien Leistungsanbieter" oder erbringt diese selbst als „öffentlicher Träger". Schließlich ist der „Adressat der Dienstleistung" zu nennen, der entweder das Kind oder die Eltern oder die Familie als Ganzes ist.

Betrachten wir nun jeweils die dyadischen[4] Beziehungen zwischen den Beteiligten, um zu klären, ob es hierbei zu Markttransaktionen kommen kann.

Dyade 1: Anspruchsberechtigte-Öffentlicher Kostenträger

Falls die Anspruchsvoraussetzungen vorliegen hat der Anspruchsberechtigte einen Rechtsanspruch an den öffentlichen Kostenträger auf die Erbringung der Leistung. Dies bedeutet, dass der öffentliche Kostenträger zur Erbringung der Leistung verpflichtet ist.

Dies widerspricht der 1.Voraussetzung für einen Markt, die besagt, dass der Austausch freiwillig sein muss. Ebenso ist der öffentliche Kostenträger zur Ausübung des Wächteramtes gegenüber den Eltern gesetzlich verpflichtet. Von einer Freiwilligkeit der Leistungserbringung von Seiten des öffentlichen Kostenträgers ist daher nicht auszugehen, auch wenn Hottelet (1998, S. 163) schreibt: „In grober Vereinfachung ist festzustellen, dass alle Geldleistungen im Rahmen des BSHG bei Erfüllung der Anspruchsvoraussetzungen unabdingbar sind, während die vorwiegend erzieherischen Hilfen des KJHG von der Definitionsmacht der behördlichen Sozialarbeit und vom Haushaltsvolumen des Jugendamtes abhängig sind."

Es finden daher im Rahmen dieser Dyade keine Markttransaktionen statt.

Dyade 2: Anspruchsberechtigte-Adressat der Dienstleistung

Der Anspruchsberechtigte ist entweder selbst der Adressat der Dienstleistung bzw. Teil des Adressaten. Dann ist aber keine Dyade vorhanden. Oder aber er hat über den Adressaten das Sorgerecht und damit die Entscheidungsgewalt. So ist von einem freiwilligen Austausch verschiedener Individuen innerhalb dieser Dyade nicht auszugehen. Die Voraussetzungen für Markttransaktionen sind innerhalb dieser Dyade ebenfalls nicht gegeben.

Dyade 3: Öffentlicher Kostenträger-Anbieter: Freier oder öffentlicher Träger

Hier ergibt sich die Notwendigkeit, bei der Betrachtung zwischen freien und öffentlichen Leistungsanbietern zu unterscheiden.

Bei einem freien Träger als Leistungsanbieter ergibt sich folgende Situation: der öffentliche Kostenträger tritt als Nachfragender einer Leistung auf, um seinerseits den Leistungsanspruch des Anspruchsberechtigten zu erfüllen. Er fragt somit die Leistung quasi stellvertretend für den Anspruchsberechtigten nach. Der freie Träger bietet eine Leistung an. Der öffentliche Kostenträger ist nicht verpflichtet, die Leistung beim freien Träger nachzufragen bzw. zu kaufen, er könnte sie auch selbst als öffentlicher Träger erbringen. Insofern ist Freiwilligkeit gegeben. Ebenso ist der freie Träger nicht verpflichtet, eine Leistung

---

[4] der Begriff „Dyade" bezeichnet eine Interaktionsbeziehung zwischen zwei Individuen.

anzubieten bzw. zu erbringen. Er handelt ebenfalls freiwillig. Keiner glaubt sich bei dem Austausch schlechter zu stellen, ansonsten würde der öffentliche Kostenträger die Leistung selbst erbringen bzw. der freie Träger die Leistung gar nicht erst anbieten. In dieser Dyade sind die Voraussetzungen für Markttransaktionen gegeben, d.h. ein Markt ist vorhanden.

Tritt dem öffentlichen Kostenträger jedoch ein öffentlicher Träger als Leistungsanbieter gegenüber, so sind die Fragen nicht eindeutig zu klären.

Nur wenn eine ausreichende organisatorische Trennung zwischen dem Nachfragenden und dem Anbieter vorhanden ist, kann von zwei unabhängigen Akteuren ausgegangen werden. Weiter müsste zumindest ein weiterer Leistungsanbieter vorhanden sein, bei dem der öffentliche Kostenträger seiner Verpflichtung zur Nachfrage nach der Leistung auch nachkommen könnte. Lediglich wenn beide Bedingungen erfüllt wären, könnten Markttransaktionen stattfinden.

Inwieweit dies jedoch real der Fall ist, kann nur im Einzelfall entschieden werden.

Dyade 4: Anspruchsberechtigte-Anbieter
Die eben genannten Schwierigkeiten bei einem öffentlichen Leistungsanbieter bestehen auch in dieser Dyade. Es hängt von der Organisationsform des öffentlichen Trägers als Leistungsanbieter ab, ob er freiwillig handelt und somit die Leistungserbringung prinzipiell auch ablehnen könnte oder aber zur Leistungserbringung verpflichtet ist.

Bei einem freien Träger als Leistungsanbieter ist von der Freiwilligkeit der Leistungserbringung auszugehen.

Weiterer Punkt, der der Diskussion bedarf, ist die Frage der Freiwilligkeit des Anspruchsberechtigten. Dies wird im nächsten Abschnitt eingehender erörtert, da die Beantwortung der Frage je nach Leistungsart und Mitwirkungsgrad des Jugendamtes sehr unterschiedlich ausfallen kann.

Falls der Anspruchsberechtigte jedoch die Leistung freiwillig nachfragt und auf einen freien Leistungsanbieter trifft, kann es zu eindeutigen Markttransaktionen kommen. Ein Markt ist hier also prinzipiell möglich. Abschließend wird die Frage jedoch erst weiter unten geklärt werden können.

Dyade 5: Anbieter-Adressat
Wenn der Adressat zumindest zum Teil auch der Anspruchsberechtigte ist, so ist die Argumentation identisch mit der in der 4.Dyade dargestellten Diskussion. Ist der Adressat nicht der Anspruchsberechtigte und hat damit nicht das Sorgerecht, ist er in seiner Entscheidung nicht frei. Vielmehr ist er vom Anspruchsberechtigten abhängig, also in der Regel von den Eltern. Dies impliziert, dass dann auch keine Markttransaktionen stattfinden können.

Da Markttransaktionen in der 5.Dyade überhaupt nur dann stattfinden können, wenn der Adressat gleich dem Anspruchsberechtigten und somit die Situation mit der 4.Dyade identisch ist, kann auf eine weitere Diskussion der 5.Dyade verzichtet werden.

Überblick über die Ergebnisse der allgemeinen Prüfung
Zusammenfassend lässt sich feststellen, dass lediglich bisher in der 3.Dyade die Austauschbeziehungen zwischen dem öffentlichen Kostenträger (Jugendamt) als Nachfrager und einem freien Träger als Leistungsanbieter die Kriterien für ein Marktgeschehen eindeutig erfüllen. Für die 4.Dyade bleibt die Frage der Entscheidungsfreiheit des Anspruchsberechtigten noch zu klären. Dieser Frage wird im nächsten Abschnitt nachgegangen.

4.4.3. Differenzierte Prüfung nach Leistungsarten

Wesentliches Element der mikroökonomischen Theorie der Konsumenten ist das Prinzip der Konsumentensouveränität: „der Grundsatz, dass jeder Einzelne am besten weiß, was in seinem eigenen Interesse ist, und dass seine Präferenzen zu respektieren sind" (Stiglitz 1999, S. 181).
Lancaster (1983, S. 237) formuliert als „fundamentale Grundannahmen" der Theorie der Konsumenten, dass diese zwar „exzentrisch" (d.h. individuell unterschiedlich) aber in „konsistenter Weise" handeln. Der Konsument kennt seine Präferenzen d.h. weiß, ob er indifferent gegenüber zwei Güterbündeln ist, oder eines vorzieht. Die Präferenzen des Konsumenten sind transitiv und werden durch dessen Handlungen offenbart. Es wird Nichtsättigung unterstellt.
Um zu überprüfen, ob die von der mikroökonomischen Theorie angenommenen Konsumenteneigenschaften für den Bereich der Jugendhilfe Gültigkeit besitzen, erscheint eine Betrachtung angemessen, die nach unterschiedlichen Leistungsformen differenziert.

Tageseinrichtungen für Kinder, Kindergärten
Eltern haben einen Rechtsanspruch auf einen Kindergartenplatz für ihre Kinder ab dem vollendeten 3. Lebensjahr nach § 24 KJHG (Bundesministerium für Familie, Senioren, Frauen und Jugend 1997, S. 65). Es besteht jedoch keine Verpflichtung für die Eltern, einen Kindergartenplatz in Anspruch zu nehmen. Eine Wächterfunktion der staatlichen Gemeinschaft wird in diesem Leistungsbereich der Jugendhilfe praktisch nicht ausgeübt. Es wird vielmehr auf die freiwillige Inanspruchnahme und das Eigeninteresse der Eltern vertraut. Die Eltern haben die vollständige Entscheidungsfreiheit in diesem Bereich. Konsumentensouveränität der Eltern ist vorhanden. Da ein deutliches Eigeninteresse der Eltern an der Leistungserbringung angenommen werden kann (z.B. können Eltern durch die zeitlich ausgedehnte Betreuung ihrer Kinder im

Kindergarten vermehrt Beschäftigungsverhältnisse eingehen), wird von den Eltern ein Kostenbeitrag für die erbrachte Leistung erhoben. Dieser Kostenbeitrag deckt jedoch nicht die tatsächlich entstehenden Kosten, sondern nur einen Teil davon. Vielmehr finanziert der Staat zu einem großen Teil den Betrieb der Kindergärten und anderer Tageseinrichtungen für Kinder durch Ausgaben für Einrichtungen, also mittels Trägerfinanzierung. Es ist daher anzunehmen, dass neben dem Eigeninteresse der Eltern auch die staatliche Gemeinschaft ein starkes Interesse an der Erziehung von Kindern hat. Erziehung im Kindergarten scheint also nicht nur für die Eltern und deren Kinder, sondern auch für andere Individuen, die staatliche Gemeinschaft von Nutzen zu sein. Dies wird in der Mikroökonomie mit externen Effekten, dem Begriff des „öffentlichen Gutes" in Verbindung gebracht (Cullis & Jones, 1992).

Neben der Konsumentensouveränität, also der Entscheidungsfunktion, besitzen die Eltern als Konsumenten im Kindergartenbereich auch eine teilweise Zahlungsfunktion und die alleinige Nachfragefunktion, d.h. sie gehen ohne Beteiligung des Jugendamtes auf den oder die Leistungsanbieter zu und fragen einen Kindergartenplatz nach oder nicht. Nur wenn „der Markt geräumt" ist, das heißt alle angebotenen Kindergartenplätze belegt wurden, ohne dass alle nachfragenden Eltern einen Kindergartenplatz für ihr Kind erhalten konnten und sich die Eltern an das Jugendamt oder die Gemeinde wenden, werden diese aktiv, um der gesetzlichen Verpflichtung einen Kindergartenplatz bereitzustellen nachzukommen.

Es kann weiter angenommen werden, dass alle Eltern sich über die Funktion und die Arbeitsweise eines Kindergartens hinreichend klar sind (hinreichende Information über die angebotene Leistung), so dass diese sich Präferenzen über die Leistung bilden können. Inwieweit Präferenzen grundsätzlich als transitiv und über die Zeit konsistent angesehen werden können, erscheint jedoch aus psychologischer Sicht fraglich (Multidimensionalität von Gütern, Inkonsistenz und Situationsabhängigkeit menschlichen Verhaltens). Dies trifft jedoch nicht nur auf den Bereich der Jugendhilfe zu und deshalb sei von einer weiteren Diskussion der Problematik der Annahme an dieser Stelle abgesehen. Dies gilt ebenfalls für die Nichtsättigungsannahme. Zwar dürfte die Verlängerung von Öffnungszeiten von Kindergärten von Seiten der Eltern grundsätzlich begrüßt werden. Jedoch ist ein Bereich anzunehmen, ab der eine weitere Verlängerung nicht mehr gewünscht wird (z.B. Betreuung über Nacht oder an Wochenenden).

Insgesamt kann davon ausgegangen werden, dass im Kindergartenbereich die theoretischen Annahmen über Konsumenteneigenschaften zumindest teilweise erfüllt werden. Das Vorhandensein von Konsumentensouveränität impliziert dabei auch, dass für diesen Bereich die 4.Dyade (Anspruchsberechtigter-Freier Träger als Leistungsanbieter) als Marktgeschehen interpretiert werden kann.

Erziehungsberatung

Erziehungsberatung zeichnet sich dadurch aus, dass sie von den Eltern in der Regel ohne Beteiligung des Jugendamtes in Anspruch genommen oder nachgefragt wird, was auch als „Niederschwelligkeit" des Angebots bezeichnet wird (Bundesministerium für Familie, Senioren, Frauen und Jugend, 1999). Entscheidungsfreiheit bei den Eltern hinsichtlich der Inanspruchnahme ist hier also ebenfalls gegeben. Die Informiertheit der Eltern über das Leistungsangebot erscheint jedoch gegenüber dem Kindergarten als deutlich eingeschränkt. Während viele Eltern selbst als Kind im Kindergarten waren, haben die meisten Eltern zunächst keine Erfahrungen mit einer Erziehungsberatung gesammelt. Der Informationsgrad ist daher als eher gering einzuschätzen, so dass für den Konsumenten einer Erziehungsberatung die Nachfragesituation in ähnlicher Weise gekennzeichnet werden kann, wie dies Kriedel (1980, S. 5-6) für Gesundheitsleistungen beschreibt als „Nachfrageunsicherheit", „Produktunsicherheit" und „Anbieterdominanz".

„Nachfrageunsicherheit" bedeutet hierbei auf den Kontext der Hilfen zur Erziehung bezogen, dass derjenige, der um Hilfe bei Erziehungsschwierigkeiten nachfragt, nur unzureichend weiß, wie ihm selbst geholfen werden kann. Sonst würde er ja keine Hilfe benötigen. Das Individuum ist deshalb über Art und Menge der von ihm benötigten Hilfeleistung unsicher.

„Produktunsicherheit" besteht deshalb, da es sich bei der Erziehungsberatung um kein standardisiertes Produkt handelt. Das Produkt Erziehungsberatung entsteht in einem Interaktionsprozess von Hilfeempfänger und Helfendem und ist somit auch vom Zustand und Verhalten des Hilfeempfängers mit abhängig.

„Anbieterdominanz" liegt vor, da aufgrund der fachlichen Kompetenz des Helfenden dieser mit dem Hilfeempfänger dessen Nachfrage festlegt, d.h. mitdefiniert welche Hilfe notwendig ist. Die starke Position des Helfenden wird noch durch das Postulat eines besonderen Vertrauensverhältnisses zwischen Hilfeempfänger und Helfendem verstärkt, das notwendig für eine optimale Hilfe sein soll. Aufgrund dessen ist die Konsumentensouveränität bei der Erziehungsberatung als deutlich eingeschränkt anzusehen, auch wenn eine grundsätzliche Entscheidungsfreiheit bezüglich der Inanspruchnahme besteht (Nachfragefunktion).

Insgesamt erscheinen trotz der eingeschränkten Konsumentensouveränität der nachfragenden Eltern die Marktvoraussetzungen bei einem freien Trägern einer Erziehungsberatung als Leistungsanbieter gerade noch erfüllt, um noch von einem Marktgeschehen sprechen zu können.

Heimerziehung

Im Vergleich zur Erziehungsberatung als „niederschwelligem Angebot" gehört die Heimerziehung (§34 KJHG) mit zu den intensivsten Hilfeformen des KJHG, insbesondere was die Kosten anbelangt. Insofern ist es auch verständlich, dass hier eine Beteiligung des Jugendamtes vorliegt.

Heimerziehung wird nur über das Jugendamt, d.h. nach einem entsprechendem Antrag der Sorgeberechtigten und nach einer Prüfung der Anspruchsvoraussetzungen und Kostenzusage durch das Jugendamt gewährt. Das Jugendamt stellt somit fest, ob ein tatsächlicher Bedarf vorliegt und in welcher Form die Leistung erbracht wird. Dies bedeutet, dass das Jugendamt z.B. (mit-)entscheidet welche Einrichtung gewählt wird. Eine Heimerziehung kommt nur nach Kostenzusage durch das Jugendamt zustande. In der Regel ist das Jugendamt auch der alleinige Kostenträger, wenngleich ein Kostenbeteiligung der Eltern bei entsprechendem Einkommen vorgesehen ist, was jedoch in der Praxis nur in Ausnahmefällen der Fall ist. Wenn man zudem die im vorherigen Abschnitt erwähnte Nachfrage- und Produktunsicherheit der Eltern berück-sichtigt, so erscheint das Vorliegen von Konsumentensouveränität bei den Eltern bei dieser Leistungsart des KJHG mehr als fraglich. Die Eltern besitzen einen eher geringen Informationsstand über die Leistung, können die Leistung nicht allein, sondern nur über das Jugendamt nachfragen. Dieses wiederum entscheidet, ob überhaupt ein entsprechender Bedarf besteht. Weiter besitzen die Eltern im allgemeinen keine Zahlungsfunktion und können nur sehr eingeschränkt über das Zustandekommen der Leistung entscheiden. Selbst wenn sie die Leistung wünschen, so hängt das Zustandekommen von Nachfrage beim Leistungsanbieter von der Entscheidung des Jugendamts ab.

Aber selbst wenn die Eltern es nicht wünschen, kann Heimerziehung zustande kommen, wenn es das Jugendamt für erforderlich hält. Dies kann der Fall sein, wenn den Eltern wegen der „Gefährdung des Wohls des Kindes" (§ 50 KJHG, Abs. 3) durch eine Entscheidung des Vormundschaftsgerichts das Sorgerecht bereits vor der Entscheidung über die Fremdunterbringung entzogen wurde oder im Rahmen der Entscheidung über Heimerziehung entzogen wird. Als weitere Möglichkeit kommt hinzu, dass das Jugendamt durch das Androhen eines Sorgerechtentzugsverfahrens die Eltern zur Einwilligung in die Entscheidung für Heimerziehung „bewegt".

Dass es sich hierbei nicht um rein theoretische Möglichkeiten handelt, lässt sich daraus schließen, dass von den insgesamt 27268 im Jahre 1996 neu begonnenen Hilfen im Rahmen der Heimerziehung bei 4146 Hilfen ein Sorgerechtsentzug vorlag, das sind immerhin 15,2 % (Statistisches Bundesamt 1998a, S. 28).

Wie hoch die Zahl derer ist, die durch das Androhen eines Sorgerechtsentzugs zur Einwilligung bewegt werden, lässt sich nicht abschätzen, da hierüber natürlich keine Statistik geführt wird.

Für eine weitere Betrachtung des Themas siehe Schone (2001).

Die Entscheidungsfreiheit der Eltern ist daher als sehr eingeschränkt anzusehen, was insgesamt zu der Bewertung führt, dass Konsumentensouveränität im

Bereich der Heimerziehung für die Anspruchsberechtigten (Eltern) in der Regel eher nicht vorhanden ist.

Leistung	Vorhandener Informationsgrad bei den Eltern	Entscheidungsfreiheit der Eltern (Nachfragefunktion)	Selbstbeteiligung (Zahlungsfunktion) der Eltern	überwiegende staatliche Finanzierungsform	Beteiligung des Jugendamts
Kindergarten	relativ hoch	Gegeben	über Elternbeiträge monatlich	Träger - finanzierung	Keine
Erziehungsberatung	eher gering	Gegeben	in der Regel keine	Träger - finanzierung	Keine
sonstige Hilfen zur Erziehung (HzE) insbesondere Heimerziehung	Gering	Nur sehr bedingt, nur über Jugendamt	kaum, nur in seltenen Fällen, sonst keine Kostenbeteiligung	Einzelfallhilfe (bzw. Gruppenhilfe)	stark: Entscheidung über: - Berechtigung - Kostenübernahme -Maßnahmeträger
HzE. bei Sorgerechtsentzug	Gering	Keine	keine	Einzelfall – hilfe	vollständige Kompetenz

Tabelle 2: Konsumentensouveränität bei verschiedenen Jugendhilfeleistungen

Konsumentensouveränität bei verschiedenen Jugendhilfeleistungen
Betrachtet man die soeben durchgeführte Analyse der Konsumentensouveränität im Überblick, so ergibt sich je nach Leistungsart ein unterschiedliches Bild, das in Tabelle 2 zusammengefasst wurde.
Begreift man Konsumentensouveränität nicht als dichotomes sondern als mehrdimensionales Konzept mit den Dimensionen: a) Wissen um eigene Interessen /Präferenzen (bzgl. einer Leistung) sowie b) Respektierung der Präferenzen des

Individuums (Entscheidungsfreiheit) so lassen sich die drei Bereiche wie in Abbildung 8 darstellen.
Während beim Kindergarten sowohl ein relativ hoher Informationsgrad über die angebotene Leistung und hohe Entscheidungsfreiheit über die Inanspruchnahme bei den Eltern vorliegt, ist bei der Erziehungsberatung die Entscheidungsfreiheit über die Inanspruchnahme zwar ebenfalls gegeben. Der Informationsgrad über die angebotene Leistung und somit das Wissen über die eigenen Präferenzen bezüglich der Leistung bei den Eltern ist jedoch eher gering.

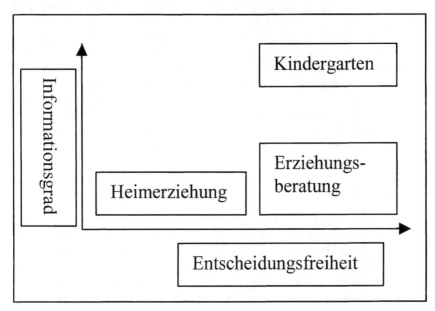

Abbildung 8: Konsumentensouveränität der Eltern

Bei Heimerziehung ist ebenfalls der Informationsgrad über die angebotene Leistung und damit das Wissen über die eigenen Präferenzen eher gering. Zudem erscheint die Entscheidungsfreiheit der Eltern über die Inanspruchnahme ebenfalls eher gering. Die Eltern können nicht völlig selbständig eine angebotene Leistung in Anspruch nehmen, sondern nur nach Beantragung an und Bewilligung und Mitentscheidung durch das zuständige Jugendamt, das dann an entsprechende Leistungen anbietende Einrichtungen herantritt. Ebenfalls sind die Möglichkeiten ein entsprechendes Ansinnen des Jugendamtes abzulehnen begrenzt, wie oben beschrieben.
Da beide Dimensionen von Konsumentensouveränität, Informationsgrad und Wissen über eigene Präferenzen bezüglich der Leistung sowie Entscheidungs-

freiheit, bei der Heimerziehung als eher gering zu bewerten sind, wird insgesamt von einer nicht vorhandenen Konsumentensouveränität der Eltern bei Heimerziehung ausgegangen.

Demgegenüber wird davon ausgegangen, dass bei der Leistungsart Kindergarten Konsumentensouveränität der Eltern vorhanden und bei der Leistungsart Erziehungsberatung eingeschränkt vorhanden ist.

Ein weiteres Indiz hierfür ergibt sich aus der Tatsache, dass die überwiegende Finanzierungsart der Leistungsbereiche Kindergärten und Erziehungsberatung in Form von Ausgaben für Einrichtungen geschieht, also eine Finanzierung bzw. Subventionierung der Leistungsangebotsseite (Angebotssteuerung). Demgegenüber erfolgt die überwiegende Finanzierung des Bereichs Heimerziehung durch Ausgaben für Einzelfallhilfen, die durch das Jugendamt geprüft, bewilligt und finanziert werden. Diese durch das Jugendamt vermittelte Nachfrage wird dann an die Leistungsanbieter herangetragen (Nachfragesteuerung).

Als Gesamtergebnis lässt sich zusammenfassen, dass Markttransaktionen in der 4.Dyade (Anspruchsberechtigter - freier Anbieter der Jugendhilfe) bei den Leistungsarten Kindergarten und Erziehungsberatung möglich erscheinen, währenddessen diese bei der Heimerziehung wegen fehlender Konsumentensouveränität nicht möglich sind.

4.4.4. *Fazit: Zum Markt- und Kundenbegriff in der Jugendhilfe*

Weniger gebräuchlich im Bereich der mikroökonomischen Theorie ist der Begriff des Kunden. Häufiger wird vom Konsumenten gesprochen. Unter dem Kunden wird nach Dichtl und Issing (1993, Band 1, A-K) eine „tatsächliche, im weiteren Sinne auch potentielle Marktpartei auf der Nachfrageseite eines Marktes" verstanden. „Ausschlaggebend ist die Entscheidungskompetenz für bzw. der Entscheidungseinfluss auf die Einkaufsentscheidung". Der Brockhaus (1990, Bd.12, S. 596) definiert den Kunden als „(potentiellen) Käufer von Waren und Dienstleistungen".

Betrachtet man aus diesem Blickwinkel die bisherige Analyse der Marktvoraussetzungen und Konsumenteneigenschaften in der Jugendhilfe, so wird deutlich, dass der Kundenbegriff auf folgende Bereiche in der Jugendhilfe angewendet werden kann:

Im Bereich des Leistungsangebots Kindergarten sind die Eltern Kunden eines freien Leistungsanbieters. Ebenfalls kann der öffentliche Kostenträger als Kunde betrachtet werden, der bei einem freien Leistungsanbieter Leistungen nachfragt (z. B. das Vorhalten von Einrichtungen und Plätzen), die er durch finanzielle Transaktionen (Ausgaben für Einrichtungen) bezahlt.

Entsprechend verhält es sich bei der Erziehungsberatung. Der öffentliche Kostenträger ist Kunde des freien Trägers, da er bei diesem das Vorhalten der Einrichtung Erziehungsberatung nachfragt anstatt sie selbst als Träger bereit-

zuhalten. Ebenso sind die Eltern Kunden des freien Trägers einer Erziehungsberatungsstelle, wenn sie die Beratung in Anspruch nehmen.
Im Bereich der Heimerziehung jedoch ist die Entscheidungskompetenz der Eltern bzw. deren Einfluss auf die Einkaufsentscheidung deutlich eingeschränkt. Als potentielle Käufer treten die Eltern nicht auf. Insofern erscheint die Anwendung des Kundenbegriffs auf die Eltern in diesem Bereich nicht gerechtfertigt. Das Jugendamt hingegen kann als Kunde bezeichnet werden, da es die Voraussetzungen erfüllt, sofern es zumindest mit einem freien Träger auf der Angebotsseite zu tun hat.

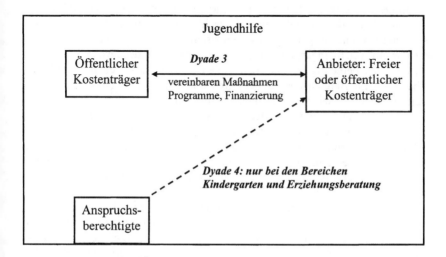

Abbildung 9: Marktbeziehungen in der Jugendhilfe

Somit ergeben sich als mögliche Märkte in der Jugendhilfe die Dyade 3, d.h. die Austauschbeziehungen zwischen öffentlichen Kostenträgern und freien Trägern als Leistungsanbieter, sowie für die Leistungsbereiche Kindergarten und Erziehungsberatung ebenfalls die Dyade 4 zwischen den Anspruchsberechtigten und den freien Trägern als Leistungsanbieter.
Abbildung 9 verdeutlicht nochmals diese Beziehungen.

4.4.5. Überprüfung der Kriterien für vollkommene Märkte

Im folgenden werden die Marktbeziehungen in der Jugendhilfe auf das Vorliegen der Kriterien für vollkommene Märkte untersucht. Tabelle 3 zeigt überblickartig die Ergebnisse dieser Prüfung, die nun im einzelnen erläutert werden.

Wie bereits oben beschrieben gilt als ein Kriterium für einen vollkommenen Markt, dass der Markt aus einer hinreichend großen Anzahl von Käufern und Verkäufern besteht, die alle nur einen Bruchteil des gesamten Angebots nachfragen oder anbieten.

In den Leistungsbereichen der Kindergärten und der Erziehungsberatung sind jedoch in der Dyade 3 zwischen öffentlichem Kostenträger und den freien Trägern als Leistungsanbieter jeweils nur ein Nachfragender oder Käufer, nämlich der öffentliche Kostenträger, sowie wenige Anbieter, nämlich die freien Träger von Kindergärten und Erziehungsberatungsstellen, vorhanden. Da die Erbringung der Leistung in dem Gebiet des zuständigen öffentlichen Kostenträgers zu erfolgen hat, bestehen klare, räumlich abgegrenzte Märkte. In der Dyade 3 existiert jeweils nur ein Nachfrager aufgrund der gesetzlichen Bestimmungen und wegen der Gebietsbeschränkung nur wenige, teilweise sogar nur ein freier Träger, der die Leistung anbietet. In der Dyade 4 zwischen den Anspruchsberechtigten und den freien Trägern als Leistungsanbietern ergeben sich im Bereich der Kindergärten und der Erziehungsberatung zwar hinreichend viele Nachfragende, nämlich die Eltern, die einen Kindergartenplatz oder Beratung nachfragen. Jedoch sind wiederum nur wenige Leistungsanbieter vorhanden, die eine entsprechende Leistung anbieten. Zwar ist hier denkbar, dass Eltern auch weitere Wege auf sich nehmen, um eine gewünschte Beratung oder einen Kindergartenplatz zu erhalten. Dies geschieht wohl auch in Einzelfällen. Jedoch ist auch hier von einer relativ engen räumlichen Begrenzung des Marktes auszugehen.

Für den Bereich Kindergarten ist zusätzlich noch denkbar, dass Eltern die Kinderbetreuung selbst organisieren bzw. über eine Elterninitiative oder Verein einen Kindergarten selbst gründen. Dies geschieht auch vereinzelt. Jedoch ist der Betrieb eines Kindergartens an bestimmte Auflagen gebunden (Betriebserlaubnis als Marktzulassungsbeschränkung) und der Elternverein wird dann selbst zum freien Träger der Jugendhilfe.

Im Bereich Kindergarten und Erziehungsberatung ergibt sich in der Dyade 3 somit eine monopsonistische Nachfrage- und oligopolistische Angebotsstruktur. In Dyade 4 ergeben sich für die beiden Bereiche viele Nachfragende jedoch ebenfalls wenige Anbieter.

Im Bereich der Heimerziehung kann im Gegensatz zu den Bereichen Kindergarten und Erziehungsberatung in der Dyade 3 von einer deutlich geringeren räumlichen Begrenzung des Marktes ausgegangen werden. In vielen Einrichtungen der Heimerziehung sind junge Menschen z.B. aus verschiedenen Bundesländern untergebracht. Somit treten auf diesem Markt relativ viele Jugendämter (als öffentliche Kostenträger) als Nachfragende bzw. Käufer auf und ebenso sind relativ viele freie Träger als Leistungsanbieter vertreten. Neuere Diskussionsbeiträge bzw. politische Tendenzen, die aus unterschiedlichen Gründen für eine Regionalisierung, d.h. wohnortnahe Unterbringung von jungen Menschen eintreten, gehen in Richtung einer stärkeren räumlichen Begrenzung dieses Marktes und Aufspaltung in Teilmärkte, was ebenfalls zu einer monopsonistischen Nachfrage- und oligopolistischen Angebotsstruktur führen könnte.

Als weitere Voraussetzung gilt, dass auf dem Markt ein homogenes Gut gehandelt wird. Die Homogenität von Jugendhilfeleistungen ist jedoch als eher eingeschränkt zu betrachten. Jugendhilfeleistungen werden als personenbezogene Dienstleistungen immer mit dem Adressaten der Dienstleistung gemeinsam erbracht und werden somit von den persönlichen Voraussetzungen des Adressaten mit beeinflusst. Während beim Kindergarten noch wenigstens Klarheit über die angebotenen Öffnungszeiten, angebotene Personal- und Raumstruktur aufgrund von Richtlinien besteht, ergeben sich bei der Erziehungsberatung bereits deutliche Unterschiede hinsichtlich des Beratungsansatzes (z.b. familientherapeutisch-systemisch, klientenzentriert, verhaltenstherapeutisch orientiert etc.) und Unsicherheit hinsichtlich des zeitlichen Umfangs. Bei der Heimerziehung ergeben sich ebenfalls sehr unterschiedliche Leistungsangebote, die je nach Einrichtung stark variieren (z.b. Einrichtungen mit und ohne eigene Schule, Therapiemöglichkeiten, Schichtdienst vs. familienorientierter Betreuung, Ausbildungsmöglichkeiten etc.).

Inwieweit im Bereich der Jugendhilfe das Transaktionskriterium des bestmöglichen Geschäfts erfüllt ist, d.h. eine Marktregulierung allein über den Preismechanismus erfolgt, erscheint ebenfalls fraglich. Zum einen bestehen Richtlinien über die Höhe der Elternbeiträge im Kindergartenbereich, die zwischen den freien Trägern und den öffentlichen Kostenträgern ausgehandelt werden und so nur geringe Spielräume für Preisunterschiede lassen (Preisabsprachen). Oder aber die Leistung wird ohne eine Erhebung von Kostenbeiträgen bei den Eltern erbracht.

Vielmehr mögen andere Faktoren bei der Auswahl von Leistungsanbietern durch die Nachfragenden eine ebenfalls wichtige Rolle spielen, z. B. bestehende Erfahrungen und Kontakte, Religionszugehörigkeit bei kirchlichen freien Trägern, Bekanntheitsgrad der Einrichtungen etc. Hierbei ist anzunehmen, dass der öffentliche Kostenträger eher entsprechend dem Transaktionskriterium Preis (auch aufgrund der Verpflichtung zur Gleichbehandlung der freien Träger) handelt als die Anspruchsberechtigten.

Schließlich ist für einen vollkommenen Markt erforderlich, dass alle Händler sämtliche verfügbaren Angebote kennen. Während im Kindergartenbereich wohl angenommen werden kann, dass sowohl der öffentliche Kostenträger (auch als Erteilender der Betriebserlaubnis für den Kindergarten) als auch die Anspruchsberechtigten und die Leistungsanbieter in dem räumlich sehr begrenzten Markt alle verfügbaren Angebote kennen, ist dies bereits bei der Erziehungsberatung nicht unbedingt mehr der Fall. Zum einen ist die räumliche Struktur des Marktes größer als beim Kindergarten (z.B. Landkreis vs.

Gemeinde) und damit die Überschaubarkeit für den Anspruchsberechtigten geringer. Unter Umständen nimmt dieser nur den räumlich nahe gelegenen Anbieter wahr und kennt die anderen Anbieter nicht. Zum anderen ist die Jugendhilfeleistung Erziehungsberatung den Anspruchsberechtigten deutlich weniger bekannt als der Kindergarten.

Voraus-setzung	Kinder-garten: Dyade 3	Kinder-garten: Dyade 4	Erziehungs beratung: Dyade 3	Erziehungs beratung: Dyade 4	Heim-erziehung: Dyade 3
große Anzahl von Käufern und Ver-käufern	nein: ein Käufer, wenige Verkäufer	nein: viele Käufer, wenige Verkäufer	nein: ein Käufer, wenige Verkäufer	nein: viele Käufer, wenige Verkäufer	zur Zeit ja: viele Käufer, viele Verkäufer
homoge-nes Gut	einge-schränkt gegeben	einge-schränkt gegeben	nicht gegeben	nicht gegeben	nicht gegeben
Trans-aktions-kriterium best-mögliches Geschäft	eher fraglich	deutlich fraglich	eher fraglich	deutlich fraglich	eher fraglich
Kenntnis sämtlicher verfüg-barer Angebote	gegeben	gegeben	gegeben	fraglich	fraglich

Tabelle 3: Erfüllung der Kriterien für einen vollkommenen Markt

Im Bereich der Heimerziehung ergeben sich aufgrund der Vielzahl von Nach-fragenden und Anbietern wohl eher typische Informationsprobleme derart, dass die Informationen prinzipiell verfügbar sind, die Informationserhebung aber Kosten verursacht.

Aus den dargestellten Ergebnissen wird deutlich, dass in keinem der drei Leistungsbereiche alle Voraussetzungen auch nur annähernd erfüllt werden.

4.4.6. Ergebnisse der Marktprüfung

In der Gesamtschau der bisherigen Ergebnisse lässt sich feststellen, dass nur ein Teilbereich der gesamten Transaktionen im Bereich der Jugendhilfe den Marktkriterien entspricht. Andere Transaktionen in diesem Bereich finden daher mittels anderer institutionalisierter Diskriminierungsmechanismen z.B. gesetzlicher Verpflichtung und nicht mittels des Diskriminierungsmechanismus Markt (Weise 1985, S. 29) statt. Zudem konnte gezeigt werden, dass vollkommene Märkte in diesem Bereich nicht existieren.

Eine Steuerung nur über den „freien" Markt, d.h. ohne staatliche Einflussnahme erscheint aus verschiedenen Gründen auch nicht sinnvoll.

Zum einen sind hier die positiven externen Effekte von Erziehung zu nennen, die es für den Staat bzw. die Gesellschaft sinnvoll erscheinen lassen, Eltern teilweise dafür zu entschädigen, dass sie für die Erziehung ihrer Kinder hohe Opportunitätskosten auf sich nehmen und damit der Gesellschaft einen wichtigen Dienst erbringen. Cullis und Jones (1992, S. 67-68) unterscheiden zwischen privaten und sozialen Nutzen von Erziehung und zählen als positive externe Effekte unter anderem auf: verbesserte kulturelle Umgebung, verbesserte Qualität des Faktors Arbeit, verbesserte Wählerentscheidungen und verbessertes Verhalten von erzogenen Bürgern.

Zum anderen befinden sich manche Eltern in Notsituationen, in denen sie nicht in der Lage sind, nach den Prinzipien des homo oeconomicus zu handeln sondern eher die Rollenbeschreibung des homo patiens angemessen ist. Ähnlich wie im Gesundheitswesen gebieten die einer Gesellschaftsordnung zugrunde liegenden Prinzipien von Humanität und Menschenwürde hier sich in einer Notlage befindenden Menschen zu helfen. Eine Regulierung über den „freien" Markt erscheint in solchen Situationen daher unangemessen.

Zum dritten widerspräche eine Regulierung über den „freien" Markt dem gesetzlich vorgeschriebenen „Wächteramt" des Staates über die Erziehung der Eltern. Ohne diese Schutzfunktion des Staates für die Kinder würden diese sonst existentiell alleinig von den Präferenzen der Eltern abhängen (Kinder als Grundrechtsträger, Bundesministerium für Familie, Senioren, Frauen und Jugend 1998, S. 160-161).

Viertens würden Gerechtigkeitsvorstellungen breiter Gesellschaftsschichten verletzt, wenn Erziehung noch stärker als bisher von den finanziellen Möglichkeiten der Eltern abhinge und damit das Prinzip der „Chancengleichheit" für die Bereiche Bildung und Erziehung vollständig außer Kraft gesetzt werden würde (Bundesministerium für Familie, Senioren, Frauen und Jugend 1998, S. 85).

Marktstrukturen erscheinen daher im Bereich der Jugendhilfe nur im begrenzten Rahmen sinnvoll, was die Anwendbarkeit klassischer mikroökonomischer Theoriegebilde einschränkt.

Die Notwendigkeit der Anwendung einer Kosten-Nutzen-Analyse für diesen Bereich konnte daher aufgezeigt werden.

5. Modellkonstruktion der Kosten-Nutzen-Analyse für die Jugendhilfe

5.1. Aufgaben und Zielsetzungen der Kosten-Nutzen-Analyse für die Jugendhilfe

Eine Kosten-Nutzen-Analyse in der Jugendhilfe hat festzustellen, inwieweit eine entsprechende Maßnahme effektiv hinsichtlich ihrer Zielsetzung und effizient hinsichtlich der eingesetzten Mittel ist.

Das KJHG definiert als Ziele Eigenverantwortlichkeit, Gemeinschaftsfähigkeit und Persönlichkeitsentwicklung des jungen Menschen.

Aus ökonomischer bzw. volkswirtschaftlicher Sicht lässt sich als stark vereinfachtes Ziel ableiten, dass der junge Mensch als Erwachsener einen möglichst großen produktiven Beitrag zur volkswirtschaftlichen Wertschöpfung erbringt und möglichst wenig Sozialleistungen des Staates für diesen zu erbringen sind, wie z.B. Arbeitslosengeld bzw. -hilfe, Rentenzahlungen, Krankheitskosten, Kosten infolge von Delinquenz, Sozialhilfe.

Aufgabe dieser Kosten-Nutzen-Analyse ist es zu zeigen, inwieweit die Jugendhilfe in der Lage ist, diese ökonomischen Zielsetzungen zu erfüllen.

Dabei wird auf der Grundlage von allgemeinen Risikomodellen für Delinquenz, Drogenkonsum, psychische und physische Erkrankungen sowie Arbeitslosigkeit ein allgemeines Modell für die Wirkweise von Jugendhilfemaßnahmen entwickelt.

Für dieses allgemeine Modell wird eine Kosten-Nutzen-Analyse modelliert, die dann auf unterschiedliche Hilfeformen und Einrichtungen angewendet werden kann.

Beispielhaft soll dieses allgemeine Modell der Kosten-Nutzen-Analyse auf den Bereich der Heimerziehung übertragen werden.

5.2. Methodisches Vorgehen

5.2.1. Ausgangsüberlegungen

Ein vereinfachtes Modell, das die Ziele der Jugendhilfe mit den ökonomischen Zielsetzungen verbindet, zeigt die folgende Abbildung 10.

Dabei wird als Arbeitshypothese angenommen, dass Jugendhilfe gemäß ihres Auftrages (§ 1 KJHG) die Eigenverantwortlichkeit, Gemeinschaftsfähigkeit und Persönlichkeitsentwicklung junger Menschen fördert und dieses sich wiederum positiv auf die Arbeitsfähigkeit, die Erreichung eines Schulabschlusses bzw. Ausbildungsabschlusses, die Anpassung an Soziale Normen und die psychische und physische Gesundheit auswirkt. Entsprechende empirische Hinweise sind hierbei darzustellen.

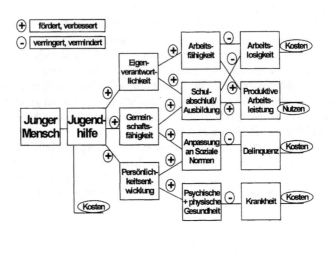

Abbildung 10: Modellhafte Skizze einer Kosten-Nutzen-Analyse für Jugendhilfemaßnahmen

Weiter sind die Kosten von Arbeitslosigkeit, der Nutzen der produktiven Arbeitsleistungen, Kosten infolge von Delinquenz sowie Krankheitskosten zu berechnen bzw. entsprechende Forschungsergebnisse einzubeziehen.

Insgesamt ergibt sich ein Modell, in dem Jugendhilfe die Wahrscheinlichkeiten für positive Entwicklungsverläufe erhöhen sollte, die mit bestimmten positiven Nutzen-Kosten-Relationen versehen sind. Währenddessen sollten andere Entwicklungsverläufe mit negativen Nutzen-Kosten-Relationen durch die Jugendhilfemaßnahmen eher verhindert werden.

Durch die Verknüpfung der einzelnen Wahrscheinlichkeiten mit den entsprechenden Nutzen-Kosten-Relationen lässt sich schließlich eine Nutzen-Kosten-Bilanz für die Jugendhilfemaßnahme errechnen.

Das in der Abbildung 10 dargestellte, stark vereinfachte Modell ist auf die entsprechenden Zielvariablen (Arbeitslosigkeit, Produktive Arbeitsleistung, Delinquenz, Krankheit) zu differenzieren und weiterzuentwickeln.

5.2.2. Systematische Modellbildung

Zum besseren Verständnis und aus Gründen der Übersichtlichkeit, der späteren Erweiterbarkeit und Modifikation wird nachfolgend die Modellbildung ausführlich erläutert. Insbesondere werden einschränkende Annahmen und Vereinfachungen deutlich gekennzeichnet.

Verzicht auf Abdiskontierung

Aufgrund der bereits beschriebenen Probleme bei der Wahl eines Zinssatzes für die Abdiskontierung, vor allem aber aufgrund der Kritik am Abdiskontierungsverfahren, als aus der Perspektive des nachhaltigen Wirtschaftens nicht mehr erwünschten Festhaltens an der Minderschätzung zukünftigen Konsums (und damit der Benachteiligung zukünftiger Generationen), wird in der Modellbildung auf eine Abdiskontierung verzichtet, d.h. eine Verzinsung $r=0$ gewählt. Stattdessen wird ein kritischer Zinssatz angegeben, der deutlich macht, bis zu welchem Zinssatz bei voller Kreditfinanzierung sich eine entsprechende Maßnahme noch ökonomisch lohnen würde, d.h. sich gerade noch eine positive Nutzen-Kosten-Differenz unter Berücksichtigung der Kreditzinsen ergeben würde.

Einführung einer Bezeichnungssystematik

Im folgenden werden als Schlüssel für die Bezeichnung eingeführt:

K(Juhi)	Kosten der Jugendhilfe
s	Erfolgswahrscheinlichkeit der Jugendhilfemaßnahme (= Erfolgsindikator)
E	Einkommenseffekt
AL	Arbeitslosigkeit
VE	Volkseinkommen
rEI	relativer Einkommensindex
G	Gesundheit
D	Delinquenz
Leben	Betrachtung über Lebenszeit (Gesamtzeitraum)

1.x.x. Kostenart Maßnahme A

2.x.x. Nutzenart (bzw. Ertragsart) Maßnahme A

3.x.x. Kostenart Maßnahme B

4.x.x. Nutzenart Maßnahme B

5.x.x. Kostenart: Differenz (Maßnahme A – Maßnahme B)

6.x.x. Nutzenart: Differenz (Maßnahme A – Maßnahme B)

Modellebene 1: Kosten und Nutzen

In der einfachsten Modelldarstellung einer Kosten-Nutzen-Analyse lassen sich zwei unterschiedliche Maßnahmen beschreiben: Maßnahme A und Maßnahme B, wobei eine der Maßnahmen auch als „Kontrollgruppe" oder als „keine Intervention" konzipiert sein kann.

In beiden Maßnahmen A und B ergeben sich Kosten, die in den entsprechenden Situationen A und B entstehen, und ebenso entsprechenden Nutzen. Zur deutlicheren Gliederung werden für die Maßnahme A die Indices 1. Kosten A und 2. Nutzen A sowie für die Maßnahme B 3. Kosten B und 4. Nutzen B vergeben. Als weitere Elemente ließen sich ein 5. Kostenvergleich A-B sowie 6. Nutzenvergleich A-B und sowie daraus resultierend eine 7. Kosten-Nutzen-Relation A-B darstellen.

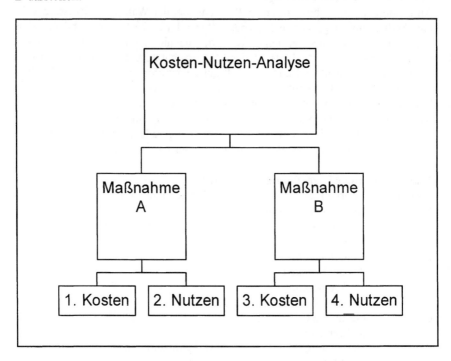

Abbildung 11: Modellebene 1 der Kosten-Nutzen-Analyse

Zur weiteren Vereinfachung betrachten wir nun nur noch den Pfad der Maßnahme A, wobei anzumerken ist, dass der Pfad der Maßnahme B dazu parallel verläuft, bis auf den jeweiligen Anfangsindex 1 bzw. 3. bei den Kosten und 2. bzw. 4. bei den Nutzen.

Ein weiteres wesentliches Gliederungsmerkmal der Kosten-Nutzen-Analyse ist die Tangibilität der entsprechenden Kosten und Nutzen. Unter Tangibilität versteht man die prinzipielle monetäre Bewertbarkeit der entsprechenden Kosten bzw. Nutzen. Hierbei ist nicht das praktische Problem des Nichtvorhandenseins entsprechender Daten gemeint, sondern vielmehr eine grundsätzliches Bewertungsproblem, z.b. psychisches Wohlbefinden monetär zu bewerten. Nicht monetär bewertbare Kosten bzw. Nutzen werden als intangibel bezeichnet. De vorliegende Arbeit konzentriert sich auf die tangiblen Effekte entsprechender Maßnahmen.

Tangible Kosten bei einer Maßnahme A können in einer gesamtgesellschaftlichen Sicht als Verwendung eines teils des Volkseinkommens bzw. des Bruttosozialprodukts betrachtet werden oder als Bindung von Ressourcen.

Tangible Nutzen (oder Erträge) kann volkswirtschaftlich der Entstehungsseite des Volkseinkommens oder Sozialprodukts zugeordnet werden oder als Schaffung von Ressourcen.

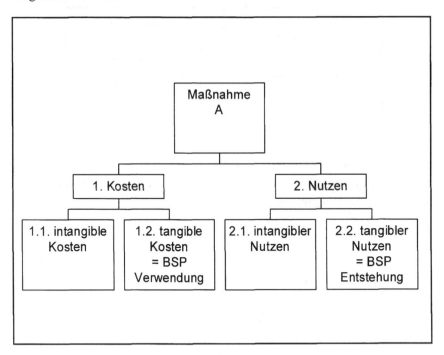

Abbildung 12: Modellebene 2 der Kosten-Nutzen-Analyse – das Kriterium der Tangibilität

Differenzierung tangibler Kosten

Da der Focus dieser Arbeit auf den tangiblen Kosten und Nutzen der Maßnahmen liegt, werden im Modell zunächst die tangiblen Kosten weiter ausdifferenziert. Hierbei werden folgende tangiblen Kostenarten berücksichtigt: 1.2.1. Kosten der Jugendhilfe, 1.2.2. Kosten des Bildungswesens, 1.2.3. Kosten des Gesundheitswesens, 1.2.4. Kosten der Arbeitslosigkeit, 1.2.5. Kosten der Delinquenz sowie 1.2.9. sonstige tangible Kosten.

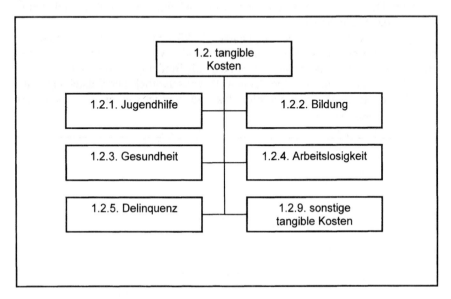

Abbildung 13: Modellebene 3 der Kosten-Nutzen-Analyse – differenzierte Darstellung der tangiblen Kosten

Modellebene 4: Kosten der Gesundheit

In einer weiteren Ausdifferenzierung unseres Modells wollen wir die Kosten der Gesundheit bzw. Krankheit nochmals untergliedern, um sie einer differenzierteren Analyse zugänglich zu machen. So werden besondere Problembereiche abgegrenzt, die für die Analyse möglicherweise besonders interessant sein könnten. Abbildung 14 zeigt eine solche Differenzierung.

Die dargestellten Kostenarten beziehen sich dabei auf den gesamten Lebenslauf des entsprechenden Individuums. Insofern ist bei oben genannter Betrachtung auch der Faktor Mortalität zu berücksichtigen.

Für die einzelnen dargestellten Kostenarten des bisherigen Modells, sind im Anschluss Partialmodelle zu entwickeln, die konkret spezifizieren sollen, wie die entsprechenden Kostenarten sich im Leben des jungen Menschen entwickeln und an welchen Stellen Jugendhilfemaßnahmen Einfluss nehmen bzw. nehmen könnten.

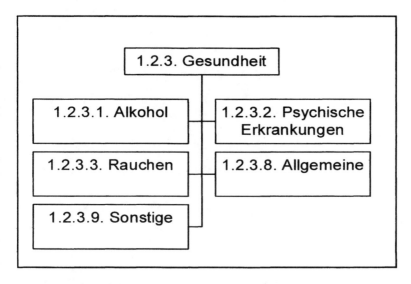

Abbildung 14: Modellebene 4 der Kosten-Nutzen-Analyse – Kosten der Gesundheit bzw. Krankheit

Selbstverständlich ist es möglich, das hier dargestellte Modell nochmals zu erweitern oder zu verändern, z.B. durch eine differenziertere Betrachtung weiterer Kostenarten etc. Aufgrund der dargestellten Systematik erscheint es praktikabel, sinnvoll und wünschenswert das Modell auf verschiedenen Ebenen zu modifizieren und weiterzuentwickeln.

5.2.3. Bestimmung von Modellgleichungen

Die dargestellten Modellebenen repräsentieren Partialmodelle, die später aufgrund vorhandener empirischer Daten durch entsprechende Modellgleichungen spezifiziert werden. Diese Modellgleichungen und die darin enthaltenen Parameter werden unter Abschnitt 6.4. dargestellt. Ebenfalls werden in diesem Abschnitt die Schätzung der Parameter und die Berechnung der Ergebnisse durchgeführt.

6. Kosten-Nutzen-Analyse der Heimerziehung[5]

Dieses Kapitel widmet sich einer ausführlichen Darstellung des Vorgehens und der Ergebnisse der durchgeführten Kosten-Nutzen-Analyse für die Heimerziehung. Nach einer Darstellung der Vorgehensweise werden entsprechend der zuvor dargestellten allgemeinen Systematik die tangiblen und intangiblen Kosten der Heimerziehung untersucht. Anschließend werden die tangiblen und intangiblen Nutzeneffekte der Heimerziehung aufgeführt und schließlich werden Kosten und Nutzen zusammengeführt und gegenüber gestellt.

6.1. Vorgehensweise

Entsprechend der auf Seite 48 beschriebenen, von Hanusch (1987) festgelegten Teilaufgaben, wird die Vorgehensweise der Kosten-Nutzen-Analyse für die Heimerziehung durch folgende Bestimmungsstücke festgelegt.

1. Bestimmung relevanter Nebenbedingungen

Die vorliegende Analyse stützt sich auf gegenwärtig, verfügbares empirisches Datenmaterial. Dabei wird für die Analyse der Kosten insbesondere auf Daten des Statistischen Bundesamtes, d.h. der gesetzlichen Kinder- und Jugendhilfestatistik zurückgegriffen. Weitere Daten entstammen der an der Katholischen Fachhochschule Mainz unter Mitarbeit des Autors durchgeführten Studie „Qualitätsentwicklung durch Effizienz-Benchmarking" (Hermsen, Roos & Zinkl, 2004), die weiter unten ebenfalls vorgestellt wird.

Für die Darstellung und die Berechnung des Nutzens von Heimerziehung werden drei Studien herangezogen, für die jeweils getrennte Berechnungen durchgeführt, Ergebnisse ermittelt und miteinander verglichen werden.

Eine dieser drei Studien ist die Studie „Leistungen und Grenzen von Heimerziehung", oft und nun im folgenden auch als „JULE-Studie" (Projekt Jugendhilfeleistungen) bezeichnet, die von der Universität Tübingen, Institut für Erziehungswissenschaften, im Auftrag des Evangelischen Erziehungsverbands (EREV) durchgeführt wurde (BMFSFJ, 1998).

Die zweite Studie ist die Studie „Effekte erzieherischer Hilfen und ihre Hintergründe" (BMFSFJ, 2002), auch nachfolgend Jugendhilfe-Effekte-Studie (JES-Studie) genannt, die von 1995 bis 2000 im Auftrag des Deutschen Caritasver-

---

[5] Aufgrund der Einführung des Euro (€) als neuer Währung zum 01.01.2002 werden alle berichteten Werte in Euro (€) dargestellt, auch wenn die zugrundeliegenden Daten vor der Einführung des € entstanden sind. Zur Kenntlichmachung werden die aus der Literatur entnommenen DM-Beträge in Klammern dargestellt.

bandes und des Bundesverbands katholischer Einrichtungen und Dienste der Erziehungshilfen durchgeführt wurde.

Als dritte Studie wurde die Studie „Erfolg und Misserfolg in der Heimerziehung – eine katamnestische Befragung ehemaliger Heimbewohner" (Landeswohlfahrtsverband Baden, 2000) ausgewählt, die ehemalige Heimbewohner einer stationären Jugendhilfeeinrichtung hinsichtlich sozialer Integration, Erwerbstätigkeit und Arbeitslosigkeit sowie Legalbewährung und anderer Variablen untersuchte (nachfolgend Katamnesestudie genannt).

Auf der Grundlage dieser Studien wurden in Form von Erfolgsindikatoren Maßnahmeneffekte abgeschätzt, die in die Modellgleichungen der Partialmodelle einflossen.

Die Qualität der Schätzergebnisse dieser Analyse ist somit abhängig, von der Qualität der empirischen Befunde, auf die sich diese Studie stützt und von der Qualität der entwickelten Partialmodelle. Da es sich hierbei um einen „ersten Schritt" in ein neues Forschungsgebiet handelt, sind die dargestellten Schätzergebnisse mit entsprechender Vorsicht zu interpretieren und durch Folgestudien zu verbessern und zu modifizieren. Insbesondere sind hierbei die Einbeziehung weiterer Effektivitätsstudien und die Verbesserung der Partialmodelle wünschenswert.

2. Formulierung und Vorauswahl von Alternativen

Die vorliegende Analyse untersucht jeweils zwei im folgenden dargestellte Projektalternativen:

Maßnahme A: Heimerziehung (nach § 34 KJHG). Hierbei beziehen sich die Maßnahmen und Wirkungen auf die Stichproben der beschriebenen Studien. Maßnahmendauer, Stichprobenzusammensetzung und Erfolgsbewertungen werden entsprechend dieser Studien in die Kosten-Nutzen-Analyse einbezogen. Die Gründe für die Auswahl der Studien als Referenzstudien dieser Analyse werden unter Abschnitt 6.3.2.1. erläutert.

Maßnahme B: Die Maßnahme B lässt sich als „theoretische Kontrollgruppe" beschreiben. Dies bedeutet, dass versucht wird, die Wirkungen von Heimerziehung gegenüber einer „Nicht-Intervention" abzuschätzen.

Dabei ergeben sich zwei grundsätzliche Probleme. Zum einen lassen sich die theoretischen Überlegungen nicht durch empirische Überprüfung nachweisen, da aus ethischen und auch gesetzlichen Gründen sich eine „Nicht-Intervention" bei Hilfebedürftigen verbietet. Zum anderen werden in der vorliegenden Studie Schätzwerte zu Kostenunterschieden und Nutzenunterschieden ermittelt. Eine Schätzung der tatsächlichen Kosten- und Nutzeneffekte einer „Nicht-Intervention" erscheint wegen fehlender Grunddaten nicht sinnvoll.

Weiter besteht die Schwierigkeit, dass bei einem solchen Vergleich verschiedener Studien unterschiedliche Ausgangsstichproben miteinander verglichen werden. Die Aussagekraft eines solchen Vergleichs ist deshalb eingeschränkt, da sich die Maßnahmen auf unterschiedliche Zielgruppen richten. Nichtsdestotrotz kann ein solcher Vergleich interessante Hinweise auf Kosten-Nutzen-bezogene Effekte solcher Maßnahmen liefern.

3. Bestimmung von Projektwirkungen, monetäre Bewertung

Bisher wurden lediglich die Projektwirkungen von Heimerziehung in Form der öffentlichen Ausgaben für Heimerziehung monetär bewertet und dargestellt (siehe auch Kolvenbach 1997, Liebig & Struck 2002). Mit dieser Analyse wird erstmals der Versuch unternommen auch andere Projektwirkungen monetär zu bewerten.

Nutzeneffekte, die in diversen Effektivitätsstudien der Heimerziehung berichtet wurden, galten bisher als intangibel, d.h. nicht monetär bewertbar. Mit Hilfe des Humankapitalansatzes wird hier nun versucht, einige dieser berichteten Effekte tangibel zu machen und mögliche monetäre Effekte bzw. Konsequenzen abzuschätzen. Dabei kann sicher nicht von einer vollständigen Betrachtung dieser monetären Effekte ausgegangen werden. Dies gilt insbesondere für den Nutzenbereich, aber auch für den Bereich der Kosten, da hier nur monetäre öffentliche Ausgaben, teilweise auch weitere Ausgaben der Einrichtungsträger, nicht aber Ausgaben der privaten Haushalte (der Betroffenen z. B. in Form von Fahrtkosten etc.) berücksichtigt werden.

4. Zeitliche Homogenisierung der Nutzen und Kosten auf dem Wege der Diskontierung

Aufgrund der in Abschnitt 4.1.3. beschriebenen prinzipiellen Probleme bei der Festlegung eines Zinssatzes, wird, wie bereits dort erläutert, auf eine Abdiskontierung verzichtet und somit eine Diskontrate von r=0 gewählt. Ein kritischer Zinssatz bei völliger Kreditfinanzierung wird jedoch zur Darstellung der zeitlichen Verschiebung von Kosten- und Nutzenentstehung mitgeteilt.

5. Gegenüberstellung von Nutzen und Kosten

Im folgenden Abschnitt 6.2. werden die Kosten der Heimerziehung dargestellt. Hierbei können wiederum nur ein Teil der Kosten tangibel gemacht werden. Weitere intangible Kosten werden ebenfalls dargestellt. Ein Anspruch auf Vollständigkeit wird jedoch nicht erhoben. Anhand empirischer Evaluationstudien werden in Abschnitt 6.3. die Nutzeneffekte von Heimerziehung dargestellt, die zunächst allesamt intangiblen Charakter besitzen. In Abschnitt 6.4. wird dann der Versuch unternommen, einzelne Ergebnisse und empirische Hinweise mit Hilfe von Partialmodellen tangibel zu machen. Gleichzeitig werden diese Nutzeneffekte den Kosten gegenübergestellt. Auch hier kann nicht von einer Vollständigkeit der Analyse ausgegangen werden.

6. Berücksichtigung von Risiko und Unsicherheit

Risiko und Unsicherheit werden in der vorliegenden Studie in Form von auf Wahrscheinlichkeiten basierenden Erfolgsindikatoren und den mit Erwartungswerten arbeitenden Partialmodellen einbezogen.

Eine zusätzliche Bestimmung der Variabilität möglicher Schätzwerte und des möglichen Schätzfehlers kann jedoch aufgrund unzureichender Datenlage derzeit nicht vorgenommen werden. Es ist jedoch von einer hohen Variabilität und hoher Schätzungenauigkeit auszugehen, auch aufgrund des langen Betrachtungszeitraums der Projektfolgewirkungen. Insbesondere ist hier die Annahme zeitlich dauerhafter, konstanter Projekteffekte über den Lebenszeitraum des jungen Menschen zu nennen.

Zwar konnten Hohm & Petermann (2000) die Stabilität kindbezogener Effekte in einer 1-Jahreskatamnese nachweisen. Inwieweit jedoch diese Effekte langfristig und dauerhaft wirksam sind, erscheint ungeklärt. Der mögliche Einfluss von methodischen Problemen der zugrunde liegenden Evaluationsstudien wird an Beispielen (siehe Sensitivitätsanalyse Abschnitt 6.4.4.) erläutert werden.

7. Aufstellung einer Rangordnung und Empfehlung

Die vorliegende Analyse versucht eine erste Antwort auf die Frage zu geben, ob sich Heimerziehung (Maßnahme A) gegenüber einer „Nicht-Intervention" (Maßnahme B) volkswirtschaftlich monetär positiv auswirkt, oder ob die eingesetzten Mittel den monetär bewertbaren Nutzen dieser Maßnahme übersteigen. Wie noch zu zeigen sein wird, schätzt der Autor die monetär bewertbaren Nutzeneffekte deutlich höher, als die entstehenden Kosten. Die Frage wird somit bejaht und die Maßnahme A (Heimerziehung) ist der Maßnahme B („Nicht-Intervention") bei der gegebenen Stichprobe vorzuziehen. In Abschnitt 7.1. wird eine Rangordnung der untersuchten Studien dargestellt.

8. Erstellen eines Endberichts, der sämtliche Verfahrensschritte beinhaltet

Bereits dargestellt wurde die Notwendigkeit einer solchen Kosten-Nutzen-Analyse (Abschnitt 4.4), sowie die unter den Punkten 1, 2, 4, 6 und 7 berichtete Vorgehensweise bei den entsprechenden Teilaufgaben.

Die Teilaufgaben 3 und 5 werden nun dargestellt, so dass der hier vorliegende Endbericht alle Verfahrensschritte nach Hanusch (1987) enthält.

6.2. Die Kosten der Heimerziehung

Die Untersuchung der Kosten der Heimerziehung gliedert sich in drei Bereiche. Zunächst werden die tangiblen, d.h. monetär bewertbaren Kosten der Heimerziehung analysiert. Dies sind vor allem öffentliche Ausgaben für Jugend-hilfeleistungen, aber auch zusätzliche monetär bewertbare Aufwendungen von Eltern und anderen Betroffenen. Ebenso gehören Aufwendungen von Einrich-tungsträgern der Jugendhilfe dazu, die nicht über die Refinanzierung durch öffentliche Stellen im Rahmen des Leistungsentgelts abgedeckt werden, son-dern durch Eigenmittel bzw. Spenden der Träger finanziert werden. Die hierbei dargestellten Kosten sind dem Bereich 1.2.1. der allgemeinen Systematik zuzu-ordnen.

Neben der Darstellung dieser tangiblen Kosten werden diese mit anderen Sozialausgaben verglichen, um eine Einschätzung hinsichtlich der Größen-dimension staatlicher Aktivität in diesem Bereich zu erhalten. Im letzten Teil dieses Abschnitts werden nicht zu vernachlässigende, weil insbesondere für die Betroffenen sehr bedeutsame, intangible Kosten der Heimerziehung erörtert, die in der allgemeinen Systematik dem Bereich 1.1. zuzuordnen sind.

Auf die weiteren Kostenbereiche 1.2.2. bis 1.2.9. wird aufgrund der „Dualität" von Kosten und Nutzen („Kosten = negativer Nutzen") bei der Darstellung der Nutzenseite eingegangen.

6.2.1. Tangible Kosten der Heimerziehung

Der 11. Kinder- und Jugendbericht berichtet zum Thema der Finanzen der Jugendhilfe: „ … Die systematische Analyse der Aufwendungen für das System der Kinder- und Jugendhilfe, die Auseinandersetzung mit hoch aggregierten Finanzdaten findet eher in einem Schattenbereich der fachlichen Auseinander-setzungen statt. Dies macht die Beschäftigung mit diesen Themen umso notwendiger" (BMFSFJ, 2002b, S.70). Diese Aussage beschreibt treffend den gegenwärtigen Analyse- und Forschungsstand in diesem Bereich.

Zur Berechnung der tangiblen Kosten der Heimerziehung können jedoch aufgrund der aktuellen empirischen Ergebnisse eines Forschungsprojektes zwei Zugangswege gewählt werden, die nachfolgend erläutert werden.

Zum einen kann aufgrund vorhandener aggregierter statistischer Daten zu den Kosten und Fallzahlen im Bereich der Jugendhilfe eine entsprechende Schätz-ung vorgenommen werden. Dies wird auch als so genannter „Top-Down"-An-satz bezeichnet, da aufgrund allgemeiner Zahlen spezifische Kenngrößen ermittelt werden (Schöffski & von der Schulenburg, 2000, S. 185).

Demgegenüber wird im zweiten Ansatz aufgrund von empirischen Daten einer kleinen Stichprobe auf entsprechende Werte der Grundgesamtheit geschlossen („Bottom-Up"-Ansatz).

Beide Ansätze werden hier dargestellt und anschließend eine Berechnung der tangiblen Kosten der Heimerziehung vorgenommen.

Statistik der Öffentlichen Ausgaben für Jugendhilfeleistungen
Im Jahr 2002 wurden in der Bundesrepublik Deutschland an öffentlichen Ausgaben für die Jugendhilfe insgesamt 20,177 Mrd. € ausgegeben (Dortmunder
Arbeitsstelle Kinder- und Jugendhilfestatistik, 2004). Im Jahr 2000 betrugen
diese Ausgaben noch 19,210 Mrd. €.

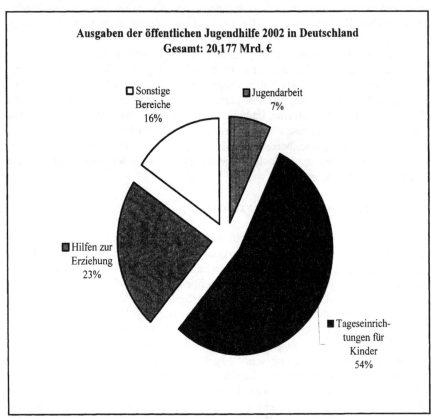

Abbildung 15: Ausgaben der öffentlichen Jugendhilfe 2002

Ein Großteil der öffentlichen Ausgaben der Jugendhilfe (ca. 54 %) entfallen
hierbei auf Ausgaben für Tageseinrichtungen für Kinder (10,6 Mrd. € im Jahr
2002). Dem folgt als zweitgrößter Leistungsbereich die Hilfen zur Erziehung
mit ca. 23 % bzw. 4,6 Mrd. €, sowie als drittgrößter Bereich die Jugendarbeit
mit ca. 7 % bzw. 1,5 Mrd. €. Die drei genannten Leistungsbereiche umfassen
insgesamt ca. 84 % der Gesamtausgaben.

Für die Ermittlung der jährlichen Kosten pro Fall in der Heimerziehung erscheint aus folgendem Grund eine Betrachtung der Zahlen für das Jahr 2000 sinnvoller als die Zahlen für das Jahr 2002.

Pothmann (2002) zeigte auf, dass ein Fortschreibungsfehler in der amtlichen Statistik bei der Fortschreibung der Fallzahlen für Heimerziehung vorliegt. Lediglich alle fünf Jahre wird in der KJHG-Statistik eine Bestandserhebung der Fallzahlen durchgeführt, so auch im Jahr 2000. Ansonsten werden Zugänge und Abgänge miteinander verrechnet. Pothmann konnte hierbei eine Abweichung von über 19.000 Fällen, d.h. 21 % der Fälle belegen.

Auf diese und weitere Schwierigkeiten der amtlichen KJHG-Statistik weist bereits Blandow (1997) hin.

Verlässliche Zahlen können daher nur aus Bestandserhebungen gewonnen werden. Da für das Jahr 2000 solche Bestands-Fallzahlen vorliegen, werden hier die Zahlen im Bereich der Hilfen zur Erziehung für das Jahr 2000 und nicht für 2002 dargestellt.

Ein weiterer Kritikpunkt an der Statistik ist, dass bei den Hilfen zur Erziehung häufig unterschiedliche Zahlen aufgrund der getrennten Berechnung bzw. Hinzurechnung weiterer Leistungsbereiche wie Hilfe für junge Volljährige (§ 41 KJHG) sowie Inobhutnahmen (§42-43 KJHG) und Eingliederungshilfen für seelisch behinderte Kinder und Jugendliche (§35a KJHG) genannt werden. Weitere Bedeutung hat, dass unterschiedliche Finanzierungsformen existieren. So wird zwischen Ausgaben für Einrichtungen und Ausgaben für Einzel- und Gruppenhilfen unterschieden. Dabei ist es möglich, dass bestimmte Kosten nicht den Hilfeformen zugeordnet werden können. Hieraus resultieren erhebliche Schwankungen der angegebenen Zahlen. Deshalb erscheint es sinnvoll bei der Darstellung der Zahlen sich auf eine gemeinsame Quelle zu beziehen.

Aufgrund unterschiedlicher struktureller Voraussetzungen in den „alten" und „neuen" Bundesländern werden die Zahlen häufig getrennt nach diesen beiden Gruppen dargestellt. Da in der vorliegenden Studie fast ausschließlich Fälle aus den „alten" Bundesländern (mit Ausnahme einiger weniger Fälle aus Thüringen in der JES-Studie) berücksichtigt wurden, werden hier die Daten aus den „alten" Bundesländern herangezogen und erläutert.

Die Dortmunder Arbeitsstelle Kinder- und Jugendhilfestatistik (2002) nennt als Fallzahl der Bestandserhebung am Jahresende 2000 für den Bereich der Heimerziehung in den „alten" Bundesländern 53.112 Fälle. Dies entspricht 35,1 Fälle auf 10.000 Personen der altersentsprechenden Bevölkerung (Pothmann, 2002, S.2).

Die aus der gleichen Quelle stammenden Ausgaben der öffentlichen Jugendhilfe im Bereich der Hilfen zur Erziehung für die alten Bundesländer werden in Abbildung 16 visualisiert.

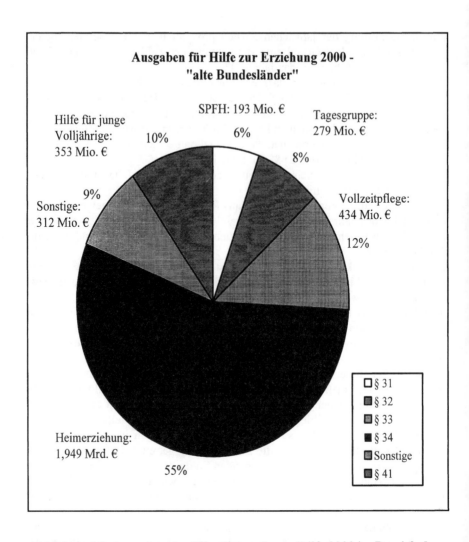

Ausgaben für Hilfe zur Erziehung 2000 - "alte Bundesländer"

SPFH: 193 Mio. €

Hilfe für junge Volljährige: 353 Mio. € 10% 6%

Tagesgruppe: 279 Mio. €

8%

9%
Sonstige: 312 Mio. €

Vollzeitpflege: 434 Mio. €

12%

Heimerziehung: 1,949 Mrd. €

55%

□ § 31
▨ § 32
▨ § 33
■ § 34
▨ Sonstige
▨ § 41

Abbildung 16: Ausgaben der öffentlichen Jugendhilfe 2000 im Bereich der Hilfen zur Erziehung – Daten für die „alten" Bundesländer

Dabei wird deutlich, dass der Bereich der Heimerziehung mit 1,949 Mrd. € (ca. 55 % der Gesamtausgaben) der mit Abstand größte Ausgabenbereich bei den Hilfen zur Erziehung ist.

Betrachtet man die Entwicklung der Fallzahlen und der Ausgaben für Heimerziehung unter Berücksichtigung der Inflationsrate, so können anhand der in Abbildung 17 dargestellten Zahlen folgende Aussagen getroffen werden.

Kosten der Heimerziehung - alte Länder

Jährliche Ausgaben je Hilfe	nominal	Veränderung in %	Inflations- bereinigt (Basis 1995)	Veränderung in %	Fallzahlen am Jahresende
1995	34.922 €		34.922 €		52.223
2000	36.704 €	5,1 %	34.335 €	- 1,7 %	53.112

Abbildung 17: Ausgaben und Fallzahlen im Bereich der Heimerziehung 1995 und 2000 – Daten für die „alten" Bundesländer

Bei fast gleich bleibenden Fallzahlen und einer nominalen Veränderung der jährlichen Kosten je Hilfe von 34.922 € (1995) auf 36.704 € (2000) ergab sich bei inflationsbereinigter Betrachtung sogar ein leichter Rückgang bei den Ausgaben je Hilfe und Jahr.

Exkurs: Einordnung der Jugendhilfeausgaben ins Sozialbudget
Setzt man die Ausgaben für Jugendhilfe in Verbindung zu anderen Sozial- leistungen, so ist dies am Besten über die Betrachtung des so genannten Sozial- budgets möglich.
Unter dem Sozialbudget versteht man die Zusammenfassung aller Sozial- leistungen (einschließlich der Versicherungsleistungen) in Deutschland. Dies beinhaltet sowohl Ausgaben der öffentlichen Hand als auch die Arbeitgeber- und Arbeitnehmerbeiträge zu den Sozialversicherungen.
Im Jahr 2000 betrug das Sozialbudget in Deutschland rund 681,7 Mrd. € (2001: 701,6 Mrd. €). Damit lag der Anteil der Sozialleistungen am Bruttoinlands- produkt im Jahre 2000 bei 33,6 % (2001: 33,8 %).
Pro Kopf der Bevölkerung wurden im Jahr 2000 8.287 € für Sozialleistungen aufgewendet. Rund ein Drittel der Aufwendungen für Sozialleistungen sind dabei Zuweisungen der öffentlichen Hand.
Die Ausgaben für Jugendhilfe im Jahr 2000 in Höhe von 19,2 Mrd. € machen damit 2,8 % des Sozialbudgets und knapp 1 % des Bruttoinlandsprodukts des Jahres 2000 aus.
Abbildung 18 zeigt das Sozialbudget des Jahres 2000 aufgegliedert nach Funktionsbereichen.

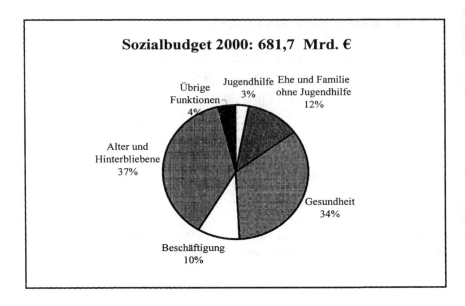

Sozialbudget 2000: 681,7 Mrd. €

Übrige Funktionen 4%

Jugendhilfe 3%

Ehe und Familie ohne Jugendhilfe 12%

Alter und Hinterbliebene 37%

Gesundheit 34%

Beschäftigung 10%

Abbildung 18: Sozialbudget 2000 nach Funktionsbereichen

Dabei fällt auf, dass Jugendhilfeleistungen eher einen relativ geringen Teil im Sozialbudget, aber auch im Funktionsbereich Ehe und Familie ausmachen (Statistisches Bundesamt 2003).

Die Ausgaben für Hilfen zur Erziehung u.a. (Hilfen für junge Volljährige, Inobhutnahme sowie Eingliederungshilfe nach § 35a) im Jahre 2000 in Höhe von 4,8 Mrd. € betrugen damit 0,2 % des Bruttoinlandsprodukts, bzw. 0,7 % des Sozialbudgets, bzw. 5 % des darin enthaltenen Funktionsbereichs Ehe und Familie, bzw. 25 % der darin enthaltenen Jugendhilfeausgaben im Jahr 2000.

Empirische Forschungsergebnisse

Auf die Schwächen eines so genannten „top-down"-Ansatzes mittels Aufbereitung statistischer Daten der amtlichen Kinder- und Jugendhilfestatistik wurde bereits im vorherigen Abschnitt eingegangen.

Mittlerweile liegen jedoch auch erste empirische Forschungsergebnisse im Bereich der Kosten von Heimerziehung vor. Unter Mitarbeit des Autors wurden erstmals in den Forschungsprojekt „Qualitätsentwicklung durch Effizienz-Benchmarking" für stationäre Jugendhilfeeinrichtungen in Deutschland Kosten-Wirksamkeits-Zusammenhänge ermittelt (Hermsen, Roos & Zinkl, 2004).

Dabei wurden auf der Grundlage eines im Projekt entwickelten Jugendhilfe-Kontenrahmens in sechs Einrichtungen der Heimerziehung für 48 Heimgruppen in Form einer Kostenarten- und Kostenstellenrechnung betriebswirtschaftliche

Daten für das Haushaltsjahr 2002 erhoben. Diese Daten wurden mit Daten zur Struktur-, Prozess- und Ergebnisqualität (erhoben mit dem EVAS-Sytem, Knab & Macsenaere, 2002) kombiniert und zu Wirksamkeits-Kosten-Indices zusammengefasst. So konnte für individuelle Hilfeverläufe und auch aggregiert für Heimgruppen und Einrichtungen entsprechende Indices gebildet werden.

Da die bisherigen Daten jedoch nur für relativ kurze Zeiträume und für nicht abgeschlossene Hilfen vorliegen, können die Wirksamkeit-Kosten-Indices für die vorliegende Studie noch nicht herangezogen werden. Eine Weiterführung des Projekts ist aber beabsichtigt.

Relevant für die vorliegende Studie sind hingegen die Ergebnisse der empirischen Kostenstellenerhebung. Dabei ergab sich im Vergleich der durchschnittlichen Aufwendungen und Erträge, dass den Aufwendungen von 46.533,47 € nur Erträge von 40.750,37 € je Hilfe und Jahr gegenüber standen. Dies bedeutet, dass ca. 12,5 % der Gesamtkosten der Hilfe nicht aus öffentlichen Mitteln der Jugendhilfe sondern durch Eigenmittel der Träger abgedeckt werden.

Gegenüber der Berechnung aus statistischen Daten der amtlichen Kinder- und Jugendhilfestatistik ergibt sich ein deutlich höherer Wert der jährlichen Kosten. Zwar ergaben sich die empirisch ermittelten Daten aus einer relativ kleinen Stichprobe, jedoch erscheinen diese wesentlich reliabler. Denn diese berücksichtigen nicht nur die Aufwendungen der öffentlichen Haushalte sondern die tatsächlichen Gesamtkosten der Maßnahmen.

Daher wird diesen Ergebnissen bei der vorliegenden Analyse den Vorzug gegeben und sie für die JULE-Studie und JES-Studie als vorrangige Schätzung der jährlichen Kosten je Hilfe verwendet.

Für die dritte Studie, die „Katamnesestudie", konnte im Projekt „Qualitätsentwicklung durch Effizienz-Benchmarking" ein eigener Wert für das Jahr 2002 ermittelt werden, da die entsprechende Einrichung auch an dieser Studie teilnahm. Als jährliche Kosten je Hilfe wurden für diese Einrichtung für das Jahr 2002 ein Wert von 47.024,04 € ermittelt.

Als weiteres interessantes Ergebnis der Studie kann vermerkt werden, dass ca. 73 % der durchschnittlichen Kosten von 131,03 € je Belegungstag und Person auf Personalkosten entfallen. Weitere 8 % entfallen auf Abschreibungen, 4 % auf Miete und Instandhaltungskosten sowie je 3 % auf Lebensmittel und Sachkosten des Pädagogischen Bedarfs.

Modellgleichung und Schätzergebnisse

Für die Berechnung der Maßnahmekosten wurden folgende Modellgleichungen zu Grunde gelegt:

$$(1)\ K_{Juhi} = K_{Juhi/Jahr} * t_{Juhi}$$

Die Kosten der Maßnahme entsprechen dem Produkt aus den jährlichen Kosten der Hilfe ($K_{Juhi/Jahr}$) und der durchschnittlichen Verweildauer in Jahren (t_{Juhi}).

Dabei ergaben sich unterschiedliche Verweildauern in den verschiedenen Studien.

In der JULE-Studie wurde eine duchschnittliche Verweildauer von 42 Monaten, d.h. 3,5 Jahren berichtet, wohingegen in der JES-Studie sich eine kürzere Verweildauer von 27 Monaten, d.h. von 2,25 Jahren ergab.

In der Katamnesestudie wurde eine Verweildauer von 2,2 Jahren angegeben.

Demgegenüber wird die durchschnittliche Verweildauer in der amtlichen Kinder- und Jugendhilfestatistik mit 29 Monaten (2,4 Jahren) angegeben.

Weiter ist anzumerken, dass gegen eine Maßnahme B der „Nicht-Intervention" getestet wurde, deren Kosten per definitionem gleich Null sind. Somit ergibt sich als zweite Modellgleichung:

$$(2) \; \Delta K_{Juhi} = K_{Juhi} = K_{Juhi/Jahr} * t_{Juhi}$$

Auf dieser Grundlage ergeben sich folgende Schätzergebnisse:

JULE-Studie (Kostenbasis Empirie)
Jährliche Kosten der Hilfe ($K_{Juhi/Jahr}$):	46.533,47 €
Angegebene Verweildauer (t_{Juhi}):	3,5 Jahre
Gesamtkosten der Hilfe (K_{Juhi}):	162.867,15 €

JES-Studie (Kostenbasis Empirie)
Jährliche Kosten der Hilfe ($K_{Juhi/Jahr}$):	46.533,47 €
Angegebene Verweildauer (t_{Juhi}):	2,25 Jahre
Gesamtkosten der Hilfe (K_{Juhi}):	104.700,31 €

Katamnese-Studie (Kostenbasis Empirie)
Jährliche Kosten der Hilfe ($K_{Juhi/Jahr}$):	47.024,04 €
Angegebene Verweildauer (t_{Juhi}):	2,2 Jahre
Gesamtkosten der Hilfe (K_{Juhi}):	103.452,89 €

Berücksichtigt man statt der empirischen Kostendaten für die JULE-Studie und JES-Studie die mit Hilfe der amtlichen Statistik geschätzten Fallkosten je Hilfe und Jahr so ergeben sich folgende anderen Werte, wobei nochmals auf die Schwächen der über die Statistik ermittelten Werte an dieser Stelle hingewiesen wird.

JULE-Studie (Kostenbasis KJHG-Statistik)
Jährliche Kosten der Hilfe ($K_{Juhi/Jahr}$):   36.704,00 €
Angegebene Verweildauer (t_{Juhi}):   3,5 Jahre
Gesamtkosten der Hilfe (K_{Juhi}):   128.464,00 €

JES-Studie (Kostenbasis KJHG-Statistik)
Jährliche Kosten der Hilfe ($K_{Juhi/Jahr}$):   36.704,00 €
Angegebene Verweildauer (t_{Juhi}):   2,25 Jahre
Gesamtkosten der Hilfe (K_{Juhi}):   82.584,00 €

Sowohl für die empirisch ermittelten Kostendaten als auch für die über die amtliche Statistik berechneten Werte werden entsprechende Analysen durchgeführt. Bei der Bewertung wird den auf empirischer Kostenbasis ermittelten Ergebnissen eindeutig der Vorzug gegeben.

6.1.2. Intangible Kosten der Heimerziehung

Unter den intangiblen, d.h. nicht monetär bewertbaren Kosten der Heimerziehung sind vor allem so genannte Opportunitätskosten für die Eltern und Kinder in Heimerziehung zu nennen.
Die so genannten Opportunitätskosten der Heimerziehung können erklären, warum viele Eltern die vordergründig kostenlose Dienstleistung Heimerziehung nicht in Anspruch nehmen. Unter den Opportunitätskosten eines Gutes oder eine Dienstleistung wird der entgangene Nutzen verstanden, auf den man durch die Wahl des Gutes, anstatt der Wahl einer bestmöglichen anderen Alternative, verzichtet. Dieser entgangene Nutzen ist dabei nicht ausschließlich finanzieller Art. Vielmehr umfasst das Opportunitätskostenkonzept auch intangible, d.h. nicht monetär bewertbare Nutzenverluste.
So lassen sich als mögliche nicht–monetäre Opportunitätskosten der Heimerziehung für die Eltern nennen: Verlust des gemeinsamen familiären Zusammenlebens durch Fremdunterbringung des Kindes, Verlust an Intimität und Privatheit durch Beteiligung einer öffentlichen Instanz (dem Jugendamt), Verlust an Kontrolle im Erziehungsgeschehen durch Beteiligung des Jugendamts und der durchführenden Jugendhilfeeinrichtung an der Erziehung des Kindes, erhöhter Zeitaufwand durch Fahrtzeiten, Teilnahme an Hilfeplangesprächen, Eltern-Erzieher-Gesprächen, Verlust an sozialem Ansehen im Lebensumfeld der Familie durch Fremdunterbringung des Kindes, alternative vorhandene Hilfemöglichkeiten im Jugendhilfe- und sozialem Bereich. Die hier begonnene Liste ließe sich individuell fortsetzen und macht deutlich, dass Eltern und Kinder erhebliche Opportunitätskosten auf sich nehmen müssen, wenn Kinder in der Heimerziehung fremd untergebracht werden. Ob nun Heimerziehung von den

Eltern gewollt in Anspruch genommen wird oder nicht, hängt daher zum einen von den im Einzelfall sich ergebenden Opportunitätskosten ab und davon, ob die zu erwartenden Erträge bzw. der zu erwartende Nutzengewinn aus der Heimerziehung die vorhandenen Opportunitätskosten übersteigt. Hierbei ist nochmals darauf hinzuweisen, dass es sich bei den Opportunitätskosten und auch bei den Nutzenerwartungen um jeweils subjektive Einschätzungen der Eltern handelt, diese also zwischen Eltern und auch im Zeitverlauf deutlich variieren können.

Solange jedoch bei den Eltern Unsicherheit über den positiven Nutzengewinn von Heimerziehung besteht, oder aber vielmehr die Befürchtung, durch die Heimerziehung könnte alles noch viel schlimmer werden, solange werden die Eltern aufgrund der hohen Opportunitätskosten die Heimerziehung als Maßnahme eher ablehnen und vielmehr andere Hilfsmöglichkeiten aufsuchen. Nur wenn nach Einschätzung der Eltern der Nutzengewinn die Opportunitätskosten übersteigt, werden die Eltern von sich aus und freiwillig Heimerziehung in Anspruch nehmen. Sehr häufig werden daher die Eltern aus der Perspektive der Opportunitätskosten Heimerziehung als „zu teuer" ansehen und diese eher zu vermeiden suchen. Aus der eben dargestellten Perspektive erscheint daher die Frage berechtigt, ob es Möglichkeiten gibt, die bei den Eltern bestehenden Opportunitätskosten deutlich zu senken und deren Nutzenerwartungen in die Heimerziehung zu steigern. Entsprechende Überlegungen könnten sowohl die häufig negative Bewertung von Heimerziehung in der Öffentlichkeit betreffen als auch Versuche einschließen, unterschiedliche Formen von Opportunitätskosten zu minimieren.

6.3. Der Nutzen von Heimerziehung

6.3.1. Grundsätzliche Überlegungen

Der Begriff Nutzen umschreibt nach Lancaster (1987, S. 252) die subjektive Wertschätzung eines Gutes oder einer Dienstleistung. Deshalb bleibt die Frage zu stellen, aus welcher Perspektive die Frage des Nutzens zu beantworten ist. Siegler (1997) beschreibt für den Bereich der sozialen Arbeit und damit auch für die Heimerziehung unterschiedliche Nutzerperspektiven, die in Abbildung 19 dargestellt sind.

Die Abbildung macht die Vielzahl unterschiedlicher Nutzer und deren angenommenen Nutzengewinne deutlich. Hierbei werden als Konsumenten der Dienstleistung (z. B. Heimerziehung) sowohl die Gesamtgesellschaft als auch die Klienten/Kunden betrachtet. Bei der vorliegenden Arbeit liegt der Schwerpunkt der Betrachtungsweise auf der gesamtgesellschaftlichen Perspektive, aus der heraus versucht wird, den Nutzen für die Gesellschaft zu bestimmen. Die

Sichtweise anderer Nutzer der sozialen Dienstleistung Heimerziehung wird in der vorliegenden Arbeit nicht berücksichtigt.

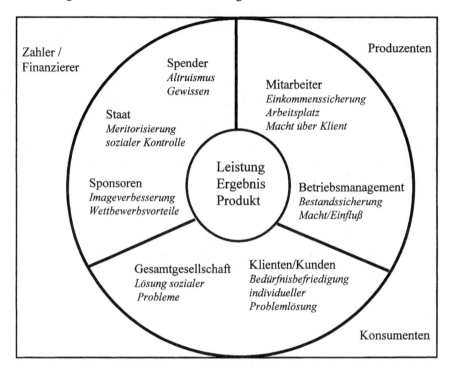

Abbildung 19: Soziale Arbeit aus unterschiedlichen Nutzerperspektiven (nach: Siegler, 1997, S. 137).

Bei den nachfolgend dargestellten Befunden und Ergebnissen aus der Heimerziehungsforschung ist zu bemerken, dass bisher keine Versuche unternommen worden sind, entsprechende Nutzeneffekte der Heimerziehung monetär zu bewerten. Dies bedeutet, dass diese Befunde bisher als nicht tangibel gelten. Erst in Abschnitt 6.4. dieser Arbeit wird der Versuch unternommen, aus bisher vorliegenden empirischen Befunden tangible Nutzeneffekte von Heimerziehung abzuschätzen. Die nun exemplarisch berichteten Befunde der Evaluationsforschung zur Heimerziehung sind daher zunächst dem Bereich 2.1. (intangibler Nutzen) der allgemeinen Systematik zuzuordnen.

6.3.2. Ergebnisse der Evaluationsforschung zur Effektivität von Jugendhilfe

In der jüngeren Vergangenheit haben sich relativ viele empirische Unter-suchungen insbesondere mir der Wirksamkeit von Heimerziehung beschäftigt. Ohne Anspruch auf Vollständigkeit[6] soll hier kurz auf einige Ergebnisse fol-gender Studien eingegangen werden, die dem Autor aufgrund unterschiedlicher Aspekte bemerkenswert für diese Arbeit erschienen: Leistungen und Grenzen von Heimerziehung („JULE", Bundesministerium für Familie, Senioren, Frauen und Jugend, 1998), Würzburger Jugendhilfe-Evaluationsstudie (Patzelt, 2000), Evaluationsstudie erzieherischer Hilfen („EVAS", Institut für Kinder- und Jugendhilfe, 2000), Erfolg und Misserfolg in der Heimerziehung (Landeswohlfahrtsverband Baden, 2000), die Studie „Effekte erzieherischer Hilfen und ihre Hintergründe" („Jugendhilfe-Effekte-Studie", BMFSFJ, 2002) sowie die Studie „Analyse der Inanspruchnahme stationärer Erziehungshilfen der Landeshauptstadt München von 1996-1999" (Kurz-Adam, Frick 2000).

Die Jule-Studie: Leistungen und Grenzen von Heimerziehung
Im Rahmen des vom Evangelischen Erziehungsverbands (EREV) in Auftrag gegebenen Forschungsprojekts „Leistungen und Grenzen von Heimerziehung" (JULE) an der Universität Tübingen wurden mittels einer Aktenanalyse und Interviews die Leistungen und Grenzen von Heimerziehung untersucht und die individuellen Hilfeverläufe bewertet. Die Autoren kommen in ihrer Gesamt-bilanz zu dem Ergebnis, dass 57,2 % der Verläufe als positiv und 16,4% als in Ansätzen positiv zu bewerten sind. Demgegenüber werden bei 11,2% der untersuchten Fälle keine maßgeblichen Veränderungen und bei 15,2 % eine negative Entwicklung des jungen Menschen festgestellt (Bundesministerium für Familie, Senioren, Frauen und Jugend, 1998, S.137). Betrachtet man die Bewer-tungen auf unterschiedlichen Bewertungsdimensionen, so ergibt sich ein differenziertes Bild der Leistungen von Heimerziehung, das in Abbildung 20 dargestellt wird. Die positivsten Entwicklungen werden hierbei in den Be-reichen Legalverhalten, Schule/Ausbildung und Alltagsbewältigung dargestellt. In weniger als der Hälfte der Hilfeverläufe werden die Entwick-lungen im Bereich des familialen Hintergrunds sowie in der zentralen Problemkonstel-lation als deutlich positiv bewertet.
Kritisch erscheint bei dieser Studie insbesondere, dass unklar bleibt welcher Referenzmaßstab für eine positive Entwicklung von den Beurteilern in ihrer subjektiven Bewertung angelegt wird, d.h. welche Entwicklung angenommen wird, wenn der junge Mensch nicht die Jugendhilfemaßnahme erhalten hätte.

---

[6] Für weitere Informationen zur Heimerziehungsforschung siehe auch Lambers (1995).

Die eben berichteten Werte dienen im Abschnitt 6.4. als Schätzwerte für erfolgreiche Verläufe in den dort geschilderten Partialmodellen.

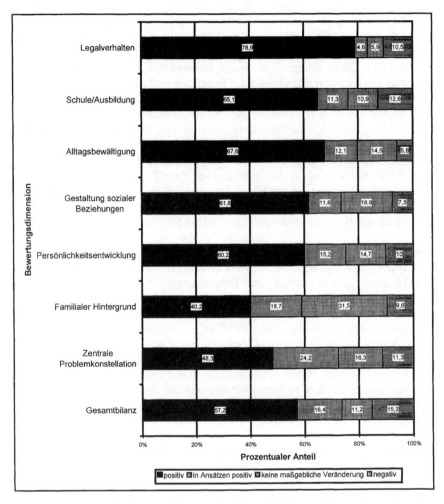

Abbildung 20: Erfolgsindikatoren von Heimerziehung – Bewertung der Hilfeverläufe im Forschungsprojekt „JULE" 1998

Weiter konnten in der Studie Zusammenhänge zwischen der Hilfedauer und dem Erfolg der Hilfen ermittelt werden. Mit zunehmender Hilfedauer stieg die Anzahl positiver Bewertungen an. (Bundesministerium für Familie, Senioren, Frauen und Jugend, 1998, S. 230-232).

Die JULE-Studie wurde für die vorliegende Untersuchung aus verschiedenen Gründen als Referenzstudie ausgewählt.

Zum einen handelt es sich bei der JULE-Studie wohl um die erste große, abgeschlossene und publizierte Evaluationsstudie im Bereich der Heimerziehung in Deutschland. Mit einer Stichprobengröße von n=284 Aktenanalysen und zusätzlichen Tiefeninterviews übertrifft sie andere bisher publizierte Studien. Die Daten stammen aus sechs Jugendämtern in drei Bundesländern, sind somit einrichtungsübergreifend. Die Autoren erheben den Anspruch eines repräsentativen Querschnitts (Bundesministerium für Familie, Senioren, Frauen und Jugend, 1998, S.20). Die Bewertung der Akten in sieben Bilanzierungsbereichen ermöglicht eine Zentrierung auf wenige Erfolgsindikatoren, wenngleich durch diese Zusammenfassungen erhebliche Informationen verloren und Unschärfen entstehen mögen.

Die JULE-Studie wird in der vorliegenden Arbeit in Form einiger Erfolgsindikatoren mit einigen Ergebnissen der Jugendhilfe-Effekte-Studie sowie der Katamnesestudie (siehe weiter unten im gleichen Abschnitt) verglichen, um entsprechende Kosten-Nutzen-Schätzungen vornehmen zu können.

Die Würzburger Jugendhilfe-Evaluationsstudie

Die Würzburger Jugendhilfe-Evaluationsstudie (WJE) (Patzelt 2000) konnte für das Überregionale Beratungs- und Behandlungszentrum Sankt Joseph Würzburg belegen, dass im Verlauf der stationären Aufnahme der Kinder und Jugendlichen in die Einrichtung deutliche Reduktionen von Verhaltensauffälligkeiten erzielt werden konnten. Hierbei zeigten sich bei Aufmerksamkeitsstörungen und Teilleistungsstörungen eine kontinuierliche Abnahme der Auffälligkeiten im Verlauf der Hilfe, während aggressive, antisoziale Verhaltensweisen schon im ersten Jahr der stationären Behandlung deutlich reduziert werden konnten. Auch im Schulleistungsbereich ergaben sich deutliche Verbesserungen bei Entlassung gegenüber dem Hilfebeginn. Weitere wesentliche Erfolge der stationären Jugendhilfemaßnahmen waren die deutliche Verbesserung, d.h. Entwicklung von Schutzfaktoren (Ressourcen) in den Familien. Dabei profitierten die Familien der Kinder am meisten, die einen längeren Aufenthalt hatten. Besonderer Würdigung gebührt in dieser Studie der regressionsanalytischen Überprüfung der Zusammenhangsstruktur zwischen Erfolgskriterien und Prozessmerkmalen und deren Darstellung mit Hilfe eines Kettengraphen. Hierbei konnte ein Wirkungszusammenhang zwischen dem Störungsbild bei Aufnahme (S) und der Anzahl der Vorinterventionen (V), darauf folgender Intensität der Elternarbeit (E_Int) und der Dauer der Hilfe (D) in der Einrichtung, mit dem Effekt sich entwickelnder familiärer Ressourcen (F_Res), und dem Ergebnis einer positiven Veränderung des Störungsbildes (S_Ver) sowie einer gelingenden Reintegration in die Familie (R) belegt und dargestellt werden (siehe Abbildung 21).

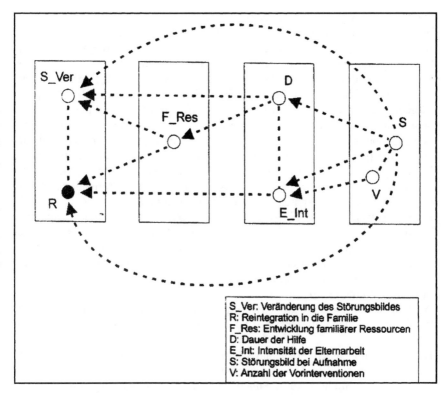

Abbildung 21: Zusammenhänge zwischen Prozessmerkmalen und Erfolgskriterien in der Würzburger Jugendhilfe-Evaluationsstudie (aus Patzelt, 2000, S. 90)

Diese Aufdeckung von Zusammenhängen zwischen Erfolgskriterien und Prozessmerkmalen erscheint dem Autor deshalb bemerkenswert, da in vielen anderen Evaluationsprojekten bisher zwar häufig positive Effekte der Heimerziehung nachgewiesen werden konnten, die Wirkweise der Heimerziehung jedoch unberücksichtigt blieb.

Dies bedeutet, man darf mittlerweile als empirisch belegbar betrachten, dass Heimerziehung positive Wirkungen zeigt. Wie diese Wirkungen jedoch zustande kommen, d.h. welche Wirkfaktoren dabei in welcher Form beteiligt sind, erscheint meist weiterhin unklar. Hier zeigt diese Untersuchung richtungsweisend, dass theoriegeleitete, empirische Wirkforschung auch in diesem Bereich möglich und nutzbringend sein kann. Diese Studie wurde bereits mehrmals, insbesondere im Kapitel 3.1. erwähnt.

Die Evaluationsstudie erzieherischer Hilfen

In der Evaluationsstudie erzieherischer Hilfen (EVAS) (Institut für Kinder- und Jugendhilfe, 2000) wurden in der Auswertung des dritten Mikrozyklus (November 2000) Ergebnisse der ersten Verlaufserhebung berichtet. So konnten in der Mannheimer Beurteilungsskala des Funktionsniveaus (MBF) in allen fünf Unterskalen (Funktion in der Familie, Erbrachte Leistungen, Beziehung zu Gleichaltrigen, Interessen und Freizeitbeschäftigungen, Autonomie) statistisch bedeutsame Verbesserungen im Vergleich zur Aufnahmeerhebung belegt werden. Ebenso ergab sich eine statistisch bedeutsam verbesserte Globalbeurteilung der psychosozialen Anpassung und des Schweregrads der Störungen des Kindes. Positive Einflüsse von kindzentrierter Psychotherapie und elternbezogener Interventionen sowie kindbezogener, ressourcenorientierter Pädagogik auf die oben genannten Zielvariablen wurden berichtet.

Bemerkenswert an EVAS ist dessen Konzeption als „lernendes Qualitätsentwicklungsinstrument". Dies bedeutet, dass durch EVAS die Evaluation laufender Hilfeprozesse sowie Vergleiche zwischen Einrichtungen ermöglicht werden (im Sinne eines Benchmarking-Prozesses[7]) und somit ein Rückfluss der Forschungs- und Evaluationsergebnisse zur Verbesserung des laufenden Hilfeprozesses möglich wird.

Auffallend ist hierbei die große Beteiligung unterschiedlicher Einrichtungen mit vielfältigen Jugendhilfeformen und daraus sich ergebenden sehr großen Fallzahlen.

Da die Studie eher noch am Beginn der Auswertungs- und Aussagemöglichkeiten steht und die Datenerhebung laufend fortgesetzt wird, können sich aus dieser Studie zukünftig noch viele wichtige Befunde ergeben, die durch die großen Fallzahlen repräsentative Bedeutung erlangen können.

Die Katamnesestudie: Erfolg und Misserfolg in der Heimerziehung

Im Rahmen eines Forschungsprojektes „Erfolg und Misserfolg in der Heimerziehung – Eine katamnestische Befragung ehemaliger Heimbewohner" wurden ehemalige Bewohnern des Christophorus-Jugendwerkes Oberrimsingen befragt und deren Hilfeverläufe bewertet (Landeswohlfahrtsverband Baden 2000).

In der Selbsteinschätzung der ehemaligen Heimbewohner gaben diese an, dass bei 60% sich ihre individuellen Stärken und Schwächen positiv während des Heimaufenthalts verändert haben. 27% gaben keine Veränderung und 12,9% eine Verschlechterung an. Diese Zahlen zeigen ähnliche Tendenzen an, wie bei

---

[7] Mit dem Begriff Benchmarking wird ein Vergleich verschiedener Unternehmen, Einrichtungen oder Abteilungen unter den Aspekten der Zielerreichung (und eigentlich auch Wirtschaftlichkeit) verstanden, der dem Ziel der Qualitätsverbesserung der beteiligten Unternehmen, etc. dient (Liesegang 1998, siehe auch S. 193 in dieser Arbeit).

der bereits dargestellten „JULE-Studie" im Bereich der Persönlichkeitsentwicklung.

Im Bereich Ausbildung und Beruf haben ca. 70 % der Befragten nach ihrer Entlassung aus der Einrichtung eine schulische oder berufliche Ausbildung begonnen. 64,5 % sind zum Zeitpunkt der Befragung voll, 5 % teilweise berufstätig, 16,5 % befinden sich noch in Ausbildung oder sind im Wehr- oder Ersatzdienst. Längerfristig oder vorübergehend erwerbslos sind 11,6 %.

Im Bereich des Legalverhaltens werden folgende Tendenzen berichtet (berücksichtigt wurden alle Einträge bis zum Zeitpunkt der Befragung): 41 % hatten zum Zeitpunkt der Befragung weder Einträge im Bundeserziehungsregister noch im Bundeszentralregister. Insgesamt hatten 59 % der Untersuchungsgruppe mindestens einen Registereintrag. Berücksichtigt man Zeitpunkt und Schweregrad der begangenen Delikte, so zeigt sich, dass insgesamt 33,7 % der ehemaligen Heimbewohner nach der Entlassung aus dem Heim mit einer Freiheitsstrafe belangt wurden (27,7 % mit Bewährung, 6 % ohne Bewährung). 18,5 % hatten nach Ende der Maßnahme Einträge, die geringere Sanktionen (Geldstrafen, Zuchtmittel, o.ä.) nach sich zogen und 47,8 % hatten überhaupt keine Einträge nach Ende der Maßnahme. Von denjenigen, die nach der Heimentlassung mindestens einen Eintrag im Register erhielten, begingen 48,6 % die Tat, die den ersten Eintrag im Register zur Folge hatte, innerhalb des ersten Jahres nach ihrer Entlassung, weitere 27,8 % im Zeitraum zwischen ein und drei Jahren nach der Entlassung und 7,6 % im Zeitraum von drei bis fünf Jahren. Diese Zahlen entsprechen in etwa denen von Bürger (1990), der in einem 5-jährigen Bewährungszeitraum nach der Heimerziehung gerichtliche Sanktionen bei 58,6 % seiner Stichprobe festgestellt hatte.

Aus den Ergebnissen wird geschlossen, dass sich die einzelnen Erfolgskriterien gegenseitig bedingen, so gehe eine bessere soziale Integration einher mit einer besseren Legalbewährung und größerem beruflichen Erfolg. Je zufriedener die ehemaligen Heimbewohner mit der Entwicklung ihrer Ressourcen sind und je stärker diese während des Aufenthaltes ausfiel, desto positiver ist ihre aktuelle Situation.

Wenn während des Aufenthaltes eine Berufsausbildung oder Ausbildung begonnen wurde, steigt die Chance der ehemaligen Heimbewohner sozial integriert und beruflich erfolgreich zu sein.

Die Autoren schließen weiter, dass eine Nachbetreuung nach der Heimentlassung für Fälle mit besonders komplexen Problemlagen eine sinnvolle Anschlussmaßnahme darstellen könnte, um Straffälligkeit zu vermeiden. Begleitende Hilfen könnten durch die Heimerziehung erzielte Erfolge sichern und stabilisieren helfen.

Diese Studie wird in der vorliegenden Arbeit als Referenzstudie miteinbezogen.

Die Jugendhilfe-Effekte-Studie

Eine besondere Bedeutung in der Jugendhilfeforschung kommt der Studie „Effekte erzieherischer Hilfen und ihre Hintergründe" (Jugendhilfe-Effekte-Studie, „JES-Studie", BMFSFJ, 2002) zu. In den Jahren 1995 bis 2000 wurde diese Studie im Auftrag des Deutschen Caritasverbandes mit finanzieller Unterstützung des Bundesministeriums für Familie, Senioren, Frauen und Jugend, der Länder Bayern, Bremen, Nordrhein-Westfalen und Thüringen sowie des Landeswohlfahrtsverbands Baden durchgeführt. Im Rahmen dieser Studie wurden 233 Hilfeverläufe aus fünf Jugendhilfearten vergleichend untersucht. Dabei wurden Erziehungsberatung (§28 KJHG), Erziehungsbeistand (§ 30 KJHG), sozialpädagogische Familienhilfe (§ 31 KJHG), Erziehung in einer Tagesgruppe (§ 32 KJHG) und Heimerziehung (§ 34 KJHG) in die Untersuchung einbezogen.

Hilfeart	Klientel		Effekte	
	Kind	Umfeld	Kind	Umfeld
Erziehungs-beratung	Niedrigste Problematik	Geringe Problematik hohe Ressourcen	Durchschnitt	Weit über Durchschnitt
Erziehungs-beistand	Höchstes Alter Geringe Problematik	Höchster Ausländeranteil Beste Ressourcen Höchste Problematik	Unter Durchschnitt	Durchschnitt
SPFH	Niedrigstes Alter Geringe Problematik	Niedrigster Ausländeranteil Hohe Problematik	Defizitreduktion: Weit über Durchschnitt; Ressourcen: Durchschnitt	Über Durchschnitt
Tages-gruppe	Hohe Problematik Hohe Symptombelastung	Niedrigste Problematik	Durchschnitt	Unter Durchschnitt
Heim	Hohes Alter: Schwerste Problematik und Symptombelastung (insb. Externalis.)	Niedriger Ausländeranteil Niedrige Ressourcen	Über Durchschnitt	Durchschnitt

Abbildung 22: Schematische Darstellung des Klientels und der Ergebnisse der JES-Studie (entnommen aus: Schmidt & Macsenaere, 2002)

Diese erste, prospektive Längsschnittstudie beeindruckt durch eine umfangreiche Erfassung der Struktur-, Prozeß- und Ergebnisqualität der Hilfen. Es wurden Ressourcen und Defizite erhoben mit einem Focus auf die Bereiche Kind, Familie und soziales Umfeld. Die Befragungen wurden beim Jugendamt, den Hilfedurchführenden, dem Kind und den Eltern durchgeführt.

Die Erhebungsabfolge bestand in einer Aufnahmeerhebung, einer Verlaufserhebung bei der Hälfte der Hilfedauer, eine Abschlusserhebung zum Ende der

Hilfe sowie eine Katamneseerhebung ein Jahr nach Hilfeende. Es wurde eine Vielzahl unterschiedlicher Erhebungsinstrumente eingesetzt. Die Stichprobe bestand aus 233 Jungen und Mädchen im Alter von 4,5 bis 13 Jahren (Mittel bei 9,5 Jahren). Bei 44 % der Stichprobe lagen Schulrückstande vor. 79 % hatten Hilfevorerfahrungen.

Auf die Vielzahl der Ergebnisse der Studie kann hier nicht erschöpfend eingegangen werden. Der geneigte Leser wird auf die Originalliteratur verwiesen (BMFSFJ, 2002). Jedoch sollen an dieser Stelle eine wenige, zentrale Ergebnisse dargestellt werden.

Die in Abbildung 22 enthaltene schematische Darstellung des Klientels und der Ergebnisse weist für den Bereich der Heimerziehung das Klientel mit der schwersten Problematik und Symptombelastung (insbesondere externalisiernde Störungen) des Kindes auf, bei relativ hohem Alter des Kindes.

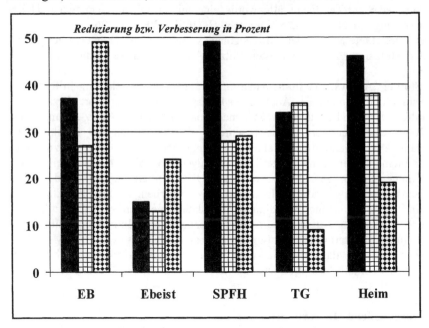

Abbildung 23: JES-Studie – Effekte der Hilfen in den Bereichen Gesamtauffälligkeit, Kompetenzen, Auffälligkeiten im Umfeld (entnommen aus: Schmidt & Macsenaere, 2002)

Demgegenüber werden für das Umfeld des Kindes relativ geringe Ressourcen festgestellt. Im Bereich der Effekte werden im Vergleich zu den anderen Hilfearten überdurchschnittliche Effekte beim Kind und durchschnittliche Effekte im Umfeld des Kindes angegeben.

Abbildung 23 verdeutlicht die Effekte der Hilfen im Vergleich in drei Bereichen. Hierbei zeigte sich, dass Heimerziehung besonders wirksam im Bereich der Reduktion der Gesamtauffälligkeit des Kindes (linker Balken) sowie bei der Erweiterung der Kompetenzen des Kindes (mittlerer Balken) war. Demgegenüber war die Reduktion der Auffälligkeiten im Umfeld des Kindes im Vergleich zu den anderen Hilfearten unterdurchschnittlich.

Weiter wurde genannt, dass Heimerziehung im Mittel aller Differenzmaße die höchste Veränderungsquote mit 48,2 % aufwies, gefolgt von Erziehungsberatung (44,5 %), Tagesgruppe (44,1 %), Sozialpädagogischer Familienhilfe (41,4 %) sowie Erziehungsbeistandschaften (25,5 %).

Aus der Sicht der Fachkräfte wurde eine mittlere Zielerreichung bei Heimerziehung in Höhe von 62,5 % erreicht. (BMFSFJ, 2002, S. 396).

Das berichtete Mittel aller Differenzmaße von 48,2 % für Heimerziehung fließt als Erfolgsindikator in die Kosten-Nutzen-Analyse für diese Studie mit ein.

Studie: „Analyse der Inanspruchnahme stationärer Erziehungshilfen"
Schließlich ist noch die „Analyse der Inanspruchnahme stationärer Erziehungshilfen der Landeshauptstadt München von 1996-1999" (Kurz-Adam, Frick, 2000) erwähnenswert. Diese beschreibt als Prädiktoren des Erfolgs einer stationären Jugendhilfemaßnahme: die Länge der Unterbringung, Beziehungsprobleme zu einer nicht-elterlichen Bezugsperson als Unterbringungsgrund, Hilfegewährung gemäß §§41 oder 13 KJHG, Unterbringung mit dem Ziel, Selbstversorgung und Haushaltsführung zu erlernen. Als Risikofaktoren für eine nichtplanmäßige Beendigung der Maßnahme werden genannt: höheres Lebensalter bei Aufnahme in die Maßnahme, eine Indikationsstellung zur stationären Unterbringung aufgrund des Sozialverhaltens des jungen Menschen, der Umstand, dass die Herkunftsfamilie von Sozialhilfe/Jugendhilfe den Lebensunterhalt bestreitet und die Zielvorgabe ein suchtbelastetes Umfeld aufzugeben.

Abschließende Bewertung
Die hier dargestellten Arbeiten machen deutlich, dass Forschung und Evaluation in der Jugendhilfe erst am Beginn einer Entwicklung stehen. Diese sollten über die Durchführung langfristiger, prospektiver Verlaufsstudien die Wirkungsweise von Jugendhilfemaßnahmen aufklären und diese verbessern helfen.

Keine Jugendhilfemaßnahme kann für sich in Anspruch nehmen, nicht verbesserungsfähig zu sein. Um diese zu verbessern muss jedoch eine empirisch belegbare Theorie oder eine Modell existieren, was und wie diese Hilfe Effekte bewirkt. Insofern ist Wirkungsforschung unabdingbar zur Qualitätsverbesserung. Weiter ist zu berücksichtigen, dass Familien und deren Problemlagen sowie der sie umgebende gesellschaftliche und institutionelle Kontext sich zeitgeschichtlich ändern. Somit befinden sich auch Jugendhilfemaßnahmen in einem ständigen Veränderungs- und hoffentlich Verbesserungsprozess. Diesen Verbesserungsprozess zu unterstützen wird auch in Zukunft Aufgabe der Jugendhilfeforschung bleiben und es bleibt zu wünschen, dass immer mehr Klarheit entsteht „wie und warum" Jugendhilfe eigentlich wirkt.

6.4. Gegenüberstellung der Kosten und Erträge

Bei den nachfolgend dargestellten Partialmodellen wird zur besseren Übersichtlichkeit folgende Systematik der Darstellung gewählt:
Zunächst werden für die Modellentwicklung relevante theoretische und empirische Befunde berichtet, anschließend wird hieraus ein Modell entwickelt. Die weiter notwendigen zusätzlichen Annahmen sowie die daraus sich ergebenden Modellgleichungen werden dargestellt. Schließlich werden die Modellparameter geschätzt und das entsprechende Ergebnis aufgrund des gewählten Modells erläutert.

6.4.1. Partialmodell: Bildung, Arbeitslosigkeit und Erwerbstätigkeit

Relevante empirische Befunde
Die dargestellten Befunde aus der Evaluationsforschung der Effektivität von Heimerziehung zeigen auf, dass durch Heimerziehung Entwicklungsverläufe junger Menschen deutlich positiv beeinflusst werden können. Diese positive Wirkung von Heimerziehung wirkt in die Gesellschaft und den Staat zurück z.B. durch verbesserte Ausbildungs- und Beschäftigungschancen (siehe z.B. JULE-Studie: Abschnitt 6.3.2.).
Die verbesserten Ausbildungs- und Beschäftigungschancen der jungen Menschen nach Heimerziehung haben positive, d.h. vermindernde Ausgabeneffekte z. B. in den Ausgaben für Arbeitslosigkeit.
Nach Franz (1998) versteht man unter den fiskalischen Kosten der Arbeitslosigkeit die den öffentlichen Haushalten direkt zurechenbaren Kosten der Arbeitslosigkeit in Form einerseits von Ausgaben, z.B. für Arbeitslosengeld und –hilfe, Sozialhilfe und Wohngeld, andererseits von Einnahmeausfällen bei direkten und indirekten Steuern und Sozialversicherungsbeiträgen. Weitere indirekte Kosten (zum Beispiel auf Grund von psychosozialen Belastungen oder Kriminalität) sind nur schwer messbar. Die fiskalischen Kosten der Arbeitslosigkeit beliefen sich im Jahr 2002 brutto auf rund 75 Milliarden € – d.h. ca. 18.500 € je Arbeitslosen, wobei 55% auf Mehrausgaben und 45% auf Minder-

einnahmen der Gebietskörperschaften und Sozialversicherungsträger aufgrund der registrierten Arbeitslosigkeit entfallen (IAB, 2003).

Nach den OECD-Bildungsindikatoren (OECD 2003, 2001, S.285ff) unterscheiden sich die erwartete Arbeitslosenquote, die Erwerbsquote sowie die Höhe des Einkommens in Abhängigkeit vom Bildungs- und Ausbildungsniveau sowie vom Geschlecht.

So variieren die Werte für Deutschland in Abhängigkeit des Ausbildungsniveaus deutlich. Personen ohne Hauptschulabschluss und ohne Berufsausbildung werden dabei dem Bildungsniveau „Unterhalb Sekundarstufe 2" (nach ISCED-Einteilung der Bildungsbereiche, OECD 2001, S. 430ff) zugeordnet. Personen mit Hauptschulabschluss und Berufsausbildung werden der „Sekundarstufe 2" zugeordnet.

In Tabelle 5 werden die Arbeitslosenquote, die Erwerbsquote sowie der Einkommensindex in Abhängigkeit von Bildungsniveau und Geschlecht dargestellt.

Indikator	Geschlecht	Unter Sekundarbereich 2	Sekundarbereich 2
Arbeitslosenquote	Männer	0,156	0,081
	Frauen	0,115	0,084
Erwerbsquote	Männer	0,77	0,84
	Frauen	0,5	0,7
Einkommens-index	Männer	0,81	1
	Frauen	0,74	1

Tabelle 5: OECD-Indikatoren für 25-64 Jährige für Deutschland (Daten aus OECD 2003)

In der „Würzburger Jugendhilfe-Evaluationsstudie" (Patzelt, 2000) konnte gezeigt werden, dass im Rahmen der Heimerziehung eine deutliche Verbesserung der Schulnoten erreicht werden konnte. So waren von den 72 % der Kinder, die bei Aufnahme eine Regelschule besuchten, die meisten von

Schulversagen bedroht. Während der Heimerziehung konnte eine durchschnittliche Notenverbesserung um 0,3 bis 0,8 Schulnoten erzielt werden, wobei das Ausmaß der Verbesserung mit zunehmender Unterbringungsdauer zunahm (Patzelt, 2000, S.68 ff.). 77% der Kinder besuchten nach Beendigung der Maßnahme eine Regelschule, 4% begannen nach Beendigung eine Berufsausbildung. Bei einem durchschnittlichen Aufnahmealter von knapp 11 Jahren und einer durchschnittlichen Verweildauer von 29 Monaten können daraus nur bedingt Aussagen über die tatsächlich erreichten Bildungs- und Ausbildungsniveaus abgeleitet werden.

Im Abschlußbericht des Praxisforschungsprojekts „Erfolg und Misserfolg in der Heimerziehung – eine katamnestische Befragung ehemaliger Heimbewohner" (Landeswohlfahrtsverband Baden, 2000, S. 46) wird für den Zeitpunkt der katamnestischen Befragung die berufliche Situation wiedergegeben. Danach sind 73,6 % der Befragten berufstätig, 6,6% arbeitslos, 19,8 % weder arbeitslos noch erwerbstätig.

Die ermittelten Zahlen weisen auf eine Arbeitslosen- und Erwerbsquote der Befragten entsprechend der OECD-Statistik für den Sekundarbereich 2 hin.

Die dargestellten empirischen Ergebnisse lassen sich daher in Richtung einer Verbesserung des Bildungs- und Ausbildungsniveaus durch Jugendhilfe interpretieren, die bei erfolgreicher Jugendhilfe die Anhebung des Bildungsniveaus von „unter Sekundarbereich 2" auf „Sekundarbereich 2" entsprechend der OECD-Bildungsklassifikation ermöglichen kann.

Modellentwicklung

Ein sehr einfaches Modell des Zusammenhangs von Jugendhilfe mit Bildung, Arbeitslosigkeit, Erwerbstätigkeit und Einkommen lässt sich wie folgt beschreiben:

Es wird angenommen, dass die positiven Effekte von Jugendhilfe im Bereich Schule und Ausbildung zu einer Verbesserung des Bildungsniveaus der jungen Menschen führen. Über das verbesserte Bildungsniveau wird eine verbesserte Erwerbs- und Beschäftigungssituation erreicht, die zu geringerer Arbeitslosigkeit, höherer Erwerbsbeteiligung sowie höherem Einkommen führt (siehe Abbildung 24).

Zusätzliche Annahmen und Modellgleichungen

Es wird von einer für einen Menschen über den Lebenslauf konstanten Wahrscheinlichkeit ausgegangen, ein Jahr in Arbeitslosigkeit bzw. in Erwerbstätigkeit zu verbringen.

Dabei befindet sich die Person entweder das ganze Jahr in Arbeitslosigkeit oder das ganze Jahr in einem anderen Zustand. Vereinfachend werden nur drei Zustandsformen unterschieden: Erwerbstätigkeit, Arbeitslosigkeit und weder erwerbstätig noch arbeitslos.

Aus der Arbeitslosenquote und der Erwerbsquote lassen sich die Wahrschein-lichkeiten für ein Jahr in Arbeitslosigkeit, Erwerbstätigkeit oder außerhalb des Arbeitsmarktes bestimmen.

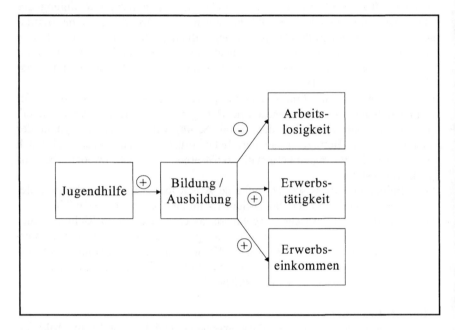

Abbildung 24: Partialmodell: Jugendhilfe, Bildung, Arbeitslosigkeit , Erwerbstätigkeit und Erwerbseinkommen

Aus der Wahrscheinlichkeit für ein Jahr in Arbeitslosigkeit lässt sich über den Erwartungswert dieser Wahrscheinlichkeit die erwartete Anzahl von Jahren in Arbeitslosigkeit berechnen.
Dabei gelten folgende Modellgleichungen:

$$(3)\ K_{AL/Leben} = K_{AL/Jahr} * t_{AL/Leben}$$

Die Anzahl der erwarteten Arbeitslosigkeitsjahre ($t_{AL/Leben}$) multipliziert mit den jährlichen Kosten der Arbeitslosigkeit ($K_{AL/Jahr}$) ergibt die geschätzten Kosten der Arbeitslosigkeit im Lebensverlauf ($K_{AL/Leben}$). Bezieht man die Gleichung auf die Wahrscheinlichkeit für ein Jahr in Arbeitslosigkeit (p_{AL}) und den Zeitraum des möglichen Erwerbslebens (t_{EW}), so ergibt sich folgende Gleichung:

(4) $K_{AL/Leben} = K_{AL/Jahr} * p_{AL} * t_{EW}$

Da die Wahrscheinlichkeiten für Arbeitslosigkeit in Abhängigkeit des Bildungsniveaus unterschiedlich sind, werden für die Werte des Bildungsniveaus „unter der Sekundarstufe 2" der Index 0 und für Werte des Bildungsniveaus „Sekundarstufe 2" (OECD 2001) der Index 1 (jeweils hochgestellt) vergeben. Berücksichtigt man ferner die Erfolgsquote einer Maßnahme in Bezug auf die Arbeitslosigkeit($s_{AL/m}$), so ergibt sich als Kosteneffekt einer Maßnahme in Bezug auf die Kosten der Arbeitslosigkeit:

(5) $\Delta K_{AL/m} = s_{AL/m} * (K^{1}_{AL/L.} - K^{0}_{AL/L.})$

Nach Einsetzen von Gleichung (4) in Gleichung (5) erhält man schließlich:

(6) $\Delta K_{AL/m} = s_{AL/m} * K_{AL/Jahr} * t_{EW} * (p^{1}_{AL} - p^{0}_{AL})$

Der Maßnahmeneffekt im Bezug auf die Kosten der Arbeitslosigkeit ergibt sich demnach aus dem Produkt der Erfolgsquote der Maßnahme mit den jährlichen Kosten der Arbeitslosigkeit dem betrachteten möglichen Erwerbszeitraum sowie der Differenz der Wahrscheinlichkeiten für Arbeitslosigkeit.

In ähnlicher Weise, wie oben beschrieben, lassen sich die erwarteten Jahre in Erwerbstätigkeit sowie außerhalb des Arbeitsmarktes errechnen. Als jährliches Einkommen für das Bildungsniveau „Sekundarstufe 2" wird das durchschnittliche Volkseinkommen je Erwerbstätigen des Jahres 2003 in Höhe von 41.218 € (Statistisches Bundesamt, 2004) angesetzt.

Tatsächlich vorhandene Einkommensunterschiede zwischen Männern und Frauen werden in der vorliegenden Analyse nicht berücksichtigt. Denn ansonsten würde die politisch unerwünschte Diskriminierung von Frauen gegenüber Männern im Bereich des Einkommens ihren Niederschlag auch in dieser Arbeit finden und zwar dergestalt, dass Heimerziehung bei Frauen schlechtere Nutzen-Kosten-Relationen aufweisen würde als bei Männern, aufgrund des ungleichen Einkommensverhältnisses bei gleichem Bildungsstand.

Weiter wird bei positiven Verläufen angenommen, dass durch Jugendhilfe der junge Mensch sein Bildungsniveau von „Unter Sekundarstufe 2" auf „Sekundarstufe 2" verbessert, also eine deutliche Verbesserung des Bildungsniveaus auch tatsächlich erreicht wird. Für nicht positive Verläufe von Jugendhilfe wird angenommen, dass sie das Bildungsniveau nicht verändern, also keine negativen Effekte von Jugendhilfe sich ergeben.

Ebenso wird angenommen, dass sich die Effekte von Heimerziehung in diesem Bereich über den gesamten Lebensverlauf konstant auf die Beschäftigungs- und Erwerbssituation auswirken. Es wird von einer Lebensdauer des jungen

Menschen von insgesamt 75 Jahren ausgegangen, wobei die Phase der möglichen Erwerbstätigkeit zwischen dem 25. und 64. Lebensjahr angenommen wird. Eine frühere Erwerbstätigkeit vor dem 25. Lebensjahr wird wegen fehlender Daten nicht berücksichtigt, ebenso eine mögliche Erwerbstätigkeit über das 64. Lebensjahr hinaus. Weiter sind in diesem Modell Effekte von Heimerziehung auf weitere Sozialleistungen, z. B. in Form von Auswirkungen auf spätere Zahlungen der gesetzlichen Rentenversicherung nicht berücksichtigt. Sozialhilfezahlungen werden nur über die Kosten der Arbeitslosigkeit in diesem Modell berücksichtigt. Sozialhilfezahlungen, die nicht aufgrund von Arbeitslosigkeit erfolgen (z. B. durch Nicht-Teilnahme am Arbeitsmarkt – weder erwerbstätig noch als arbeitslos registriert -) werden nicht berücksichtigt. Ebenfalls unberücksichtigt bleiben Auswirkungen auf die Kosten des Bildungssystems, z.B. infolge verlängerter oder verkürzter Ausbildungs- und Schulzeiten.

Unter Berücksichtigung der eben beschriebenen Annahmen ergeben sich folgende Modellgleichungen. Zur Berechnung des zu erwartenden Lebenseinkommens wird folgende Gleichung aufgestellt:

$$(7)\ E_{Leben} = VE_{Jahr} * rEI * p_{EW} * t_{EW}$$

Das Lebenseinkommen (E_{Leben}) ergibt sich dabei aus dem Produkt des durchschnittlichen jährlichen Volkseinkommens je Erwerbstätigen (VE_{Jahr}) und dem vom Bildungsniveau abhängigen relativen Einkommensindex (rEI) sowie der ebenfalls vom Bildungsniveau abhängigen Wahrscheinlichkeit für Erwerbstätigkeit in einem Jahr (p_{EW}) und dem möglichen Zeitraum der Erwerbstätigkeit (t_{EW}).

Berücksichtigt man wiederum die Erfolgsquote einer Maßnahme in Bezug auf die Erwerbstätigkeit ($s_{EW/m}$), so ergibt sich als Nutzeneffekt einer Maßnahme in Bezug auf zusätzlich entstehendes Volkseinkommen:

$$(8)\ \Delta E_m = s_{EW/m} * (E^1_{Leben} - E^0_{Leben})$$

Setzt man Gleichung (7) in Gleichung (8) ein und formt entsprechend um, so erhält man schließlich:

$$(9)\ \Delta E_m = s_{EW/m} * VE_{Jahr} * t_{EW} * (rEI^1 * p^1_{EW} - rEI^0 * p^0_{EW})$$

Gleichung (9) macht deutlich, dass sich der Einkommenseffekt sowohl aus einer Veränderung des relativen Einkommensindex (dies entspricht einer Veränderung der Produktivität des Erwerbstätigen) als auch aus einer Veränderung der

Wahrscheinlichkeit für Erwerbstätigkeit (und damit der tatsächlichen Erwerbsjahre) ergibt.

Parameterschätzung

Aus den berichteten Arbeitslosenquoten und Erwerbsquoten lassen sich folgende Wahrscheinlichkeiten für jeweils ein Jahr in Arbeitslosigkeit (p^0_{AL}, p^1_{AL}), Erwerbstätigkeit (p^0_{EW}, p^1_{EW}) und außerhalb des Arbeitsmarktes bestimmen.

Geschlecht	Zustand	Bildung a) unter S. 2	Bildung b) Sek. 2	Differenz b-a
Männer	Arbeitslos	0,1201	0,0680	-0,0521
	Erwerbstätig	0,6500	0,7720	0,1220
	Außerhalb	0,23	0,16	-0,07
Frauen	Arbeitslos	0,0575	0,0588	0,0013
	Erwerbstätig	0,4425	0,6412	0,1987
	Außerhalb	0,50	0,30	-0,20

Tabelle 6: Wahrscheinlichkeit für ein Jahr in Zustand ...

Aus den Wahrscheinlichkeiten für ein Jahr lassen sich weiter Erwartungswerte für eine Lebensspanne von 40 Jahren, das heißt für das Lebensalter vom 25. bis 64. Lebensjahr errechnen. Die Erwartungswerte für Jahre in Arbeitslosigkeit, Erwerbstätigkeit sowie außerhalb des Arbeitsmarktes für die angegebene Zeitspanne sind in der folgenden Tabelle 7 dargestellt.

Das erhöhte Bildungsniveau wirkt sich demnach bei Männern sowohl in der Reduktion der erwarteten Jahre in Arbeitslosigkeit als auch in einer noch stärkeren Erhöhung der Erwerbstätigkeit aus. Die Zahl der Jahre außerhalb des Arbeitsmarktes (nicht arbeitslos und nicht erwerbstätig) nimmt deutlich ab. Hingegen wirkt sich das erhöhte Bildungsniveau bei Frauen kaum (sogar eine minimale Erhöhung der Werte) auf die erwarteten Jahre in Arbeitslosigkeit aus. Vielmehr ergibt sich eine deutliche Zunahme bei der Erwerbstätigkeit durch eine ebenso deutliche Abnahme der Jahre außerhalb des Arbeitsmarktes.

Geschlecht	Zustand	Bildung a) unter S. 2	Bildung b) Sek. 2	Differenz b-a
Männer	Arbeitslos	4,80	2,72	- 2,08
	Erwerbstätig	25,99	30,88	4,89
	Außerhalb	9,20	6,40	- 2,80
Frauen	Arbeitslos	2,30	2,35	0,05
	Erwerbstätig	17,70	25,65	7,95
	Außerhalb	20,00	12,00	- 8,00

Tabelle 7: Erwartete Jahre (innerhalb 25. - 64. Lebensjahr) in Zustand arbeitslos, erwerbstätig und außerhalb des Arbeitsmarktes

Das erwartete Einkommen (bzw. der erwartete Beitrag zur Entstehungsseite des Bruttosozialprodukts) in der Zeitspanne von 40 Jahren ergibt sich aus den erwarteten Jahren in Erwerbstätigkeit multipliziert mit dem Einkommensindex (0,81 für a) sowie 1 für b), OECD 2004) und dem Indexeinkommen in Höhe von 41.218 € für das Jahr 2003 (Statistisches Bundesamt, 2004).

Ebenso ergeben sich die erwarteten Kosten der Arbeitslosigkeit als Produkt der erwarteten Jahre in Arbeitslosigkeit und den jährlichen Kosten je Arbeitslosen, die mit 18.500 € geschätzt werden (IAB, 2003).

Den erwarteten Beitrag zur Entstehungsseite des Bruttosozialprodukts und die erwarteten Kosten der Arbeitslosigkeit sind in der folgenden Tabelle 8 dargestellt.

Die in der Tabelle 8 dargestellten Zahlen zeigen einen deutlich erhöhten Beitrag zu Entstehung des Bruttosozialprodukts mit höherem Bildungsniveau auf. Aus der Differenz lässt sich für ein durch Jugendhilfe erzieltes höheres Bildungsniveau von a) nach b) ein zusätzlicher Entstehungsbeitrag zum Sozialprodukt und damit Nutzen in Höhe von ca. 405.000 € je männlicher Person und ca. 517.000 € je weiblicher Person im Lebensverlauf abschätzen.

Ebenso reduzieren sich die Kosten der Arbeitslosigkeit in einem solchen günstigen Fall für Männer um ca. 38.500 €, währenddessen bei Frauen zusätzliche Kosten in Höhe von knapp 1.000 € entstehen.

		a) unter S. 2	b) Sek. 2	Differenz b-a
Beitrag BSP	Männer	867.891 €	1.272.746 €	404.855 €
	Frauen	539.873 €	1.057.159 €	517.286 €
Kosten der	Männer	88.874 €	50.320 €	- 38.554 €
Arbeits-losigkeit	Frauen	42.550 €	43.512 €	962 €

Tabelle 8: erwarteter Beitrag zum BSP und Kosten der Arbeitslosigkeit

Einbeziehung der Erfolgsindikatoren
Die geschätzten Werte betrachten bisher lediglich die positiven Verläufe von Jugendhilfe, sind also an der tatsächlichen Erfolgsquote zu relativieren.
Leider liegen dem Autor bisher keine gesicherten, langfristigen Daten über die spätere Erwerbstätigkeit und Arbeitslosigkeit von jungen Menschen nach Heimerziehung vor. Deshalb ist eine Schätzung der Erfolgsquote erforderlich.
Es darf angenommen werden, dass die Arbeitsmarkt- und Beschäftigungschancen der jungen Menschen in Heimerziehung bei Aufnahme deutlich schlechter einzuschätzen sind, als der berichtete OECD-Durchschnitt. In vielen Fällen könnte man von einer drohenden dauerhaften Arbeitslosigkeit ausgehen, falls keine unterstützenden Maßnahmen, z.B. durch Jugendhilfe erfolgen.
Wir sind daher auf Indikatoren angewiesen, um den Erfolg von Jugendhilfemaßnahmen in dem für das Partialmodell relevanten Bereich abzuschätzen. Eine Schätzung kann dabei nicht besser sein, als der für die Schätzung verwendete Indikator.
Für die nachfolgend durchgeführten Schätzungen werden bei den einzelnen Studien folgende Indikatoren ausgewählt.
Bei der Studie „Leistungen und Grenzen von Heimerziehung" (JULE-Studie) wird als Indikator die Bewertung der Entwicklung der jungen Menschen im Bereich Schule und/oder Ausbildung herangezogen (BMFSFJ, 1998, S.144). Auf einer vierstufigen Bewertungsskala wurden positive, in Ansätzen positive Verläufe sowie Verläufe ohne maßgebliche Veränderung und negative Verläufe unterschieden. Für die Schätzung wird lediglich die erste Stufe, d.h. die „positiven" Verläufe als Erfolgsquote betrachtet. Hierbei werden von der Studie

bei 68,5 % der weiblichen jungen Menschen und 62,3 % der männlichen jungen Menschen positive Verläufe im Bereich Schule und/oder Ausbildung festgestellt.

Bei der Studie „Effekte erzieherischer Hilfen und ihre Hintergründe" (JES-Studie) wurde als Erfolgsindikator das Mittel aller Differenzmaße für die Hilfeart Heimerziehung in Höhe einer durchschnittlichen Veränderungsquote von 48,2 % ausgewählt (BMFSFJ, 2002, S. 396). Dieses Maß für den Gesamteffekt der Maßnahmen stellt einen stärker objektiven und gleichzeitig konservativen Schätzer des Maßnahmenerfolgs dar, als dies die mittlere Zielerreichung (subjektivere Einschätzung durch Fachkräfte) in Höhe eines Zielerreichungsgrads von 62,5 % gewesen wäre.

Parameter	JULE Männer	JULE Frauen	JES Männer	JES Frauen	Katamnese-Studie
p^I_{AL}	0,0680	0,0588	0,0680	0,0588	0,0660
p^0_{AL}	0,1201	0,0575	0,1201	0,0575	0,1201
t_{EW}	40	40	40	40	40
$K_{AL/Jahr}$	18.500 €	18.500 €	18.500 €	18.500 €	18.500 €
$s_{AL/m}$	0,623	0,685	0,482	0,482	1
p^I_{EW}	0,7720	0,6412	0,7720	0,6412	0,7360
p^0_{EW}	0,6500	0,4425	0,6500	0,4425	0,6500
rEI^I	1	1	1	1	1
rEI^0	0,81	0,74	0,81	0,74	0,81
VE_{Jahr}	41.218 €	41.218 €	41.218 €	41.218 €	41.218 €
$s_{EW/m}$	0,623	0,685	0,482	0,482	1

Tabelle 9: Partialmodell 1 – Darstellung der Parameterwerte

Bei der Studie „Erfolg und Misserfolg in der Heimerziehung – Eine katamnestische Befragung ehemaliger Heimbewohner" (Katamnesestudie) wurden in der Nachbefragung der Heimbewohner Zahlen zur aktuellen Arbeitslosigkeit (6,6 %) und Erwerbstätigkeit (73,6 %) mitgeteilt, so dass diese Werte als Schätzwerte der Wahrscheinlichkeiten für Arbeitslosigkeit und Erwerbstätigkeit übernommen werden konnten bei einem entsprechenden Erfolgsindex von 1 für diese Werte.

In Tabelle 9 werden die ermittelten und angenommenen Werte der Parameter der Modellgleichung zusammengefasst, bevor anschließend die Ergebnisse der Schätzungen für dieses Partialmodell dargestellt werden.

Ergebnisse der Schätzung

Eine Berechnung anhand der dargestellten Parameterwerte führt bei Einsetzen in die Modellgleichungen (6) und (9) zu den in der Abbildung 25 dargestellten Ergebnissen.

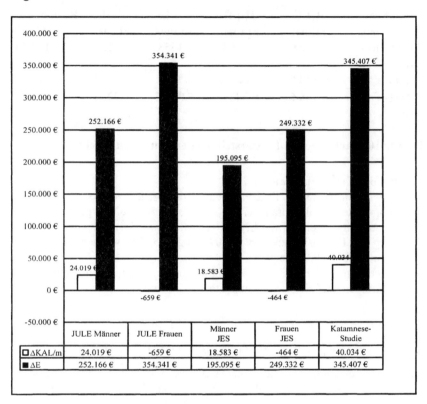

	JULE Männer	JULE Frauen	Männer JES	Frauen JES	Katamnese-Studie
□ ΔKAL/m	24.019 €	-659 €	18.583 €	-464 €	40.034 €
■ ΔE	252.166 €	354.341 €	195.095 €	249.332 €	345.407 €

Abbildung 25: Partialmodell 1: Ergebnisse der Schätzung

Dabei wird deutlich, dass die Effekte im Bereich des zusätzlichen Volksein-kommens die Effekte im Bereich der verminderten Kosten der Arbeitslosigkeit weit übersteigen. Verknüpft man beide Effekte miteinander, so zeigen sich im Partialmodell 1 positive Gesamteffekte für die Studie JULE-Männer in Höhe von 276.185 € und für JULE-Frauen in Höhe von 353.682 €. Für die Studie JES-Männer ergeben sich positive Gesamteffekte in diesem Partialmodell in Höhe von 213.678 € und für JES-Frauen in Höhe von 248.868 €. Für die Katamnesestudie (nur Männer) wird ein positiver Gesamteffekt in Höhe von 385.441 € ermittelt.

Wenn man, statt der eben dargestellten Effekte über den Gesamtzeitraum von 40 Jahren, die jährlichen Effekte betrachtet, so finden sich die in Tabelle 10 zusammengefassten Ergebnisse.

Jahres- werte	JULE- Männer	JULE- Frauen	JES Männer	JES Frauen	Katamnese- Studie
ΔKAL/m- Jahr	600 €	-16 €	465 €	-12 €	1.001 €
ΔE-Jahr	6.304 €	8.859 €	4.877 €	6.233 €	8.635 €
ΔPM1- Jahr	6.905 €	8.842 €	5.342 €	6.222 €	9.636 €

Tabelle 10: Partialmodell 1 – Darstellung der jährlichen Effekte

Einfluss der Erfolgsindikatoren
Ein weiteres interessantes Ergebnis betrifft die Frage, welche Auswirkungen Änderungen der Erfolgsparameter $s_{AL/m}$ und $s_{EW/m}$ auf die Ergebnisse haben. Welche Auswirkungen auf die Ergebnisse würden sich zum Beispiel bei einer Erhöhung der Erfolgsindikatoren um 0,01 ergeben, d.h. wenn die Effektivität der Massnahme um 0,01 steigt?
Zur Beantwortung dieser Frage betrachten wir die ersten Ableitungen der beiden Funktionen nach den Erfolgsindikatoren $s_{AL/m}$ und $s_{EW/m}$.

(10) $\Delta K_{AL/m}/\partial\, s_{AL/m}=K_{AL/Jahr} * t_{EW} *(p^{l}_{AL} - p^{0}_{AL})$

(11) $\Delta E_{m}/\partial\, s_{EW/m}=VE_{Jahr} * t_{EW} * (rEI^{l} * p^{l}_{EW} - rEI^{0} * p^{0}_{EW})$

Die daraus resultierenden Ableitungen für die einzelnen Studien sind in der folgenden Tabelle 11 dargestellt. Die dargestellten Werte geben die Veränderungen im Partialmodell bei einer Veränderung des Erfolgsindikators um 1 an. Dieser variiert jedoch insgesamt nur zwischen 0 (0 % Erfolg) und 1 (100 % Erfolg).

1.Ableitung	JULE- Männer	JULE- Frauen	JES- Männer	JES- Frauen	Katamnese -studie
ΔKAL/Δs	38.554 €	- 962 €	38.554 €	- 962 €	40.034 €
ΔE/Δs	404.761 €	517.286 €	404.761 €	517.286 €	345.407 €
ΔPM1/Δs	443.315 €	516.324 €	443.315 €	516.324 €	385.441 €

Tabelle 11: Partialmodell 1 – Darstellung der ersten Ableitungen

Eine Veränderung eines Erfolgsindikators um 0,01 (d.h. 1 % mehr Erfolg) hat daher nur einen Einfluss auf die Effekte in Höhe des hundertsten Teils der in der Tabelle angegebenen Werte.

6.4.2. Partialmodell: Jugendhilfe und Gesundheit

Relevante empirische Befunde

Wie im Bereich Jugendhilfe und Arbeitslosigkeit liegen dem Autor keine gesicherten statistischen Daten über den Einfluss von Jugendhilfemaßnahmen auf das gesundheitsbezogene Verhalten der jungen Menschen in Jugendhilfe vor. Engel und Hurrelmann (1994) und Hurrelmann & Settertobulte (2002) konnten jedoch darstellen, dass Jugendliche eine deutlich überhöhte Wahrscheinlichkeit haben, Risikoverhalten in Form von psychosomatischen Beschwerden und Arzneimittelkonsum (Stressrisiko), Tabak- und Alkoholkonsum (Drogenrisiko) sowie aggressiven und kriminellen Verhaltensweisen (Delinquenzrisiko) zu zeigen, wenn sie sich „in Bezug auf die Dinge depriviert fühlen, die man als Junge oder Mädchen aus Akzeptanzgründen gerne hätte". Dies sei „eine echte Quelle jugendlichen Risikoverhaltens, und zwar in dem Maße, in dem der soziale Kontext der Jugendlichen durch finanzielles Ungleichgewicht geprägt ist". (Engel & Hurrelmann 1994, S. 273)

Der beschriebene Zusammenhang legt nahe, dass insbesondere junge Menschen, für die Heimerziehung notwendig wird, in hohem Ausmaß dieser Risikogruppe angehören und somit ein deutlich erhöhtes Risiko für die Ausbildung von gesundheitsschädigendem Risikoverhalten besitzen. Wenn Heimerziehung nun diesem problematischen Risikoverhalten entgegenwirken und dauerhafte gesundheitsfördernde Wirkungen zeigen kann, sind langfristig verminderte Ausgaben im Gesundheitswesen für diese Personengruppe zu erwarten. Im Jahr 2002 wurden in Deutschland Gesundheitsausgaben je Einwohner in Höhe von 2.840 € statistisch ermittelt (Statistisches Bundesamt, 2004). Aufgrund des erhöhten gesundheitsbezogenen Risikoverhaltens der Zielgruppe von Heimerziehung dürften auch die anzunehmenden Krankheitskosten pro Person und Jahr über diesen Durchschnittszahlen liegen.

Im folgenden Partialmodell sollen mögliche Effekte der Jugendhilfe auf vier verschiedene Gesundheits- bzw. Krankheitsbereiche berücksichtigt werden. Es werden Auswirkungen der Jugendhilfe auf das Risiko psychischer Erkrankungen, mit Alkohol verbundener Erkrankungen, durch Rauchen verursachte Krankheiten sowie Auswirkungen auf allgemein andere Krankheiten in das Partialmodell einbezogen. Dabei wird im Modell Gesundheit für alle Teilmodelle vom gleichen Betrachtungszeitraum (50 Jahre) und den gleichen Erfolgsindikatoren der Studien ausgegangen.

Modellentwicklung

Das hier darzustellende Partialmodell geht von der Annahme aus, dass erfolgreiche Jugendhilfemaßnahmen über die Stärkung einer positiven Persönlichkeitsentwicklung zu einem verbesserten gesundheitsbezogenem Verhalten und damit zu einer Reduktion des Krankheitsrisikos beitragen. Diese Reduktion des Krankheitsrisikos führt wiederum zu Kosteneinsparungen in den Ausgaben für den Bereich Gesundheit. Aufgrund der empirischen Hinweise, dass junge Menschen in Jugendhilfe mit einem erhöhten Risiko für psychische Erkrankungen, für alkoholbedingte Erkrankungen und für durch Rauchen verursachte Krankheiten belastet zu sein scheinen, werden entsprechende Untermodelle entwickelt. In der folgenden Abbildung 26 werden die angenommenen Modellbeziehungen dargestellt.

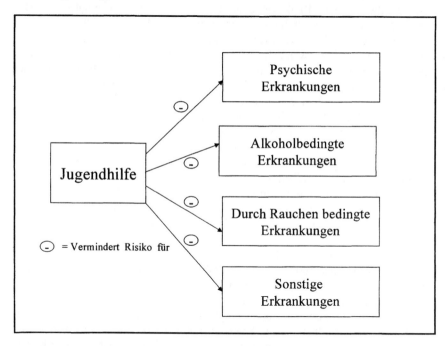

Abbildung 26: Partialmodell Jugendhilfe und Gesundheit

Zusätzliche Annahmen, Gleichungen und Parameterschätzungen

Die zusätzlichen Annahmen, die spezifischen Modellgleichungen und die Parameterschätzungen werden für die benannten Untermodelle getrennt beschrieben.

Empirische Befunde

Im Bundesgesundheitssurvey 1998 wird bei der erwachsenen Wohnbevölkerung eine 12-Monats-Prävalenz in Höhe von 32,1 % für das Vorliegen irgendeiner psychischen Störung angegeben. Von diesen 32,1 % werden jedoch nur 36,4 % behandelt. (Wittchen & Jacobi, 2002). Damit kann von einer Behandlungsquote von 11,68 % der Gesamtbevölkerung ausgegangen werden.

Henke (1997) schätzt die direkten Kosten psychischer Erkrankungen für das Jahr 1990 auf 8,213 Mrd. DM in der BRD, die indirekten Kosten auf 9,655 Mrd. DM.

Insgesamt ergeben sich für das Jahr 1990 Kosten in Höhe von 17,868 Mrd. DM, dies entspricht 9,136 Mrd. €. Bei diesen Zahlen wurde von den behandelten Personen mit psychischen Störungen ausgegangen.

Bei einer angenommenen Behandlungsquote von 11,68 % und einer Wohnbevölkerung von 63,726 Mio. Einwohnern in der Bundesrepublik Deutschland im Jahre 1990 („alte Bundesländer") (Statistisches Bundesamt, 2002, S. 29) ergibt sich eine Schätzung von 7,443 Mio. Menschen im Jahre 1990, die wegen psychischen Krankheiten in diesem Jahr behandelt worden sind.

Aus dem Quotient der Gesamtkosten und der Anzahl behandelter Personen lassen sich die Kosten psychischer Störungen je Behandelten für das Jahr 1990 mit ca. 1.227 € schätzen. Unter Berücksichtigung des Preisindex ergeben sich daraus geschätzte Kosten je Behandelten und Jahr für das Jahr 2003 in Höhe von ca. 1.600 €.

In der „Würzburger Jugendhilfeevaluationsstudie" (Patzelt, 2000, S. 51 ff.) wird berichtet, dass knapp 50% aller Kinder Psychotherapie erhalten.

Weiter werden für verschiedene Symptomgruppen Symptomrückgänge durch Vergleich der Symptome bei Aufnahme und Entlassung belegt. So werden Dissozialitätssymptome bei 32% bei Aufnahme und 16% bei Entlassung festgestellt. Teilleistungsstörungen werden von 25% auf 14% reduziert, Aufmerksamkeitsstörungen von 40% auf 21% etc. Dies könnte man als Reduzierung der Krankheitsrate um die Hälfte interpretieren.

Hebborn–Brass (1991, S.191) beschreibt die Störungsveränderung bei Entlassung aus Heimerziehung mit „weitgehend behoben" je nach Art der psychischen Störung bei 71, 3% bis 37,5 % der entlassenen Kinder.

Bei einer für einen positiven Verlauf angenommenen, dauerhaften Senkung der Krankheitsrate um 50% bzw. des Krankheitsrisikos (von p=0,50 auf p=0,250) durch Jugendhilfe würden sich jährliche Kosteneinsparungen in Höhe von 400 € ergeben.

Hochgerechnet auf weitere 50 Lebensjahre nach Jugendhilfe würden sich somit 20.000 € Einsparungen durch eine Verminderung des Krankheitsrisikos für psychische Erkrankungen bei einem positiven Verlauf ergeben.

Modellgleichung und Parameterwerte

Aus der bisherigen Darstellung lässt sich für das Untermodell Jugendhilfe und Kosten der psychischen Erkrankungen folgende Modellgleichung formulieren:

$$(12) \quad \Delta K_{PG/m} = s_{G/m} * K_{PG/Jahr} * t_G * (p^1_{PG} - p^0_{PG})$$

Die Veränderung der Kosten psychischer Krankheiten ist dabei das Produkt aus dem Erfolgsindikators im Bereich Gesundheit der jeweiligen Studie ($s_{G/m}$), den jährlichen Kosten psychischer Krankheiten je Behandelten ($K_{PG/Jahr}$), dem Betrachtungszeitraum (t_G) sowie der Differenz der jeweiligen Wahrscheinlichkeiten für psychische Erkrankungen mit und ohne Maßnahme ($p^1_{PG} - p^0_{PG}$). In der folgenden Tabelle 12 werden die ermittelten und angenommenen Werte der Parameter der Modellgleichung zusammengefasst, bevor anschließend die Ergebnisse der Schätzungen für dieses Partialmodell dargestellt werden.

Parameter	JULE Männer	JULE Frauen	JES Männer	JES Frauen	Katamnese-Studie
p^1_{PG}	0,250	0,250	0,250	0,250	0,250
p^0_{PG}	0,500	0,500	0,500	0,500	0,500
t_G	50	50	50	50	50
$K_{PG/Jahr}$	1.600 €	1.600 €	1.600 €	1.600 €	1.600 €
$s_{G/m}$	0,570	0,639	0,482	0,482	0,600

Tabelle12: Partialmodell 2: Gesundheit – Darstellung der Parameterwerte Kosten psychischer Krankheiten

Dabei werden folgende Werte als Erfolgsindikatoren miteinbezogen:
Da gesundheitsbezogenes Verhalten ein Ausdruck der Entwicklung der Persönlichkeit eines jungen Menschen ist, wird als Erfolgsindikator die Bewertung der Entwicklung des jungen Menschen im Bereich Persönlichkeitsentwicklung für die Studie „Leistungen und Grenzen von Heimerziehung" (JULE-Studie) herangezogen (BMFSFJ, 1998, S.141).
Auf einer vierstufigen Bewertungsskala wurden positive, in Ansätzen positive Verläufe sowie Verläufe ohne maßgebliche Veränderung und negative Verläufe unterschieden. Für die Schätzung werden lediglich die erste Stufe, d.h. die „positiven" Verläufe als Erfolgsquote betrachtet. Hierbei werden von der Studie bei 63,9 % der weiblichen jungen Menschen und 57,0 % der männlichen jungen Menschen positive Verläufe im Bereich Persönlichkeitsentwicklung festgestellt. Für die Studie „Effekte erzieherischer Hilfen und ihre Hintergründe" (JES-Studie) wird wiederum der allgemeine Erfolgsindikator Mittel aller Differenz-

maße für den Bereich Heimerziehung in Höhe von 48,2 % Veränderungsquote eingesetzt (BMFSFJ, 2002, S. 396).
Bei der Katamnesestudie wird als Erfolgsindikator der Grad einer positiven Gesamtentwicklung ausgewählt, der mit 60 % für die Befragten angegeben wird (Landeswohlfahrtsverband Baden, 2000, S. 63).

Ergebnisse des Untermodells
Nach Einsetzen der dargestellten Parameterwerte in die Modellgleichung (12) wurden die in der Abbildung 27 dargestellten Ergebnisse berechnet.

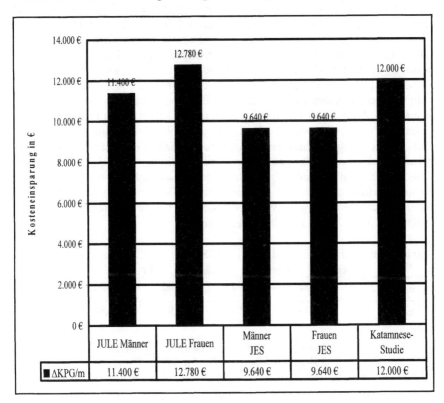

Abbildung 27: Partialmodell 2: Kosteneinsparungen im Bereich psychischer Störungen

Aus diesen Gesamteinsparungen über 50 Jahre hinweg lassen sich jährliche Kosteneinsparungen bestimmen. Die jährlichen Einsparungen im Bereich der Kosten psychischer Störungen werden dabei geschätzt für die Studie JULE-

Männer in Höhe von 228,00 €. Für JULE-Frauen beträgt diese Schätzung 255,60 €, für JES–Männer und Frauen jeweils 192,80 € sowie für die Katamnesestudie 240,00 €. Der Wert der 1. Ableitung der Gleichung (12) nach dem Erfolgsindikator ($s_{G/m}$) beträgt dabei für alle Studien in gleicher Weise 20.000 €.

Jugendhilfe und alkoholbedingte Erkrankungen

Empirische Befunde
Für das Jahr 1995 schätzen Bergmann und Horch (2002, S. 132 ff.) die volkswirtschaftlichen Kosten alkoholassoziierter Krankheiten auf rund 40 Mrd. DM (ca. 20,4 Mrd. €). Bei den indirekten Kosten in Höhe von 24 Mrd. DM (ca. 12,2 Mrd. €) entstand dabei der größte Ressourcenverlust durch vorzeitige Mortalität, gefolgt von Frühberentung und Arbeitsunfähigkeit. Die direkten Kosten betrugen 15 Mrd. DM (ca. 7,7 Mrd. €) und damit fast 40 % der Gesamtkosten, wobei die Krankenhausbehandlung, die vorbeugenden und betreuenden Maßnahmen und die ambulante Behandlung die Hauptpositionen darstellten. Weiter wurde eine Anzahl von 1,6 Mio. alkoholkranker Menschen in Deutschland berichtet. Dies entspricht ca. 2 % der damaligen Wohnbevölkerung.

Aus den genannten Zahlen lassen sich für das Jahr 1995 jährliche volkswirtschaftliche Kosten je alkoholkranker Person in Höhe von 12.750 € errechnen. Unter Berücksichtigung des Preisindex ergeben sich daraus geschätzte jährliche Kosten in Höhe von 14.189 € je alkoholkranker Person für das Jahr 2003. Weiter lässt sich die allgemeine Wahrscheinlichkeit für das Vorliegen einer Alkoholkrankheit mit 2 % (d.h. p=0,02) beziffern.

Parameter	JULE Männer	JULE Frauen	JES Männer	JES Frauen	Katamnese-Studie
p^1_{AG}	0,02	0,02	0,02	0,02	0,02
p^0_{AG}	0,04	0,04	0,04	0,04	0,04
t_G	50	50	50	50	50
$K_{AG/Jahr}$	14.189 €	14.189 €	14.189 €	14.189 €	14.189 €
$s_{G/m}$	0,570	0,639	0,482	0,482	0,600

Tabelle 13: Partialmodell 2: Gesundheit – Darstellung der Parameterwerte Kosten alkoholassoziierter Krankheiten

Da die von Hurrelmann (1999) beschriebenen Risikofaktoren für zukünftigen bedenklichen Alkoholkonsum für das Jugendhilfeklientel in sehr hohem Maße zutreffen, ist ebenfalls von einem deutlich höheren Erkrankungsrisiko für junge Menschen in Heimerziehung auszugehen. Weil genauere Zahlen nicht bekannt sind, könnte entsprechend dem beinahe verdoppelten Risiko für psychische Störungen von einem doppelt erhöhten Alkoholismusrisiko ausgegangen werden. Das Risiko würde somit ca. 4 % für junge Menschen in Heimerziehung (bzw. p=0,04) betragen. Unter Umständen wäre hier jedoch ein noch wesentlich höherer Wert einzusetzen. Ebenfalls könnte man wieder eine Reduktion dieses Risikos um die Hälfte, d.h. auf p=0,02 annehmen.

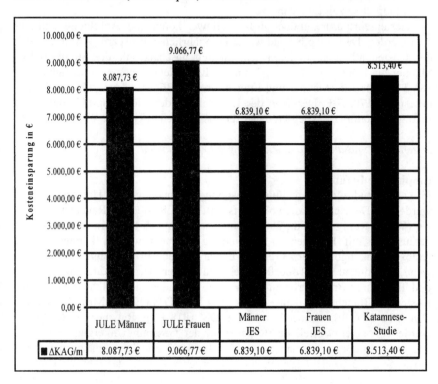

	JULE Männer	JULE Frauen	Männer JES	Frauen JES	Katamnese-Studie
■ ΔKAG/m	8.087,73 €	9.066,77 €	6.839,10 €	6.839,10 €	8.513,40 €

Abbildung 28: Partialmodell 2: Kosteneinsparungen im Bereich alkohol-assoziierter Krankheiten

Modellgleichung und Schätzergebnisse
Analog zur Modellgleichung (12) lassen sich die Veränderungen der Kosten im Bereich der alkoholassoziierten Erkrankungen schätzen mit:

$$(13)\ \Delta K_{AG/m} = s_{G/m} * K_{AG/Jahr} * t_G * (p^1_{AG} - p^0_{AG})$$

127

Die hierbei verwendeten Erfolgsindikatoren für den Bereich Gesundheit wurden bereits im Untermodell Jugendhilfe und psychische Erkrankungen erläutert. In Tabelle 13 werden die ermittelten und angenommenen Werte für die Parameter der Modellgleichung (13) zusammengefasst. Diese dort dargestellten Parameterwerte wurden in die Modellgleichung (13) eingesetzt. Für die einzelnen Studien ließen sich daraus Schätzergebnisse berechnen, die in Abbildung 28 gezeigt werden.

Die Gesamteinsparungen über 50 Jahre hinweg können der Abbildung entnommen werden. Dementsprechend werden die jährlichen Einsparungen im Bereich der Kosten alkoholassoziierter Krankheiten geschätzt für die Studie JULE–Männer in Höhe von 161,75 €. Für JULE–Frauen beträgt diese Schätzung 181,34 €, für JES–Männer und Frauen jeweils 136,78 € sowie für die Katamnesestudie 170,27 €. Der Wert der 1. Ableitung der Gleichung (13) nach dem Erfolgsindikator ($s_{G/m}$) beträgt dabei für alle Studien in gleicher Weise 14.189 €.

Jugendhilfe und durch Rauchen bedingte Erkrankungen

Empirische Befunde
In einer Studie der Abteilung Gesundheitsökonomie der Universität Ulm wurden für Deutschland die volkswirtschaftlichen Kosten des Rauchens berechnet (Welte, König & Leidl, 2000). Dabei schälten sich fünf Krankheitsgruppen heraus, die mit Rauchen in Verbindung gebracht werden können: einige Krebserkrankungen, Herz-Kreislauf-Erkrankungen, Erkrankungen der Atemwege, nikotinbedingte Todesfälle bei Neugeborenen (perinatale Krankheiten) und Tote durch Brandverletzungen. Für 1993 ergaben sich volkswirtschaftliche Kosten des Rauchens in Höhe von 33,786 Mrd. DM (17,275 Mrd. €) oder 415 DM (212 €) je Einwohner bzw. 1.599 DM (818 €) je Raucher. In der Studie wurde von einem Anteil der Raucher an der Gesamtbevölkerung von 26 % ausgegangen. Bewertet man die Zahlen für 1993 mit dem Anstieg des Preisindex (Statistisches Bundesamt, 2004) so ergeben sich für das Jahr 2003 Kosten je Raucher in Höhe von 949 €, die der Volkswirtschaft durch Rauchen bedingte Krankheiten jährlich entstehen.

Zusätzliche Annahmen und Modellgleichung
Da bisher keine empirischen Hinweise des Einflusses von Maßnahmen der Jugendhilfe auf das Rauchverhalten vorliegen, müssen hierzu wiederum Annahmen getroffen werden.
Bei einer angenommenen Wahrscheinlichkeit für Rauchen von p=0,26 in der Gesamtbevölkerung wird aufgrund der bereits beschriebenen Risikofaktoren von einem zweifach erhöhten Risiko für Rauchen beim Klientel der Heimerziehung ausgegangen. Ebenfalls wird, wie bereits bei den beiden vorange-

gangenen Untermodellen, wiederum eine Reduktion dieses Risikos um die Hälfte durch erfolgreiche Jugendhilfe angenommen.
Analog zu Gleichung (13) wird als Gleichung dieses Untermodells formuliert:

$$(14) \quad \Delta K_{RG/m} = s_{G/m} * K_{RG/Jahr} * t_G * (p^1_{RG} - p^0_{RG})$$

Parameter	JULE Männer	JULE Frauen	JES Männer	JES Frauen	Katamnese-Studie
p^1_{RG}	0,26	0,26	0,26	0,26	0,26
p^0_{RG}	0,52	0,52	0,52	0,52	0,52
t_G	50	50	50	50	50
$K_{RG/Jahr}$	949 €	949 €	949 €	949 €	949 €
$s_{G/m}$	0,570	0,639	0,482	0,482	0,600

Tabelle14: Partialmodell 2: Gesundheit – Darstellung der Parameterwerte Kosten durch Rauchen bedingte Krankheiten

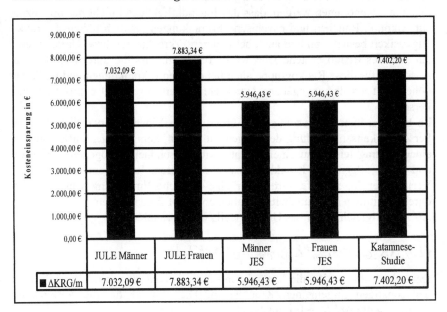

Abbildung 29: Partialmodell 2: Kosteneinsparungen im Bereich durch Rauchen bedingte Krankheiten

129

Die in den bereits beschriebenen Untermodellen eingesetzten Erfolgsindikatoren werden auch hier wiederum verwendet. In Tabelle 14 werden die ermittelten und angenommenen Werte der Parameter für die Modellgleichung (14) dargestellt.

Setzt man diese Parameterwerte in die Modellgleichung (14) ein, so können die in Abbildung 29 gezeigten Werte der Schätzungen ermittelt werden.

Wiederum sollen hier neben den Gesamteinsparungen über 50 Jahre hinweg die jährlichen Kosten benannt werden. Die jährlichen Einsparungen im Bereich der Kosten der durch Rauchen bedingten Krankheiten werden dabei geschätzt für die Studie JULE-Männer in Höhe von 140,64 €. Für JULE–Frauen beträgt diese Schätzung 157,67 €, für JES–Männer und Frauen jeweils 118,93 € sowie für die Katamnesestudie 148,04 €. Der Wert der 1. Ableitung der Gleichung (14) nach dem Erfolgsindikator ($s_{G/m}$) beträgt dabei für alle Studien in gleicher Weise 12.337 €.

Jugendhilfe und andere Krankheiten
Im Jahre 2002 ergaben sich in Deutschland Gesundheitsausgaben je Einwohner in Höhe von 2.840 € (Statistisches Bundesamt 2004).

Es kann angenommen werden, dass das Jugendhilfeklientel nicht nur im Bezug auf Alkohol, Rauchen und psychische Erkrankungen deutlich höhere Erkrankungsrisiken besitzt, sondern auch bei anderen Erkrankungen bzw. Unfällen etc. ein erhöhtes Risiko besteht. Dies würde bedeuten, dass die durchschnittlichen Ausgaben für diese Risikogruppe auch bei anderen Erkrankungen und Unfällen höher liegt als der angegebene Durchschnittswert von 2.840 € pro Jahr und Person.

Im Rahmen ihrer Zielsetzung, der Förderung der Eigenverantwortlichkeit und Persönlichkeitsentwicklung der jungen Menschen, könnte Jugendhilfe hierbei einen Beitrag leisten zu einem verbesserten gesundheitsbezogenen Verhalten und somit allgemeine Krankheitskosten reduzieren. Bei einem erfolgreichen Verlauf der Jugendhilfe wird daher eine jährliche Einsparung von 10% der durchschnittlichen Gesundheitsausgaben pro Kopf angenommen.

Als Modellgleichung dieses Untermodells wird formuliert:

$$(15) \quad \Delta K_{SG/m} = s_{G/m} * K_{SG/Jahr} * t_G * \Delta r K I_{SG}$$

Dabei bedeutet $\Delta r K I_{SG}$ die Veränderung des relativen Kostenindex im Bereich der sonstigen allgemeinen Krankheiten. Dieser wird für die vorliegende Schätzung mit $\Delta r K I_{SG} = 0{,}1$ angesetzt.

Auch hier werden wiederum die bereits dargestellten Erfolgsindikatoren im Bereich Gesundheit verwendet.

In der folgenden Tabelle 15 werden die ermittelten und angenommenen Werte der Parameter der Modellgleichung (15) dargestellt, bevor anschließend die Ergebnisse der Schätzungen für dieses Partialmodell berichtet werden.

Parameter	JULE Männer	JULE Frauen	JES Männer	JES Frauen	Katamnese-Studie
ΔrKI_{SG}	0,1	0,1	0,1	0,1	0,1
t_G	50	50	50	50	50
$K_{SG/Jahr}$	2.840 €	2.840 €	2.840 €	2.840 €	2.840 €
$s_{G/m}$	0,570	0,639	0,482	0,482	0,600

Tabelle15: Partialmodell 2: Gesundheit – Darstellung der Parameterwerte Kosten der sonstigen allgemeinen Krankheiten

Nach Einsetzen dieser Parameterwerte in Modellgleichung (15) ergeben sich die in Abbildung 30 gezeigten Ergebnisse.

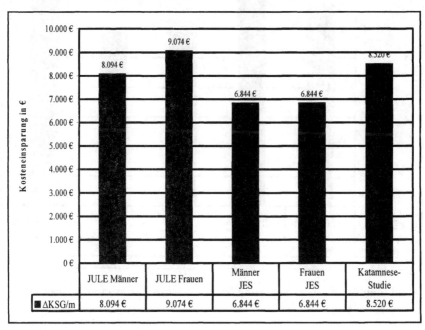

Abbildung 30: Partialmodell 2: Kosteneinsparungen im Bereich der sonstigen allgemeinen Krankheiten

Zusätzlich zu den aus der Abbildung ersichtlichen Gesamteinsparungen über 50 Jahre hinweg, sollen auch hier die jährlichen Kosten benannt werden. Die jährlichen Einsparungen im Bereich der Kosten der sonstigen allgemeinen Krankheiten werden dabei geschätzt für die Studie JULE-Männer in Höhe von 162 €. Für JULE–Frauen beträgt diese Schätzung 181 €, für JES–Männer und Frauen jeweils 137 € sowie für die Katamnesestudie 170 €. Der Wert der 1. Ableitung der Gleichung (15) nach dem Erfolgsindikator ($s_{G/m}$) beträgt dabei für alle Studien in gleicher Weise 14.200 €.

Ergebnis des gesamten Partialmodells Gesundheit
Die zuvor beschriebenen Schätzungen der Untermodelle im Bereich Gesundheit werden zusammengefasst in der folgenden Abbildung 31 dargestellt.

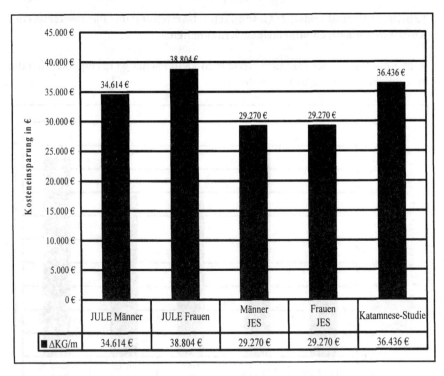

Abbildung 31: Kosteneinsparung im Bereich des Partialmodell Gesundheit
- Gesamtergebnis

Dabei ergibt sich die Modellgleichung für das gesamte Partialmodell Gesundheit als Summe der Untermodelle:

(16) $\Delta K_{G/m} = \Delta K_{PG/m} + \Delta K_{AG/m} + \Delta K_{RG/m} + \Delta K_{SG/m}$

Jugendhilfe führt somit im gesamten Partialmodell Gesundheit zu den in der Abbildung gezeigten Gesamteinsparungen über 50 Jahre hinweg. Die jährlichen Einsparungen im Bereich des Partialmodells Gesundheit werden dabei geschätzt für die Studie JULE-Männer in Höhe von 692,28 €. Für JULE–Frauen beträgt diese Schätzung 776,08 €, für JES–Männer und Frauen jeweils 585,40 € sowie für die Katamnesestudie 728,71 €. Der Wert der 1. Ableitung der Gleichung des Partialmodells Gesundheit nach dem Erfolgsindikator ($s_{G/m}$) beträgt dabei für alle Studien in gleicher Weise 60.726 €.

6.4.3. Partialmodell: Jugendhilfe und Strafdelikte

Relevante empirische Ergebnisse
Über die volkswirtschaftlichen Kosten der Kriminalität in Deutschland liegen bisher kaum Schätzungen und gesicherte Zahlen vor. Nach Entorf & Spengler (2002) schätzen die meisten Ökonomen die Kosten der Kriminalität auf vier bis sechs Prozent des Bruttoinlandsprodukts (BIP). Hierbei werden Kosten in Form der unmittelbaren Eigentumsverluste der Opfer, Kosten für medizinische Behandlung, Ausgaben des Staates für Kriminalitätsbekämpfung und –prävention angegeben. Aber auch Kosten infolge Arbeitsunfähigkeit und psychischen Schädigungen von Kriminalitätsopfern zählen hierzu.
Werden diese Angaben auf das Bruttoinlandsprodukt des Jahres 2003 bezogen, so ergeben sich jährliche Kosten der Kriminalität für Deutschland in Höhe von ca. 84,4 Mrd. € bis 126 Mrd. €.
Im bundesweiten Konstanzer Inventar Kriminalitätsentwicklung (Heinz, 2002) werden für das Jahr 2000 die polizeilich bekannt gewordenen Straftaten mit 5.074.482 Fällen angegeben. Dabei werden 2.680.570 Taten aufgeklärt (52 % Aufklärungsquote) und 669.807 Personen abgeurteilt.
Berechnet man anhand der berichteten Werte die Kosten der Kriminalität je polizeilich bekannt gewordener Straftat, so ergeben sich Kosten je Tat mit einer Bandbreite von 16.632 € bis 24.830 € und einem Mittelwert von 20.790 €.
In den USA ermittelten Miller, Cohen & Wiersema (1996) für das Jahr 1993 die durchschnittlichen Kosten von Straftaten, in Abhängigkeit der Schwere der Delikte, mit einer Spanne zwischen 370 $ und 99.000 $ je Straftat.
Browa et al. (Bundesministerium für Arbeit und Sozialordnung 1981, S.173) schätzten im Jahre 1981 die damaligen volkswirtschaftlichen Kosten je Delikt (zu Preisen von 1976) auf 17.700 DM, bestehend aus privaten Schutz-maßnahmen (1000 DM), Kosten der Polizei, Staatsanwaltschaft und Gericht (2700 DM), sowie Haft und Vollzugskosten (14000DM). Berücksichtigt man

den Anstieg des Preisniveaus so würden dies im Jahre 2003 Gesamtkosten in Höhe von ca. 17.719 € bedeuten.

Aufgrund der Aktualität der Daten wird für die Schätzung der Kosten je Straftat ein mittlerer Wert von 20.790 € als Schätzwert angenommen.

Ebenso wie in den zuvor beschriebenen Partialmodellen liegen auch hier sichere Erkenntnisse über Effekte von Heimerziehung auf das Legalverhalten junger Menschen in der Heimerziehung nicht vor. Hierbei resultiert die Schwierigkeit vor allem auch darin, dass nur wenig über das potentielle Legalverhalten der Jugendlichen ausgesagt werden kann, wenn diese nicht in der Jugendhilfe gewesen wären. Eisenberg (2000) stellt in seinem Kriminologie-Lehrbuch fest, dass kriminologische, empirische Befunde bezüglich Personen, denen die „Voraussetzungen nach §34 KJHG zuerkannt wurden", nicht vorliegen (S.47). Er verweist jedoch darauf, dass diese Personengruppe ein deutlich erhöhtes Risiko besitzt, strafrechtlich auffällig zu werden. Jugendliche und Heranwachsende besitzen gegenüber Erwachsenen ein deutlich erhöhtes Risiko, strafrechtlich tatverdächtig oder verurteilt zu werden (Heinz, 2002).

In der JULE-Studie (BMFSFJ, 1998) sind vor und während des Heimaufenthalts bereits 31% mit Delikten auffällig geworden. Auch im Anschluss an die Heimerziehung (bis 2,5 Jahre danach) fallen 26,3 % mit Delikten auf. Die Wahrscheinlichkeit nach Heimerziehung neu auffällig zu werden liegt dabei bei 12%. Die Wahrscheinlichkeit nach der Heimerziehung wieder auffällig zu werden, nachdem man bereits zuvor oder während Heimerziehung auffällig war, lag bei 54,5% (eigene Berechnung anhand der veröffentlichten Zahlen).

Bürger (1990) benennt eine Quote von 58,6% Auffälliger nach Heimerziehung.

In der JES-Studie (BMFSFJ, 2002) wurde ein Anteil von 28 % der Stichprobe genannt, die bereits vor Hilfebeginn strafrechtlich auffällig geworden waren.

Weiter ist interessant, dass sowohl in der Studie „Erfolg und Misserfolg in der Heimerziehung" (Landeswohlfahrtsverband Baden, 2000) als auch in der Studie von Bürger, die Wahrscheinlichkeit auffällig zu werden statistisch im ersten Jahr nach Heimerziehung am höchsten ist (25-29%) und dann kontinuierlich abnimmt (nach 4 Jahren nur noch 6%). Dies spricht für die von der Studie „Erfolg und Misserfolg in der Heimerziehung" (Landeswohlfahrtsverband Baden, 2000) gemachte Empfehlung einer Nachbetreuung nach Heimerziehung, um das Deliktrisiko weiter zu reduzieren. Die in den genannten Untersuchungen dargestellten Befunde sind jedoch nicht eindeutig. So werden bei JULE in der Erfolgsbeurteilung der Maßnahmen 78,9% der Hilfeverläufe im Bereich Legalverhalten als positiv und 4,6% als in Ansätzen positiv dargestellt. Andererseits lässt sich dieses Ergebnis in den Deliktzahlen vor, während und nach Heimerziehung nicht klar nachvollziehen.

Modellentwicklung

Ein sehr einfaches Modell des Zusammenhangs von Jugendhilfe und späterer Delinquenz kann dergestalt beschrieben werden, dass erfolgreiche Jugendhilfemaßnahmen die durchschnittliche Anzahl der Delikte im weiteren Lebenslauf eines jungen Menschen senkt. Ansonsten wäre die Einschätzung einer positiven Entwicklung im Bereich des Legalverhaltens fraglich, wenn sich diese nicht in der Anzahl der begangenen Delikte niederschlagen würde.

Modellgleichung und zusätzliche Annahmen

Als Modellgleichung des Partialmodells Delinquenz kann formuliert werden:

$$(17) \quad \Delta K_{D/m} = s_{D/m} * K_S * \Delta Z_S$$

Die Veränderung der Kosten der Delinquenz durch eine Maßnahme ($\Delta K_{D/m}$) ergibt sich dabei aus dem Produkt des Maßnahmenerfolgs ($s_{D/m}$) mit den Kosten je Straftat (K_S) sowie mit der bei einer erfolgreichen Maßnahme durchschnittlich reduzierten Anzahl an Straftaten (ΔZ_S).

Für die JULE-Studie und die JES-Studie wird dabei in Ermangelung entsprechender Daten angenommen, dass erfolgreiche Heimerziehung die durchschnittliche Anzahl der Delikte im weiteren Lebensverlauf eines jungen Menschen zumindest um einen Delikt senkt ($\Delta Z_S = 1$). Diese Annahme erscheint plausibel, da ansonsten die Einschätzung einer positiven Entwicklung im Bereich des Legalverhaltens fraglich wäre.

Für die JULE-Studie wird als Erfolgsindikator ($s_{D/m}$) die Bewertung der Entwicklung des jungen Menschen im Bereich Legalverhalten herangezogen (BMFSFJ, 1998, S.145).

Auf einer vierstufigen Bewertungsskala wurden positive, in Ansätzen positive Verläufe sowie Verläufe ohne maßgebliche Veränderung und negative Verläufe unterschieden. Für die Schätzung werden lediglich die erste Stufe, d.h. die „positiven" Verläufe als Erfolgsquote betrachtet. Hierbei werden von der Studie bei 85,0 % der weiblichen jungen Menschen und 73,9 % der männlichen jungen Menschen positive Verläufe im Bereich Legalverhalten festgestellt.

Bei der JES-Studie wird als deren Erfolgsindikator wiederum das Mittel aller Differenzmaße für den Bereich Heimerziehung herangezogen ($s_{D/m}$ = 0,482) (BMFSFJ, 2002, S. 396).

Im Bereich des Legalverhaltens wurde in der Katamnesestudie ein uneingeschränkter Maßnahmenerfolg bei 47,7 % der untersuchten Jugendlichen festgestellt (LWV Baden, 2000, S. 59). Während die durchschnittliche Anzahl der Einträge im Bundeszentralregister in der Gesamtstichprobe 2,04 Einträge betrug, lag dieser bei den im Bereich des Legalverhaltens nicht erfolgreichen Maßnahmen (mindestens ein Eintrag im Bundeszentralregister) bei 3,68 Straftaten. Bei positiven Verläufen wurde daher angenommen, dass eine entsprechende Anzahl von Straftaten je Jugendlichen verhindert werden konnte.

Darstellung der Parameterwerte
In Tabelle 16 werden die Parameter für die einzelnen Studien dargestellt, welche in die Modellgleichung (17) eingesetzt werden.

Parameter	JULE Männer	JULE Frauen	JES Männer	JES Frauen	Katamnese -Studie
ΔZ_S	1	1	1	1	3,68
K_S	20.790 €	20.790 €	20.790 €	20.790 €	20.790 €
$s_{D/m}$	0,739	0,850	0,482	0,482	0,477

Tabelle16: Partialmodell 3: Delinquenz – Darstellung der Parameterwerte

Ergebnisse
In der Abbildung 32 sind die für dieses Partialmodell ermittelten Ergebnisse für den Gesamtzeitraum grafisch dargestellt.

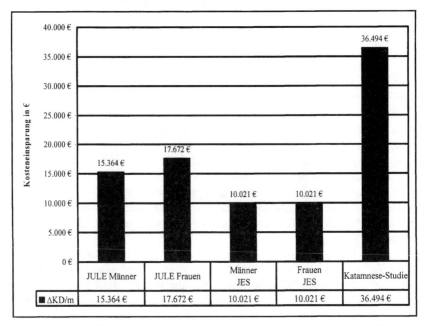

Abbildung 32: Kosteneinsparung im Bereich des Partialmodell Delinquenz

136

An dieser Stelle sollen ebenfalls neben den Gesamteinsparungen die jährlichen Kosteneinsparungen benannt werden. Bei einem Betrachtungszeitraum von 50 Jahren werden die jährlichen Einsparungen im Bereich des Partialmodells Delinquenz geschätzt für die Studie JULE-Männer in Höhe von 307 €. Für JULE–Frauen beträgt diese Schätzung 353 €, für JES–Männer und Frauen jeweils 200 € sowie für die Katamnesestudie 730 €.

Der Wert der 1. Ableitung der Gleichung des Partialmodells Delinquenz nach dem Erfolgsindikator ($s_{D/m}$) beträgt dabei für alle Studien mit Ausnahme der Katamnesestudie 20.790 €. Der entsprechende Wert für die Katamnesestudie beträgt demgegenüber 76.507 €.

6.4.4. Gesamtmodell: Integration der Ergebnisse

In diesem Abschnitt werden die zuvor beschriebenen Ergebnisse der Partialmodelle in das in Abschnitt 6.2.2. entwickelte Gesamtmodell integriert. Zunächst werden hierbei die Modellgleichungen für das Gesamtmodell erläutert. Anschließend folgt beispielhaft für die Studien JULE-Männer und JULE-Frauen eine integrative Darstellung der Einzelergebnisse im Gesamtmodell. Danach wird eine vergleichende Ergebniszusammenfassung der Studien dargestellt. Beendet wird dieser Abschnitt durch eine Sensitivitätsanalyse des Modells hinsichtlich der Kosten und Erfolgsindikatoren.

Modellgleichungen des Gesamtmodells

Aus den einzelnen Modellgleichungen der Partialmodelle ergeben sich als Modellgleichungen des Gesamtmodells:

(18) $\Delta K_{T/m} = \Delta K_{AL/m} + \Delta K_{G/m} + \Delta K_{D/m} + \Delta K_{Juhi/m}$

(19) $NKD_m = \Delta E_m - \Delta K_{Tm}$

(20) $NKD_m = \Delta E_m - (\Delta K_{AL/m} + \Delta K_{G/m} + \Delta K_{D/m} + \Delta K_{Juhi/m})$

Die Nutzen-Kosten-Differenz einer Maßnahme (NKD_m) ist dabei die Differenz aus dem direkten Nutzengewinn durch zusätzliches Volkseinkommen (ΔE_m) und den Veränderungen der tangiblen Kosten (ΔK_{Tm}) in den Bereichen Arbeitslosigkeit ($\Delta K_{AL/m}$), Gesundheit ($\Delta K_{G/m}$), Delinquenz ($\Delta K_{D/m}$) sowie Jugendhilfe ($\Delta K_{Juhi/m}$). Die Nutzen-Kosten-Relation (NKR_m) ergibt sich wiederum aus dem Verhältnis der Nutzen-Kosten-Differenz (NKD_m) zu den durch die Maßnahme verursachten Kosten ($\Delta K_{Juhi/m}$).

(21) $NKR_m = NKD_m / (\Delta K_{Juhi/m})$

Integration in das Gesamtmodell

Beispielgebend soll an dieser Stelle gezeigt werden, wie die ermittelten Ergebnisse der Partialmodelle in das in Abschnitt 6.2.2. entwickelte Gesamtmodell zu integrieren sind. Dieses Vorgehen wird anhand der Studien JULE-Männer und JULE-Frauen erläutert. Entsprechende Abbildungen für die anderen Studien finden sich aus Gründen der Übersichtlichkeit im Anhang.

In den folgenden Abbildungen 33 und 34 werden zunächst die Schätzungen für die als Kosten bezeichnete Seite der Verwendung des Bruttosozialprodukts, also die volkswirtschaftliche Ausgabenseite dargestellt.

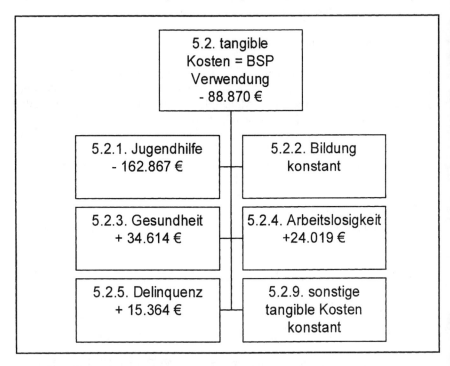

Abbildung 33: Kosten-Nutzen-Analyse der Heimerziehung –
Kostenvergleich für JULE-Studie – Männer

Dabei zeigt sich bei den Männern, dass den Mehrausgaben in Höhe von durchschnittlich 162.867 € im Bereich der Jugendhilfe (in Form der Heimerziehung) geschätzte Minderausgaben im Bereich der Ausgaben für Arbeitslosigkeit von 24.019 €, sowie von 34.614 € im Bereich des Gesundheitswesens und 15.364 € im Bereich der Kosten der Delinquenz im späteren Lebensverlauf gegenüber-stehen. Die Kosten im Bereich des Bildungswesens sowie die weiteren tangiblen Kosten werden in der vorliegenden Analyse nicht berücksichtigt und als konstant, d.h. als durch die Jugendhilfemaßnahme nicht beeinflusst angenommen. Insgesamt ergeben sich geschätzte durchschnittliche volkswirtschaftliche Mehrausgaben in Höhe von -88.870 € je jungem Mann in Heimerziehung in der JULE-Studie über den gesamten Lebenslauf betrachtet.

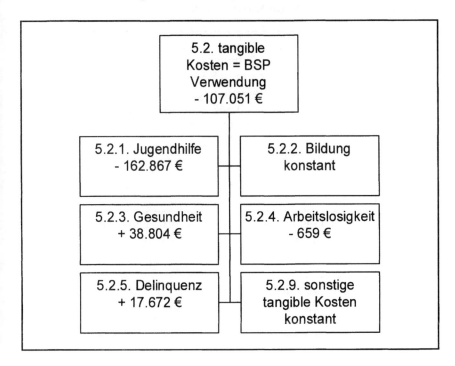

Abbildung 34: Kosten-Nutzen-Analyse der Heimerziehung –
Kostenvergleich für JULE-Studie - Frauen

Bei den Frauen stehen den 162.867 € Mehrausgaben im Bereich der Jugendhilfe geschätzte Minderausgaben im Bereich des Gesundheitswesens von 38.804 € sowie im Bereich der Kosten der Delinquenz von 17.672 € gegenüber. Die im Vergleich zu den Männern erhöhten Minderausgaben in diesen Bereichen lassen sich auf die erhöhten Erfolgsquoten für Frauen der entsprechenden Erfolgsindikatoren zurückführen. Hingegen ergeben sich im Vergleich zu den Männern sogar geringfügige Mehrausgaben im Bereich der Kosten der Arbeitslosigkeit in Höhe von - 659 € im gesamten Lebensverlauf. Dieser Unterschied erklärt sich dadurch, dass im Gegensatz zu den Männern, sich das im Modell durch

Jugendhilfe induzierte, erhöhte Bildungsniveau nicht auf die erwarteten Jahre in Arbeitslosigkeit, sondern in Form einer erhöhten Teilnahme am Erwerbsleben auswirkt.

Neben dem Kostenvergleich erscheint auch eine Betrachtung im Hinblick auf die in der Jugendhilfe eingesetzten Kosten für sinnvoll. In den folgenden Abbildungen 35 und 36 werden die entsprechenden Nutzen-Kosten-Relationen für die Effekte auf die tangiblen Kosten dargestellt.

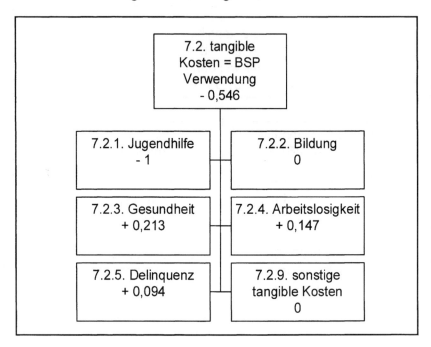

Abbildung 35: Kosten-Nutzen-Analyse der Heimerziehung – Nutzen-Kosten-Relationen der JULE-Männer

Hierbei werden bei den Verhältniszahlen Mehrausgaben mit einem negativen Vorzeichen dargestellt. Minderausgaben werden dazu analog mit einem positiven Vorzeichen belegt. Die in den Schaubildern dargestellten Zahlen können als Effekte einer in der Jugendhilfe ausgegebenen Währungseinheit (1 €) auf die anderen Ausgabenbereiche interpretiert werden. So würden in diesem Modell Mehrausgaben in Höhe von -1 € im Bereich der Jugendhilfe bei Männern zu Minderausgaben im Bereich des Gesundheitswesens von 0,21 €, im Bereich der Arbeitslosigkeit von 0,15 € und im Bereich der Delinquenz von 0,09 € führen. Insgesamt würde auf der Ausgabenseite die Mehrausgaben im Bereich der

140

Jugendhilfe bei Männern um –1 € durch Einsparungseffekte in den anderen Bereichen lediglich zu gesamtwirtschaftlichen Mehrausgaben in Höhe von -0,55 € führen. Das heißt, knapp die Hälfte der Mehrausgaben im Bereich der Jugendhilfe würde durch Minderausgaben in den anderen Bereichen kompensiert. Bei Frauen würden entsprechende Mehrausgaben von –1 € im Bereich der Jugendhilfe durch Minderausgaben im Bereich der Gesundheit von 0,24 € sowie im Bereich der Delinquenz von 0,11 € teilweise kompensiert, die Ausgaben im Bereich der Arbeitslosigkeit bleiben praktisch konstant. Insgesamt ergeben sich aufgrund der teilweisen Kompensation durch Mehrausgaben von – 1 € im Bereich der Jugendhilfe lediglich gesamtwirtschaftliche Mehrausgaben in Höhe von -0,66 € in diesem Modell.

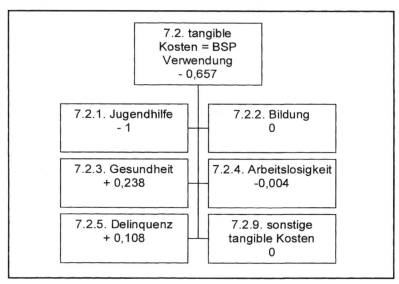

Abbildung 36: Kosten-Nutzen-Analyse der Heimerziehung – Nutzen-Kosten-Relationen der JULE-Frauen

Weiter lassen sich im Bereich des Nutzenvergleichs die Wirkungen von Heimerziehung in den folgenden Abbildungen 37 und 38 darstellen.
Bei Männern ergeben sich im Bereich der tangiblen Kosten Netto-Mehrausgaben (=Mehrausgaben abzüglich Minderausgaben) von geschätzten –88.870 €. Im Bereich der Nutzenseite ist die zusätzliche Entstehung von Volkseinkommen bzw. Sozialprodukt infolge von erhöhter Produktivität und längerer Zeiten in Erwerbstätigkeit verzeichnet. Dies sind bei Männern geschätzte 252.166 € im gesamten Lebensverlauf.

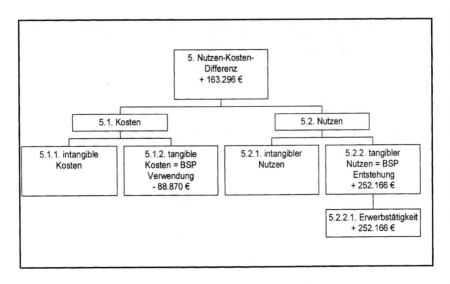

Abbildung 37: Kosten-Nutzen-Vergleich der Heimerziehung bei JULE-Männern

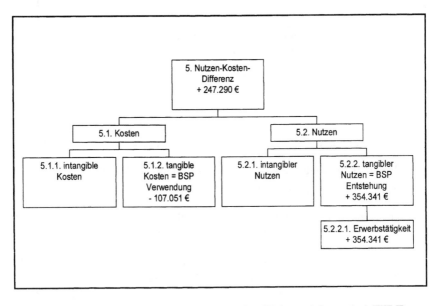

Abbildung 38: Kosten-Nutzen-Vergleich der Heimerziehung bei JULE-Frauen

Als Nutzen-Kosten-Differenz ergibt sich somit für Männer ein durchschnittlicher Nutzengewinn von + 163.296 € je jungem Menschen in Heimerziehung in dieser Studie.

Bei Frauen ergeben sich entsprechend geschätzte Netto-Mehrausgaben im Bereich der tangiblen Kosten in Höhe von −107.051 € je jungem Menschen in Heimerziehung. Diesen Mehrausgaben stehen auf der Nutzenseite +354.341 € an Nutzengewinn durch erhöhte Produktivität und längere Zeiten der Erwerbstätigkeit gegenüber. Insgesamt ergibt sich dadurch eine positive Nutzen-Kosten-Differenz in Höhe + 247.290 € je junger Frau in Heimerziehung in diesem Modell für die JULE-Studie.

Die Nutzen-Kosten-Differenzwerte für Männer und Frauen unterscheiden sich erheblich voneinander. Hierfür verantwortlich erscheinen die unterschiedlichen Beiträge im Bereich der Kosten der Arbeitslosigkeit und des zusätzlichen Volkseinkommens.

In den folgenden Abbildungen 39 und 40 werden die Nutzen-Kosten-Relationen in ihrer Zusammensetzung aus tangiblen Kosten- und Nutzenbeiträgen dargestellt.

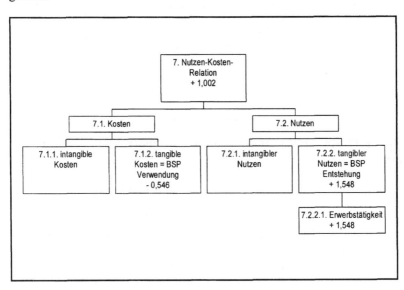

Abbildung 39: Kosten-Nutzen-Relationen der Heimerziehung bei JULE-Männern

Bei Männern zeigen sich bei Mehrausgaben von − 1 € im Bereich der Jugendhilfe durch Heimerziehung geschätzte Netto-Mehrausgaben von -0,55 € im Bereich der tangiblen Kosten. Dem gegenüber werden je eingesetzten € im

Bereich der Heimerziehung durch gesteigerte Produktivität und längere Zeiten der Erwerbstätigkeit 1,55 € an zusätzlichem Volkseinkommen oder Sozialprodukt geschaffen.
Insgesamt ergibt sich in diesem Modell dadurch je eingesetztem € in Bereich der Heimerziehung ein zusätzlicher Nutzengewinn von 1,00 € im weiteren Lebensverlauf, das heißt, der jetzt eingesetzte 1 € wird später mit 2,00 € gesamtwirtschaftlich zurückgezahlt.

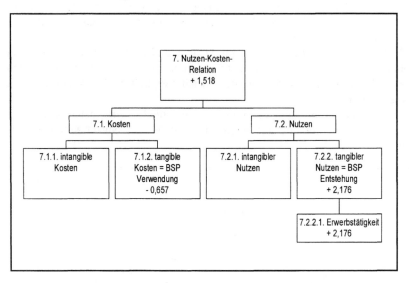

Abbildung 40: Kosten-Nutzen-Relationen der Heimerziehung bei JULE-Frauen

Bei Frauen entstehen bei Mehrausgaben von − 1 € im Bereich der Jugendhilfe durch Heimerziehung gesamtwirtschaftliche Netto-Mehrausgaben von − 0,66 € im Bereich der tangiblen Kosten. Diesen Mehrausgaben stehen auf der Nutzenseite die durch vermehrte Produktivität und längere Erwerbstätigkeit geschaffene zusätzliche Entstehung von Volkseinkommen oder Sozialprodukt in Höhe von + 2,18 € je eingesetztem € in der Heimerziehung gegenüber. Dies führt in diesem Modell zu einem gesamtwirtschaftlichen Nutzengewinn von 1,52 € bei Frauen je €, der im Bereich der Heimerziehung vorher eingesetzt wurde. Dies bedeutet, dass jeder € der in Heimerziehung bei Frauen ausgegeben wird, später mit 2,52 € der Volkswirtschaft quasi wieder vergütet wird.
Die im Anhang beigefügten Abbildungen (siehe Abschnitte 10.1-10.3) für die anderen Studien lassen sich in gleicher Weise interpretieren. Daher wird an dieser Stelle auf eine Einzelbetrachtung der anderen Studien verzichtet.

Vergleichende Ergebnisdarstellung

Abbildung 41 zeigt im Gesamtüberblick die Ergebnisse der Partialmodelle für die einzelnen Studien.

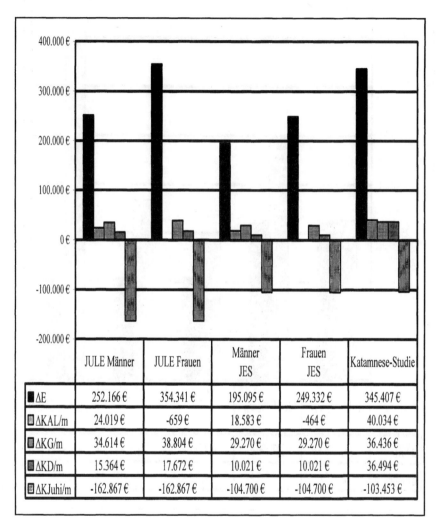

	JULE Männer	JULE Frauen	Männer JES	Frauen JES	Katamnese-Studie
■ ΔE	252.166 €	354.341 €	195.095 €	249.332 €	345.407 €
▦ ΔKAL/m	24.019 €	-659 €	18.583 €	-464 €	40.034 €
▦ ΔKG/m	34.614 €	38.804 €	29.270 €	29.270 €	36.436 €
▦ ΔKD/m	15.364 €	17.672 €	10.021 €	10.021 €	36.494 €
▦ ΔKJuhi/m	-162.867 €	-162.867 €	-104.700 €	-104.700 €	-103.453 €

Abbildung 41: Ergebnisse der Partialmodelle im Überblick

Zusammengefasst zur Nutzen-Kosten-Differenz ergibt sich in einer Darstellung von Nutzen-Kosten-Differenz und Maßnahmekosten die folgende Abbildung 42.

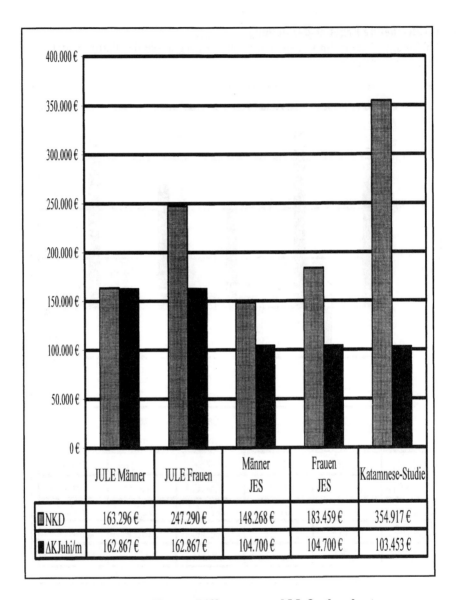

	JULE Männer	JULE Frauen	Männer JES	Frauen JES	Katamnese-Studie
▣ NKD	163.296 €	247.290 €	148.268 €	183.459 €	354.917 €
■ ΔKJuhi/m	162.867 €	162.867 €	104.700 €	104.700 €	103.453 €

Abbildung 42: Nutzen-Kosten-Differenzen und Maßnahmekosten

Aus den Nutzen-Kosten-Differenzen und den Maßnahmenkosten lassen sich mittels Gleichung (21) die Nutzen-Kosten-Relationen bestimmen, die in Abbildung 43 zusammengefasst dargestellt sind.

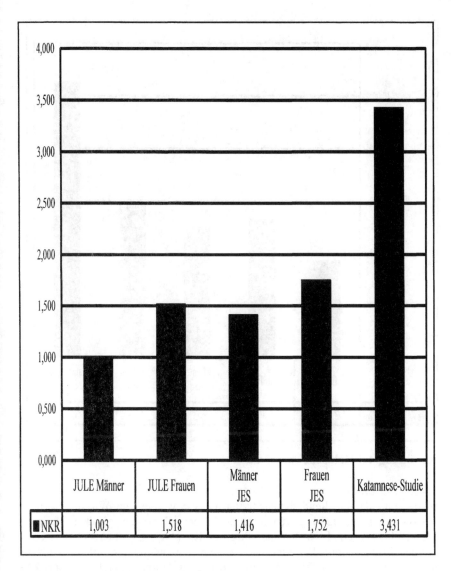

	JULE Männer	JULE Frauen	Männer JES	Frauen JES	Katamnese-Studie
■ NKR	1,003	1,518	1,416	1,752	3,431

Abbildung 43: Nutzen-Kosten-Relationen

Aus diesen Ergebnissen lassen sich schließlich kritische Zinssätze berechen, die angeben, bis zu welchem Zinssatz sich eine Fremdfinanzierung der Maßnahme durch vollständige Kreditfinanzierung gerade noch lohnen würde. Diese Zinssätze sind in Abbildung 44 zu finden.

147

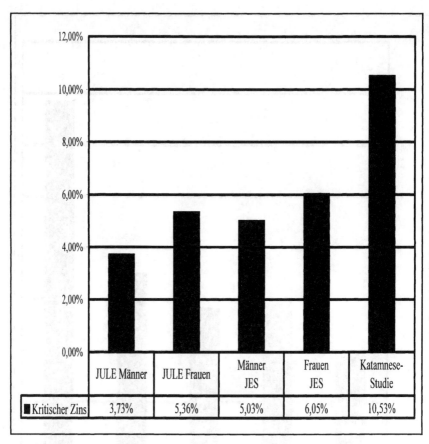

	JULE Männer	JULE Frauen	Männer JES	Frauen JES	Katamnese-Studie
■ Kritischer Zins	3,73%	5,36%	5,03%	6,05%	10,53%

Abbildung 44: Kritische Zinssätze

Sensitivitätsanalyse
In der nun darzustellenden Sensitivitätsanalyse werden die Wirkungen einer Veränderung der durch Jugendhilfe direkt beeinflussbaren Größen Maßnahmenerfolg (s_m) und Kosten der Jugendhilfe $(\Delta K_{Juhi/m})$ untersucht. Hierbei werden insbesondere die Wirkungen solcher Veränderungen auf die Nutzen-Kosten-Differenz (NKD), die Nutzen-Kosten-Relation (NKR) und den kritischen Zinssatz erörtert.

Veränderungen des Maßnahmenerfolgs
Die Wirkung von Veränderungen des Maßnahmenerfolgs soll an zwei Fallbeispielen verdeutlicht werden.

Fallbeispiel 1

Im ersten Fallbeispiel wird die Frage untersucht, welche Effekte für die Ergebnisse der JES-Studie resultieren würden, wenn der Erfolgsindikator „Mittel aller Differenzmaße" (s_m = 0,482) hin zum auch genannten Erfolgsindikator „Mittlerer Grad der Zielerreichung" (s_m = 0,625) verändert werden würde.

Da in jedem Partialmodell für die JES-Studie derselbe Erfolgsindikator gewählt wurde und dieser jeweils multiplikativ mit den anderen Faktoren verknüpft war, lässt sich die Auswirkung auf das Gesamtmodell wie folgt darstellen:

(22) $\Delta NKD_m/\Delta\ s_m = \Delta E_m/\Delta\ s_m - \Delta K_{AL/m}/\Delta\ s_m - \Delta K_{G/m}/\Delta\ s_m - \Delta K_{D/m}/\Delta\ s_m$

Dabei ergeben sich aus den bereits dargestellten Ergebnissen der Partialmodelle folgende in Tabelle 17 aufgeführten Werte.

Parameter	JES Männer	JES Frauen
$\Delta E_m/\Delta\ s_m$	404.761 €	517.286 €
$\Delta K_{AL/m}/\Delta\ s_m$	38.554 €	- 962 €
$\Delta K_{G/m}/\Delta\ s_m$	60.726 €	60.726 €
$\Delta K_{D/m}/\Delta\ s_m$	20.790 €	20.790 €
Summe $\Delta NKD_m/\Delta\ s_m$	524.831 €	597.840 €

Tabelle 17: Darstellung der 1.Ableitungen der Modellgleichungen für JES

Diese Summenwerte stellen die maximal möglichen positiven Nutzeneffekte (bei s_m = 1) dar, von denen noch die Kosten der Jugendhilfe abgezogen werden müssen, um die Nutzen-Kosten-Differenz zu erhalten.

Als weitere Modellgleichungen für die JES-Studie ergeben sich damit:

(23) JES-Männer: NKD_m = 524.831 € * s_m – 104.700 €

(24) JES-Frauen: NKD_m = 597.840 € * s_m – 104.700 €

und weiter ergeben sich als Gleichungen für die Nutzen-Kosten-Relationen:

(25) JES-Männer: NKR_m = 5,013 * s_m – 1

(26) JES-Frauen: NKR_m = 5,710 * s_m – 1

Setzt man statt (s_m = 0,482) nun (s_m = 0,625) so ergeben sich die in den Abbildungen 45 bis 47 dargestellten Veränderungen.

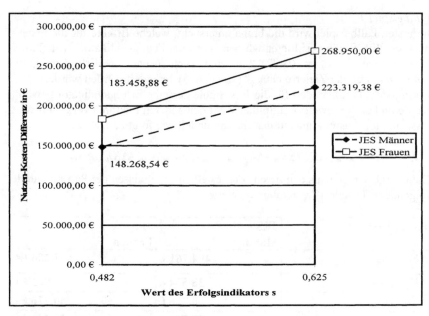

Abbildung 45: Nutzen-Kosten-Differenzen bei verschiedenen Erfolgsindikatoren

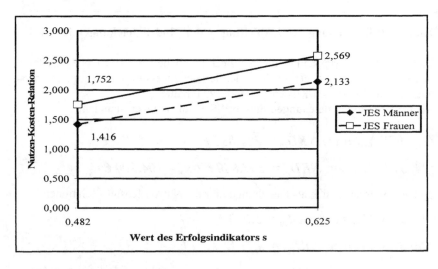

Abbildung 46: Nutzen-Kosten-Relationen bei verschiedenen Erfolgsindikatoren

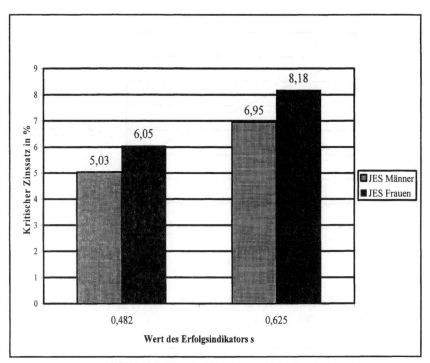

Abbildung 47: Kritische Zinssätze bei verschiedenen Erfolgsindikatoren

Aus den Abbildungen lässt sich eine deutliche Steigerung der Werte bei Steigerung des Maßnahmenerfolgs entnehmen.

Fallbeispiel 2
Im zweiten Fallbeispiel soll der Einfluss methodischer Probleme auf die Ergebnisse veranschaulicht werden. So haben in der Katamnesestudie von 276 angeschriebenen ehemaligen Heimbewohnern lediglich 122 an der Befragung teilgenommen. Man könnte vermuten, dass eine selektiv positive Auswahl der Stichprobe hierbei stattgefunden hat.
Berücksichtigt man dies bei der Wahl des Erfolgsindikators, so ist dieser gegebenenfalls zu vermindern. Nimmt man an, dass alle Non-Responder zu den ungünstigen Verläufen gehören, so würden sich die jeweiligen Erfolgsindikatoren um den Faktor 0,442 (=122/276) verringern (nicht bei Partialmodell Delinquenz, da dort N=276).
Möglicherweise liegt aber auch eine solche extreme Verzerrung nicht vor, sondern der wahre Wert liegt dazwischen. In den Abbildungen 48 bis 50 sind die entsprechenden Ergebnisse hierfür dargestellt.

151

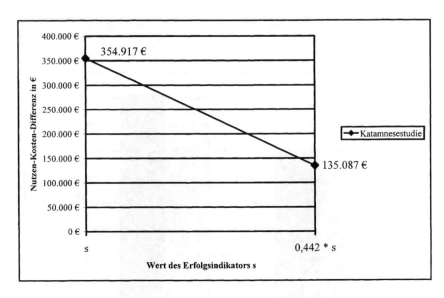

Abbildung 48: Nutzen-Kosten-Differenzen bei verschiedenen Erfolgsindikatoren

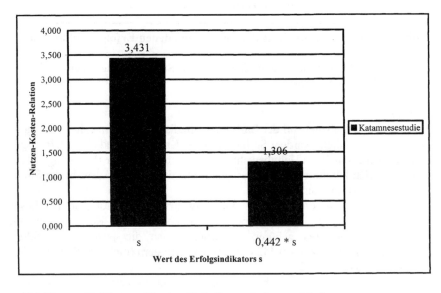

Abbildung 49: Nutzen-Kosten-Relationen bei verschiedenen Erfolgsindikatoren

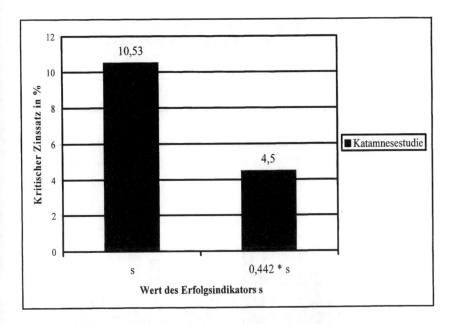

Abbildung 50: Kritische Zinssätze bei verschiedenen Erfolgsindikatoren

Aus den Abbildungen wird eine deutliche Verringerung der Werte bei Verminderung der Erfolgsindikatoren sichtbar.

Veränderung der Maßnahmenkosten
Wie in dem Abschnitt 6.2.1. beschrieben existieren zwei unterschiedliche Schätzungen für die durchschnittlichen, jährlichen Kosten je Hilfe. In der Folge soll gezeigt werden, wie sich die Ergebnisse ändern, wenn sich die jährlichen Maßnahmekosten von 46.533,47 € (empirisch ermittelte Schätzung) hin zu 36.704 € (statistisch ermittelte Schätzung) bewegen. Eine Veränderung (d.h. hier Verringerung) der Maßnahmekosten ($\Delta K_{Juhi/m}$) unter sonst gleichen Bedingungen (ceteris paribus) verändert (d.h. hier erhöht) die Nutzen-Kosten-Differenz ebenfalls um den gleichen Wert. Die Nutzen-Kosten-Relation in Abhängigkeit der Maßnahmekosten lässt sich für die JES-Studie ausdrücken:

(27) JES-Männer: $NKR_m = (252.968 \text{ €} - K_{Juhi/m}) / K_{Juhi/m}$

(28) JES-Frauen: $NKR_m = (288.159 \text{ €} - K_{Juhi/m}) / K_{Juhi/m}$

Insgesamt ergeben sich für die Studien bei Berücksichtigung der statistisch ermittelten Kosten je Hilfe statt der empirisch ermittelten Kosten je Hilfe die in den Abbildungen 51 bis 53 dargestellten Ergebnisse.

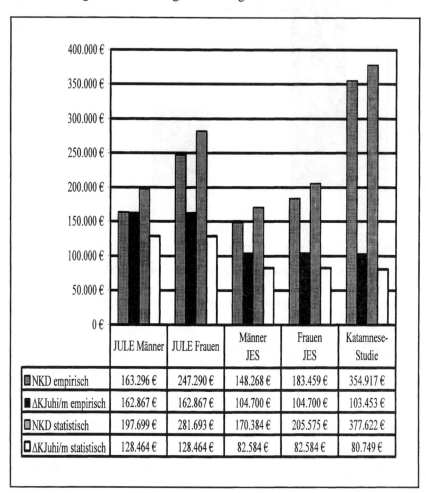

	JULE Männer	JULE Frauen	Männer JES	Frauen JES	Katamnese-Studie
NKD empirisch	163.296 €	247.290 €	148.268 €	183.459 €	354.917 €
ΔKJuhi/m empirisch	162.867 €	162.867 €	104.700 €	104.700 €	103.453 €
NKD statistisch	197.699 €	281.693 €	170.384 €	205.575 €	377.622 €
ΔKJuhi/m statistisch	128.464 €	128.464 €	82.584 €	82.584 €	80.749 €

Abbildung 51: Vergleich Nutzen-Kosten-Differenzen und Maßnahmekosten

Ein Vergleich der auf unterschiedlichen Maßnahmenkosten basierenden Schätzungen zeigt bei Annahme der statistischen gegenüber der empirischen Schätzung eine deutliche Steigerung der Nutzen-Kosten-Differenzen, der Nutzen-Kosten-Relationen sowie der kritischen Zinssätze bei allen Studien.

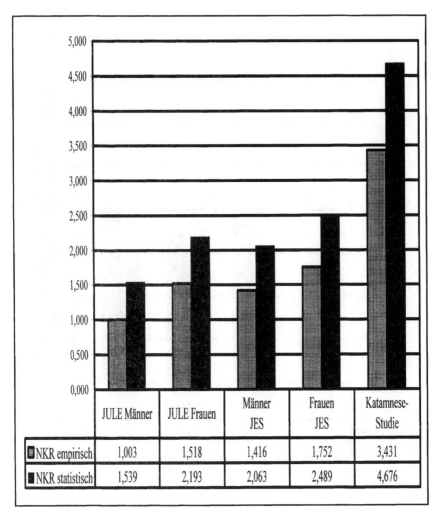

	JULE Männer	JULE Frauen	Männer JES	Frauen JES	Katamnese-Studie
▣ NKR empirisch	1,003	1,518	1,416	1,752	3,431
■ NKR statistisch	1,539	2,193	2,063	2,489	4,676

Abbildung 52: Vergleich der Nutzen-Kosten-Relationen

Betrachtet man den Erfolgsindikator (s_m) als abhängig und damit als eine Funktion der Maßnahmekosten, so könnten weitere Gleichungen in Abhängigkeit des Erfolgsindikators und der Maßnahmekosten entwickelt werden. a bisher jedoch keine Funktion des Erfolgsindikators in Abhängigkeit der Kosten der Maßnahme beschrieben bzw. empirisch geschätzt werden konnte, können keine Aussagen über den optimalen Wert der Nutzen-Kosten-Relation getroffen werden. Hier ergeben sich jedoch Ansatzpunkte für weitere Forschungen.

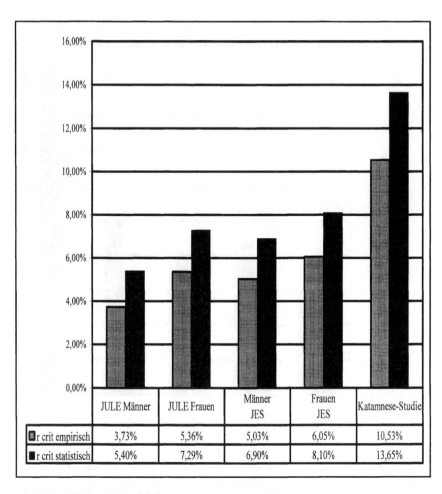

	JULE Männer	JULE Frauen	Männer JES	Frauen JES	Katamnese-Studie
r crit empirisch	3,73%	5,36%	5,03%	6,05%	10,53%
r crit statistisch	5,40%	7,29%	6,90%	8,10%	13,65%

Abbildung 53: Vergleich der kritischen Zinssätze

156

7. Diskussion der Ergebnisse

Die Diskussion der dargestellten Ergebnisse gliedert sich in vier aufeinander aufbauende Bereiche. Zunächst werden die im vorangegangenen Kapitel dargestellten Ergebnisse interpretiert, entsprechende Aussagen und mögliche Schlussfolgerungen dargestellt. Der zweite Abschnitt des Kapitels beschreibt die Möglichkeiten und Grenzen der angewandten Methodik der Kosten-Nutzen-Analyse und den zusätzlichen Nutzen der Vorgehensweise. Aber auch die Schwächen in der konkreten Durchführung der Analyse werden diskutiert. Daran anschließend werden Aussagemöglichkeiten und Implikationen der Ergebnisse für die Jugendhilfepraxis beschrieben. Hierbei werden theoretische Schlussfolgerungen aus dem Humankapitalansatz und der Entwicklungspsychopathologie in die Überlegungen mit einbezogen.

Schließlich werden im Ausblick sich aus der vorliegenden Arbeit ergebende, mögliche zukünftige Forschungsstrategien aber auch Anwendungsmöglichkeiten in der konkreten Jugendhilfepraxis erörtert.

7.1. Interpretation der Ergebnisse

Unbeschadet der in Abschnitt 7.2. zu diskutierenden methodischen Begrenzungen der Untersuchung lassen sich eine Vielzahl interessanter Interpretationen und Schlussfolgerungen aus den Ergebnissen ableiten. Der Vergleich und die Interpretation der Ergebnisse werden anhand dreier Indikatoren erfolgen. Diese sind die Nutzen-Kosten-Differenz, die Nutzen-Kosten-Relation sowie der Kritische Zinssatz.

7.1.1. Interpretation auf der Basis der Nutzen-Kosten-Differenz

Die Nutzen-Kosten-Differenz gibt an, in welcher Höhe der Gesamtgesellschaft durch die Maßnahme ein so genannter Nutzengewinn oder Netto-Nutzen entstanden ist. Der Netto-Nutzen ist hierbei der zusätzliche Nutzen, der der Gesellschaft entstanden ist, nachdem die für die Maßnahme aufgewendeten Mittel (= Kosten) abgezogen worden sind.

Betrachtet man die Ergebnisse aller fünf Studien, so zeigt sich durchweg ein beträchtlicher Nutzengewinn bzw. Netto-Nutzen für die Gesellschaft. Die Werte variieren hierbei zwischen ca. 150.000 € bis ca. 350.000 € im Lebensverlauf des jungen Menschen je nach Studie. Die entsprechenden Werte sind in Abbildung 42 (S. 146) dargestellt.

Jugendhilfe und hier Heimerziehung haben demnach für die Gesamtgesellschaft deutlich positive tangible Nutzen-Effekte. Die eingesetzten Mittel für Jugendhilfe flossen zumindest in doppelter Höhe der Gesellschaft als Nutzen wieder zu, so dass ein erheblicher Netto-Nutzen bzw. Nutzengewinn entstand. Dieses Ergebnis erscheint umso erfreulicher, da nur rein wirtschaftliche Effekte in die Analyse einbezogen wurden und Aspekte der Lebensqualität sowie ideelle und ethische Gesichtspunkte nicht berücksichtigt wurden. Die weiterhin bestehenden intangiblen (d.h. nicht monetär bewerteten) Effekte in diesen Bereichen bilden somit einen weiteren, nicht quantifizierten Nutzengewinn für die Gesellschaft.

Die tangiblen, d.h. monetär bewerteten, positiven Effekte lassen sich zu einem überwiegenden Teil aus Einkommenseffekten beschreiben, die durch eine erhöhte Zeitdauer der Erwerbstätigkeit sowie einer erhöhten Produktivität aufgrund verbesserter Ausbildungs- und Bildungsabschlüsse begründet sind (siehe auch Abbildung 41, S. 145).

Hingegen erscheinen die positiven Effekte in Form reduzierter Ausgaben (= Kosteneinsparungen) in den Bereichen Arbeitslosigkeit, Gesundheit und Delinquenz eher bescheiden. Mit Ausnahme der Katamnesestudie decken die Kosteneinsparungen in diesen Bereichen die Kosten der Jugendhilfe für die durchgeführte Maßnahme nicht ab. Hier ergeben sich bei den tangiblen Kosten jeweils negative Ausgabenbilanzen. Lediglich bei der Katamnesestudie ergab sich eine positive Ausgabenbilanz, d.h. die zusätzlich für Heimerziehung aufgewendeten Mittel konnten bereits durch reduzierte Folgeausgaben in den anderen Bereichen mehr als kompensiert werden.

Insofern ergab sich für die Katamnesestudie auch die deutlich beste Nutzen-Kosten-Differenz. Interessant erscheint hierbei, dass die in der Katamnesestudie untersuchte Einrichtung einen besonderen Arbeitsschwerpunkt im Bereich der Ausbildung und Berufsausbildung hat. Sie erzielte in den Partialmodellen Erwerbstätigkeit und Arbeitslosigkeit ebenfalls die besten Ergebnisse.

Betrachtet man die Ergebnisse für die Studien JULE und JES, so zeigen sich bei Frauen jeweils höhere Nutzen-Kosten-Differenzen aufgrund deutlich höherer Einkommenseffekte als bei Männern. Diese Einkommenseffekte sind vor allem Ergebnis einer deutlich längeren Zeit der Erwerbstätigkeit bei Frauen.

Bemerkenswert ist auch, dass die erzielten positiven Nutzeneffekte, wie auch die hierfür eingesetzten Mittel, bei der JULE-Studie deutlich höher als bei der JES-Studie waren. Ebenfalls lag die Verweildauer bei der JULE-Studie deutlich höher als bei der JES-Studie.

Eine Interpretationsmöglichkeit dieser Befunde besteht in der Folgerung bzw. Annahme, dass eine längere Verweildauer zwar zu höheren Maßnahmekosten führt, jedoch auch sich ein deutlich höherer Nutzengewinn (= Nutzen-Kosten-Differenz) ergibt, der die zusätzlichen Maßnahmekosten mehr als kompensiert.

Dies spräche zunächst möglicherweise für eine relativ längere Verweildauer der jungen Menschen in den Einrichtungen.
Eine solche Interpretation soll jedoch nun anhand des zweiten Indikators, der Nutzen-Kosten-Relation relativiert werden.

7.1.2. Interpretation anhand der Nutzen-Kosten-Relation

Die Nutzen-Kosten-Relation gibt das Verhältnis der Nutzen-Kosten-Differenz zu den eingesetzten Mitteln (= Maßnahmekosten) an und lässt sich als Nutzengewinn je eingesetztem € (= Mitteleinheit) interpretieren. Anhand der Nutzen-Kosten-Relation kann aus ökonomischer Sicht entschieden werden, wie begrenzte Mittel so einzusetzen sind, dass der Gesellschaft ein maximaler Nutzengewinn entsteht.

Betrachtet man die in Abbildung 43 (S. 147) dargestellten Nutzen-Kosten-Relationen, so ergibt sich folgende bedeutsame Rangfolge der einzelnen Studien.

Bei der Katamnesestudie (männliche Jugendliche, Schwerpunkt Ausbildung und Berufsausbildung) ergibt sich der deutlich beste Wert der Nutzen-Kosten-Relation mit 3,43 € Nutzengewinn je in die Maßnahme eingesetztem €. Dies bedeutet, dass jeder in die Maßnahme investierte € mit 4,34 € der Gesellschaft zurückbezahlt wird. Ein entsprechend in Jugendhilfe investierter € erscheint in dieser Betrachtung als sehr gut angelegt. Anzumerken ist hierbei auch, dass die Katamnesestudie die kürzeste Verweildauer der beteiligten Studien aufwies. Da in der Katamnesestudie jedoch nur Daten aus einer Einrichtung berücksichtigt werden (im Gegensatz zur JULE-Studie und JES-Studie), erscheint hier eine Verallgemeinerung besonders schwierig.

An zweiter und dritter Stelle der Rangreihe rangieren jeweils die Frauen der JES-Studie (NKR=1,752) bzw. die Frauen der JULE-Studie (NKR=1,518). An vierter und fünfter Stelle folgen die Männer der JES-Studie (NKR=1,416) sowie die Männer der JULE-Studie (NKR=1,003).

Sieht man von der Katamnesestudie ab, so könnte vermutet werden, dass sich eine Investition in Heimerziehung für Frauen eher lohnen könnte als für Männer. Ebenfalls scheint sich ein (jedoch etwas schwächerer) Effekt der Verweildauer zu ergeben. Kürzere und damit mit geringeren Kosten verbundene Maßnahmen erscheinen effizienter als längere Maßnahmen unter dem Blickwinkel der Nutzen-Kosten-Relation.

Erklärbar wären die hier und unter 7.1.1. beschriebenen Ergebnisse mit einem im Maßnahmenverlauf abnehmenden Grenznutzen (=Veränderung des Nutzens nach der Zeit dN/dt).

Zu Beginn einer Maßnahme ergibt sich ein relativ hoher Nutzenzugewinn pro Zeiteinheit. Dieser Nutzenzugewinn pro Zeiteinheit nimmt im Verlauf der

Maßnahme immer weiter ab. Da die Kosten je Zeiteinheit jedoch konstant bleiben, ergeben sich im Zeitverlauf abnehmende Nutzen-Kosten-Relationen. Dieser Annahme im Zeitverlauf abnehmender Grenznutzen und damit Nutzen-Kosten-Relationen ist jedoch durch empirische Befunde aus der EVAS-Studie (Institut für Kinder- und Jugendhilfe, 2000) zu relativieren. Diese legen nahe, dass sich deutlich positive Effekte von Maßnahmen der Heimerziehung häufig erst in der 2.Verlaufserhebung (d.h. nach einer Maßnahmendauer von einem Jahr) feststellen lassen.

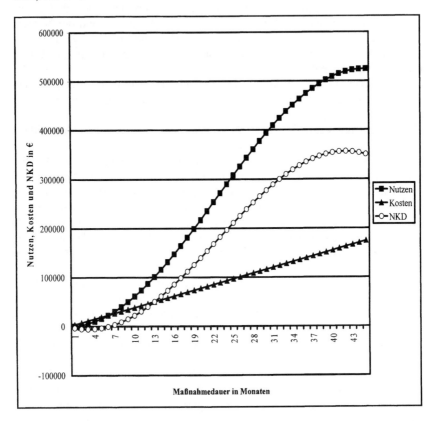

Abbildung 54: Möglicher Kurvenverlauf der Nutzenfunktion, der Kostenfunktion sowie der Funktion der Nutzen-Kosten-Differenz in Abhängigkeit der Maßnahmedauer

Dies würde bedeuten, dass eine gewisse Mindest-Maßnahmendauer erforderlich wäre, bevor entsprechende Nutzengewinne zu verzeichnen sind. Somit ergäbe

sich auch ein Bereich, in dem mit zunehmender Dauer der Grenznutzen zunächst deutlich ansteigt, bevor er anschließend wieder fällt.
Die Abbildungen 54 bis 57 geben Verläufe für hypothetische Funktionen entsprechend dieser Annahmen wieder. Abbildung 54 zeigt einen Kurvenverlauf der Nutzenfunktion mit einem zunächst langsamen, dann stärker werdenden, dann wieder abnehmenden Nutzenzugewinn je Zeiteinheit. Aufgrund der konstanten Tagespflegesätze ist die Kostenfunktion eine Gerade. Die Funktion der Nutzen-Kosten-Differenz beginnt zunächst im negativen Bereich, schneidet die Zeitachse, wenn sich Nutzen- und Kostenfunktion schneiden, steigt dann deutlich an und hat im vorliegenden Beispiel ihr Maximum bei ca. 42 Monaten, anschließend nimmt die Nutzen-Kosten-Differenz wieder ab.

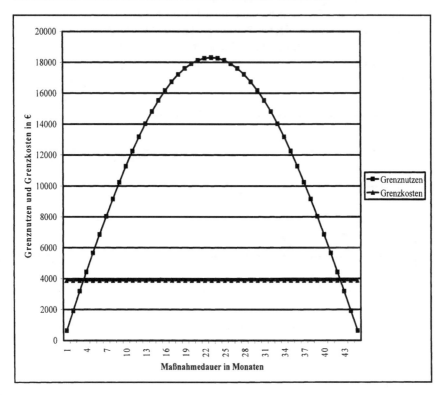

Abbildung 55: Möglicher Kurvenverlauf der Grenznutzenfunktion und der Grenzkostenfunktion in Abhängigkeit der Maßnahmedauer

Abbildung 55 beschreibt den entsprechenden möglichen Verlauf des Grenznutzens und der Grenzkosten in Abhängigkeit der Maßnahmedauer. Der Grenznutzen bzw. die Grenzkosten geben die Veränderung des Nutzens bzw. der Kosten je Zeiteinheit wieder. Die Abbildung zeigt, dass zu Beginn der Maßnahme der Nutzenzugewinn je Zeiteinheit geringer ist, als die Kosten je Zeiteinheit sind. Es ergibt sich somit zunächst eine negative Nutzen-Kosten-Differenz. Während die Grenzkosten konstant sind, steigt die Grenznutzenkurve zunächst steil an und hat im Beispiel ihr Maximum bei 23 Monaten. Danach fällt sie wieder ab und schneidet die Grenzkostenkurve bei ca. 42 Monaten. Genau in diesem Punkt sind Grenzkosten und Grenznutzen gleich und die Nutzen-Kosten-Differenz hat dort ihr Maximum.

Abbildung 56 zeigt schließlich den Verlauf der Funktion der Nutzen-Kosten-Relation in Abhängigkeit der Maßnahmedauer.

Die Nutzen-Kosten-Relation beginnt zunächst im negativen Bereich aufgrund der anfänglich negativen Nutzen-Kosten-Differenz. Sie steigt dann deutlich an und erreicht ihr Maximum bei ca. 33 Monaten, d.h. zwischen dem Zeitpunkt des Maximums des Grenznutzens und dem Zeitpunkt des Maximums der Nutzen-Kosten-Differenz.

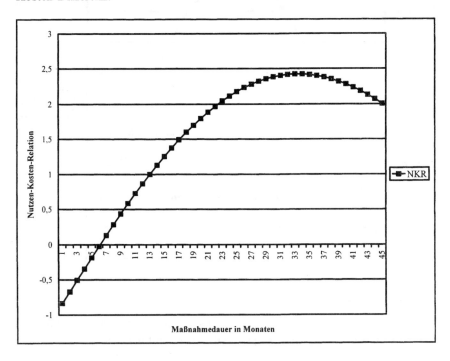

Abbildung 56: Möglicher Kurvenverlauf der Funktion der Nutzen-Kosten-Relation in Abhängigkeit der Maßnahmedauer

162

Mittels der beschriebenen Abbildungen könnten nun Aussagen über den optimalen Mitteleinsatz und die optimale Verweildauer getroffen werden. Bei prinzipiell unbegrenzt verfügbaren finanziellen Mitteln (leider erscheint dies jedoch als unrealistisch) kann die Nutzen-Kosten-Differenz maximiert werden und somit die größtmögliche Nutzensteigerung für die Gesellschaft erzielt werden. Dies ist der Fall, wenn der Grenznutzen gleich den Grenzkosten ist, im Beispiel bei ca. 42 Monaten.

Bei begrenzt verfügbaren finanziellen Mitteln ergibt sich jedoch ein anderes Bild. Hier erweist sich die Nutzen-Kosten-Relation als entscheidendes Kriterium, da sie angibt, wie viel € Nutzengewinn je eingesetztem € erzielt werden kann. In unserem fiktiven Beispiel liegt das Optimum der Nutzen-Kosten-Relation bei einer „optimalen Verweildauer" von ca. 33 Monaten. Dies würde bedeuten, dass mit den verfügbaren Mitteln möglichst viele Maßnahmen mit einer optimalen Verweildauer durchgeführt werden sollten.

Möglicherweise würden dabei einige Kinder und Jugendliche leer ausgehen, d.h. gar keine Hilfe erhalten. Dies wäre im Modell jedoch wirtschaftlich effizienter, als entsprechend mehr Kinder und Jugendliche mit einer jeweils kürzeren Verweildauer zu unterstützen.

Aus den bisherigen Ergebnissen lassen sich jedoch zur optimalen Verweildauer bisher noch keine eindeutigen Aussagen treffen.

Unter rein wirtschaftlichen Gesichtspunkten ließe sich aus der Sicht politischer Entscheidungsträger bei begrenzten Haushaltsmitteln für die vorgestellten Studien folgendes Investitionskalkül ausmachen.

Solange Mittel verfügbar sind, sollten zunächst alle Mittel in Maßnahmen entsprechend der Katamnesestudie (M1) fließen. Sind noch weitere Mittel vorhanden, nachdem diese Maßnahmen (M1) abgedeckt wurden, sollte in Maßnahmen für Frauen entsprechend der JES-Studie (M2) (geringere Verweildauer) investiert werden. Sind nach Abdeckung der Maßnahmen M1 und M2 noch Mittel vorhanden, wird in Maßnahmen für Frauen entsprechend der JULE-Studie (M3) (längere Verweildauer) investiert. Falls noch Mittel verfügbar sind, wird anschließend in Maßnahmen für Männer entsprechend der JES-Studie (M4) (kürzere Verweildauer) und schließlich in Maßnahmen für Männer entsprechend der JULE-Studie (M5) (längere Verweildauer) investiert.

Wie viel Geld insgesamt investiert werden sollte, hängt von den Nutzen-Kosten-Relationen weiterer konkurrierender staatlicher Projekte ab (Straßenbau, Landesverteidigung, Gesundheit, Altenpflege, Naturschutz etc.). Leider existieren derzeit zu wenige vergleichbare Nutzen-Kosten-Relationen anderer staatlicher Projekte, um entsprechende Entscheidungen auf dieser Basis treffen zu können.

Notwendig wäre deshalb, die Effizienz entsprechender Projekte in Form von Nutzen-Kosten-Relationen mittels Kosten-Nutzen-Analysen abzuschätzen, denn warum soll ohne entsprechenden Nachweis eigentlich Straßenbau etc. per se wirtschaftlich effizienter als Jugendhilfe sein?

Beachtenswert erscheint weiter, dass die Studie mit dem höchsten durchschnittlichen Tagespflegesatz und gleichzeitig der kürzesten Verweildauer die geringsten Maßnahmekosten sowie die beste Nutzen-Kosten-Differenz und die beste Nutzen-Kosten-Relation erreichte.

Dieser Sachverhalt macht deutlich, dass eine Auswahlentscheidung einer Hilfeeinrichtung für einen jungen Menschen vornehmlich auf der Grundlage des Tagespflegesatzes (=Suche nach der ‚billigsten' Einrichtung) sehr häufig zu ökonomisch ineffizienten Ergebnissen führen kann.

7.1.3. Interpretation anhand des Kritischen Zinssatzes

Da bisher kaum vergleichbare Nutzen-Kosten-Relationen staatlicher Projekte herangezogen werden können, um über Investitionen im Bereich der Jugendhilfe Aussagen und Entscheidungen treffen zu können, wird eine Einschätzung anhand des dritten Indikators, dem Kritischen Zinssatz vorgenommen.

Der Kritische Zinssatz wird definiert als der Zinssatz bei Fremdfinanzierung (z.B. Kreditaufnahme) des staatlichen Projekts, bei dem sich das Projekt ökonomisch gerade noch lohnen würde, d.h. eine positive Nutzen-Kosten-Differenz nach Abzug der Zinsen sich gerade noch ergeben würde.

Abbildung 44 (S. 148) zeigt die entsprechenden kritischen Zinssätze für die einzelnen Projekte. Bei dem jeweils angegebenen kritischen Zinssatz handelt es sich um einen Realzinssatz, der sich aus dem Nominalzinssatz abzüglich der Inflationsrate ergibt.

Je höher hierbei der Kritische Zinssatz ist, desto eher erscheint eine Kreditaufnahme ökonomisch sinnvoll. So könnten z.B. Realkreditzinssätze bis 10,5 % bei der Katamnesestudie in Kauf genommen und dennoch ein positives Ergebnis erzielt werden.

In der gegenwärtigen Niedrigzinsphase scheinen die Studien JES-Frauen, JULE-Frauen sowie JES-Männer ebenfalls relativ interessante Investitionsprojekte zu sein. Kritisch könnte es am ehesten für die Studie JULE-Männer werden, die den geringsten kritischen Zinssatz aufweist. Ein Ansteigen des Zinsniveaus würde die genannten Projekte entsprechend unattraktiver machen.

Bezogen auf die Überlegungen zur optimalen Verweildauer in Abschnitt 7.1.2. würde eine Möglichkeit der Kreditfinanzierung bedeuten, dass entweder durch den Kredit mehr Maßnahmen mit einer Verweildauer des Optimums der Nutzen-Kosten-Relation durchgeführt werden könnten. Oder aber, falls noch weitere Mittel vorhanden wären, könnte gegebenenfalls die Verweildauer weiter verlängert werden (weitere Nutzenzugewinne) bis hin zu dem Punkt, an dem der Grenznutzen der Maßnahme gleich den Grenzkosten inklusive der Kreditkosten wäre. Dieser Punkt läge dann zwischen dem Zeitpunkt des Optimums der

Nutzen-Kosten-Relation und dem Zeitpunkt des Optimums der Nutzen-Kosten-Differenz.

7.1.4. Fazit und Zusammenfassung

Zusammenfassend lässt sich folgern, dass Heimerziehung zu deutlich positiven Nutzengewinnen für die Gesellschaft führen kann. Die Ergebnisse legen besondere Nutzenvorteile bei Frauen nahe. Ebenfalls scheint die Nutzen-Kosten-Differenz mit zunehmender Verweildauer zuzunehmen. Der Grenznutzen scheint demgegenüber jedoch ab einem gewissen Punkt mit zunehmender Verweildauer abzunehmen, so dass eine aus wirtschaftlicher Sicht optimale Verweildauer prinzipiell bestimmt werden könnte. Jedoch stehen hierfür noch nicht ausreichend Daten zur Verfügung.

Die Studie mit dem höchsten Tagespflegesatz aber kürzester Verweildauer und damit geringsten Maßnahmekosten erzielte die höchste Nutzen-Kosten-Differenz, die beste Nutzen-Kosten-Relation und den höchsten kritischen Zinssatz.

Dies macht deutlich, dass mit dem Tagespflegesatz als Indikator keine sinnvollen Aussagen hinsichtlich der Effizienz und wirtschaftlichen Mittelverwendung in der Jugendhilfe getroffenen werden können. Vielmehr sind die Kosten-Nutzen-Analyse und die Nutzen-Kosten-Relation hierfür die geeigneten Instrumente.

Insgesamt erscheinen gegenwärtig alle fünf dargestellten Projekte aus wirtschaftlicher Perspektive als relativ interessante Investitionsprojekte in Humankapital, wobei jedoch eine eindeutige Reihenfolge der Investitionen anhand der Nutzen-Kosten-Relation existiert.

7.2. Möglichkeiten und Grenzen der angewandten Methodik

Nach der Darstellung der Interpretationsmöglichkeiten werden in diesem Abschnitt die methodischen Vorteile und Nachteile der durchgeführten Kosten-Nutzen-Analyse diskutiert.

7.2.1. Vorteil 1: Explizitmachung

Im Rahmen der vorliegenden Arbeit konnte gezeigt werden, dass, bei allen noch zu diskutierenden Schwächen der Modellbildung, der Parameterschätzung und der verwendeten Erfolgsindikatoren, eine Bestimmung der tangiblen Effekte von Jugendhilfemaßnahmen prinzipiell möglich ist. Damit ergeben sich für den politischen Entscheidungsprozeß über den Einsatz finanzieller Ressourcen in der Jugendhilfe neue Möglichkeiten. Die bisher implizit in den Köpfen der Entscheidungsträger getroffene Abwägung über die Kosten und den Nutzen entsprechender Maßnahmen können nun zumindest teilweise explizit gemacht werden und sind damit einer wissenschaftlichen aber auch politischen Diskussion besser zugänglich.

Denn es mussten bisher und müssen weiterhin Entscheidungen über den finanziellen Mitteleinsatz von Jugendhilfemaßnahmen getroffen werden, die jeweils zumindest implizit Kosten-Nutzen-Abwägungen der Entscheidenden erforderten und weiterhin erfordern. Mittels der vorliegenden Analyse konnten bereits entsprechende ökonomische Entscheidungsregeln ansatzweise verdeutlicht und aufgezeigt werden.

Dieses Explizitmachen und damit Zugänglichmachen für die Diskussion bedeutet den wichtigsten Zugewinn der Modellbildung. Dadurch erhofft sich der Autor eine Anregung des wissenschaftlichen und politischen Austauschs in diesem Bereich und damit eine Anregung weiterer Forschungsaktivitäten.

7.2.2. Vorteil 2: Erweiterbarkeit und Modifizierbarkeit

Durch die allgemeine systematische Modellbildung werden Möglichkeiten eröffnet, die vorgelegte Analyse in vielen Bereichen zu ergänzen, zu modifizieren oder abzuwandeln. Damit bedeutet das vorliegende Ergebnis der Analyse kein statisches Endprodukt, sondern lädt zur weiteren Verfeinerung und damit Verbesserung der Güte der Analyseergebnisse ein. Auf der Grundlage dieser Modellbildung lassen sich andere Partialmodelle bezüglich der Wirkungsweise von Jugendhilfe auf tangible Zielvariablen des Modells entwickeln, die die vermuteten bzw. besser sogar empirisch begründeten Zusammenhänge genauer abbilden können, als dies in der vorliegenden Analyse geschehen.

Weitere Studien zur Wirksamkeit von Heimerziehung können ebenfalls über die Modifizierung der verwendeten Erfolgsindikatoren einbezogen werden, um möglicherweise für die gebildeten Partialmodelle adäquatere Schätzungen der Wirkweise von Jugendhilfe im Bereich des jeweiligen Partialmodells liefern zu können.

Auch können neben der Heimerziehung weitere andere Jugendhilfemaßnahmen, aber auch Elemente von Jugendhilfemaßnahmen z.B. Nachbetreuung als Teil der Heimerziehung auf ihre Kosten-Nutzen-Relationen hin eingeschätzt und überprüft werden.

Mit der Bildung von Nutzen-Kosten-Relationsmaßen können diese unterschiedlichen Maßnahmen begrenzt verglichen werden. Ebenso können auf dieser Grundlage Vergleiche mit anderen Effizienzaussagen z.B. im Bereich des Gesundheitswesens angestellt werden. Ihre Begrenzungen erfahren diese Vergleiche in der unterschiedlichen Ausgangssituation der Maßnahmen, die sich beispielsweise in den unterschiedlichen Zielgruppen verschiedener Maßnahmen zeigen.

7.2.3. Nutzen und Problematik von Schätzungen

In der vorliegenden Arbeit werden in weiten Teilen Schätzungen von Parametern vorgenommen, die nur teilweise durch empirische Befunde abgesichert sind. Um gesicherte empirische Erkenntnisse über die volkswirtschaftlichen Effekte von Jugendhilfemaßnahmen zu erhalten wären Langzeit-Längsschnittstudien über den weiteren Lebensverlauf der jungen Menschen im Rahmen eines Kontrollgruppendesigns erforderlich. Dies ist jedoch aus verschiedenen Gründen nicht möglich und auch nicht sinnvoll.

Zum einen kann eine Kontrollgruppe zur Überprüfung der volkswirtschaftlichen Effekte von Jugendhilfemaßnahmen nicht gebildet werden, da den jungen Menschen aus ethischen Gründen notwendige Hilfemaßnahmen nicht vorenthalten werden dürfen. Es kann daher streng genommen empirisch nicht festgestellt werden, wie die jungen Menschen sich entwickeln würden, wenn sie nicht durch Jugendhilfemaßnahmen unterstützt werden würden.

Zum anderen erscheinen jedoch auch die Nutzeffekte von Langzeit-Längsschnittstudien sehr fraglich. Aufgrund gesellschaftlicher Veränderungen verändern sich die Problemlagen junger Menschen im zeitgeschichtlichen Ablauf und damit verändern sich auch die angebotenen Jugendhilfeleistungen für diese jungen Menschen. So haben sich in den letzten dreißig Jahren beispielsweise die Problemlagen junger Menschen in Heimerziehung als auch die Jugendhilfedienstleistung Heimerziehung (samt gesetzlichen Grundlagen) ganz erheblich verändert. Es erscheint daher sehr fraglich, welchen Nutzen die Ergebnisse einer entsprechenden Langzeit-Längsschnittstudie über die volkswirtschaftlichen Effekten der damaligen Heimerziehung hätten, da sowohl die Problemlagen als auch die angebotenen Dienstleistungen nicht mehr mit der Situation vor dreißig Jahren übereinstimmen.

Die dargestellten Sachverhalte machen deutlich, dass man auf Prognosen und Schätzungen von Parametern und Verläufen auch weiterhin angewiesen sein wird.

7.2.4. Allgemeine Begrenzungen der Analyse

Bei der vorliegenden Arbeit lassen sich eine Vielzahl von Begrenzungen, Diskussions- und Kritikpunkten ausmachen.

So sind die dargestellten Partialmodelle allesamt hypothetisch und die vermuteten Zusammenhänge zwischen erfolgreichen Jugendhilfemaßnahmen und den dargestellten Zielvariablen nur unvollständig empirisch belegbar. Insbesondere erscheint auch die Annahme zeitlich konstanter Effekte von Jugendhilfemaßnahmen über einen Zeitraum von 40 bis 50 Jahren eher unrealistisch. Auch die vermutete Einflussstärke der Jugendhilfemaßnahmen auf die entsprechenden Zielvariablen kann nur unzureichend aufgrund theoretischer oder empirischer Hinweise geschätzt werden. Vielmehr werden diese mittels zusätzlicher Annahmen gesetzt. Die verwendeten Erfolgsindikatoren erscheinen eher unscharf und lassen keinen eindeutigen Zusammenhang zu den Modellparametern erkennen.

Weiter ist anzumerken, dass viele Effekte von Jugendhilfemaßnahmen nicht tangibilisiert werden können, das heißt nicht monetär bewertbar sind. Die generelle Schwierigkeit, wie mit diesen intangiblen Effekten im Rahmen einer Kosten-Nutzen-Analyse umzugehen sei, trifft hier ebenfalls zu. Die bloße, anhängselhafte Beschreibung dieser Effekte, wie von Hanusch (1987) vorgeschlagen, erscheint eher unbefriedigend.

Fraglich bleibt auch, ob nicht weitere Effekte tangibel gemacht werden könnten. So werden in der dargestellten Analyse monetäre Effekte in den Bereichen Bildung, Sozialhilfe und Rentenbezüge nicht berücksichtigt.

7.2.5. Diskussion des Partialmodells Jugendhilfe und Erwerbstätigkeit

Aufgrund der schwierigen empirischen Datenlage erscheinen Aussagen zum Zusammenhang von Jugendhilfe, Erwerbstätigkeit und Arbeitslosigkeit zum gegenwärtigen Zeitpunkt eher hypothetisch denn empirisch belegt.

Die vorliegende Analyse konnte aber zeigen, dass ein solcher Zusammenhang prinzipiell herstellbar und somit Nutzeneffekte in diesem Bereich errechnet werden können. Die Annahme, dass ein positiver Jugendhilfeverlauf im Bereich Schule/Ausbildung mit einer Verbesserung des Bildungsniveaus entsprechend der ISCED-Klassifikation von „unter Sekundarstufe 2" nach „Sekundarstufe 2" gleichgesetzt wird, ist sicher kritikwürdig. So ist anzumerken, dass Heimerziehung (aber auch andere Jugendhilfemaßnahmen) oft vor Erlangung irgendeines Schulabschlusses oder Ausbildungsabschlusses beendet werden. Wenn also im Rahmen von Heimerziehung (oder allgemein Jugendhilfe) schulische Leistungen oder Ausbildungen bis zum Abschluss der Maßnahme positiv verlaufen, kann damit noch nicht belegt werden, dass die entsprechenden Schul- oder Ausbildungsabschlüsse tatsächlich erreicht werden. Stabilitätsaussagen von schulischen bzw. ausbildungsbezogenen Leistungsverbesserungen sind bisher kaum vorhanden. Auch katamnestische Untersuchungen, wie z.B. die einbezogene Katamnesestudie sind in ihrer Verallgemeinerbarkeit und Aussagefähigkeit begrenzt (Landeswohlfahrtsverband Baden, 2000).

Insgesamt erweist sich die in diesem Partialmodell zentrale Stabilitätsannahme der Effekte über den gesamten Lebensverlauf als sehr hypothetisch. Es wird angenommen, dass der zum Zeitpunkt der Entlassung möglicherweise bestehende positive Status-quo ohne irgendwelche Störfaktoren beibehalten wird. Dies erscheint jedoch problematisch.

Neben den formalen Kriterien wie Ausbildungs- oder Schulabschluss werden weitere wichtige Faktoren für den Bereich Arbeitslosigkeit und Erwerbstätigkeit nicht betrachtet. So werden Faktoren wie Arbeitsmotivation, psychische und physische Belastbarkeit etc. ausgeklammert.

Möglicherweise ergeben sich aber auch gerade durch diese Faktoren Effekte, die die im Modell berücksichtigten Wirkungen des Bildungsniveaus auf die Erwerbstätigkeit und Arbeitslosigkeit beeinflussen. Dies kann bedeuten, dass auch ohne Verbesserung des formalen Abschlusses sich deutliche Beschäftigungseffekte durch Jugendhilfemaßnahmen (Heimerziehung etc.) ergeben können. Oder aber umgekehrt, dass trotz Verbesserung des formalen Abschlusses aufgrund weiterer (z.B. psychischer) Variablen dennoch keine oder nur eine geringfügige Verbesserung der Beschäftigungs- und Erwerbsmöglichkeiten erzielt wird.

Insofern erscheint das erreichte Bildungs- und Ausbildungsniveau eines jungen Menschen eher als Indikator, denn als wirkende Ursache für verbesserte Erwerbschancen.

Nichtsdestotrotz können die getroffenen Annahmen als relativ plausibel betrachtet werden. Dass junge Menschen in Heimerziehung aufgrund multipler Problemlagen ohne Hilfsmaßnahmen mit hoher Wahrscheinlichkeit qualifizierte Bildungs- und Ausbildungsabschlüsse nicht erreichen würden, erscheint nachvollziehbar und auch aus entwicklungspsychopathologischer Sicht begründbar ((siehe auch Abschnitte 3.1.1. und 3.1.3. dieser Arbeit).

Die Annahme, dass ein erfolgreicher Verlauf zu einer Verbesserung des Bildungs- oder Ausbildungsniveaus führt, kann ebenfalls als realistisch betrachtet werden. Ob allerdings entsprechende Abschlüsse in jedem Fall erzielt werden, darf bezweifelt werden. Diese Annahme im Modell ist daher eine Setzung, die mit Deutlichkeit kritisch zu hinterfragen ist.

Wie bereits erläutert, sind auch ohne Ereichung formaler Abschlüsse Verbesserungen der Erwerbsmöglichkeiten durch Jugendhilfe möglich. Die Benutzung des Indikators „Bildungs-/Ausbildungsabschluss" ermöglicht Beschäftigungseffekte sowie Einkommenseffekte zu prognostizieren. Es wird dadurch möglich Schätzwerte für die Verbesserungen anzugeben.

Gäbe es differenziertere Zahlen über beschäftigungsbezogene Effekte von Jugendhilfemaßnahmen und / oder allgemeine Zahlen von Beschäftigung und Einkommen, die mit anderen Variablen als dem Bildungsniveau verknüpft sind, könnte das Modell entsprechend modifiziert werden.

Bei angenommener Gültigkeit des vorliegenden Modells kann gezeigt werden, dass durch Jugendhilfemaßnahmen vorwiegend positive finanzielle Effekte im Bereich der Erwerbstätigkeit zu erwarten sind. Dagegen ist weniger zu erwarten, dass sich Jugendhilfemaßnahmen durch verminderte Ausgaben in anderen Bereichen wie Arbeitslosigkeit, Gesundheit oder Delinquenz amortisieren. Im Modell bleiben die Einsparungen in diesen Bereichen meist hinter den Ausgaben für die Heimerziehung zurück. Der deutliche Nutzengewinn wird dagegen durch zusätzliche Einkünfte im Bereich der Erwerbstätigkeit erzielt.

7.2.6. Diskussion des Partialmodells Jugendhilfe und Gesundheit

Ähnlich wie im vorhergehend erörterten Partialmodell ergeben sich auch hier erhebliche Kritikpunkte gegenüber den in diesem Modell getroffenen Annahmen. So können die postulierten Zusammenhänge zwischen Jugendhilfemaßnahmen und verbessertem, gesundheitsbezogenem Verhalten der Zielgruppe keineswegs als gesichert oder nachgewiesen gelten. Gerade in diesem Bereich fehlen bisher entsprechende empirische Untersuchungen. Zwar lassen sich gute Begründungen in der Literatur finden (siehe auch Abschnitt 3.1.2.), warum die postulierten Zusammenhänge plausibel erscheinen. Jedoch erscheinen in der Forschung die Auswirkungen von Jugendhilfemaßnahmen auf das gesundheitsbezogene Verhalten der Zielgruppe im weiteren Lebensverlauf noch weit weniger beachtet, als dies bei den beiden anderen Partialmodellen der Fall ist.

Die Unterteilung des Partialmodells in vier Untermodelle wurde nach pragmatischen Gesichtspunkten (Verfügbarkeit von empirischen Ergebnissen) vorgenommen. Eine entsprechende theoretische Fundierung dieser Unterteilung fehlt jedoch.

Ebenfalls problematisch erweist sich, dass die berücksichtigten Studienergebnisse jeweils gesamtwirtschaftlich aggregierte Kostenwerte für die einzelnen Untermodelle wiedergeben. Diese Gesamtwerte werden anhand geschätzter Fallzahlen auf einzelne Krankheitsfälle herunter gebrochen (Top-down-Ansatz). Über die allgemeinen methodischen Schwächen (Übertragbarkeit auf Einzelfälle etc.) eines solchen Ansatzes informieren Schöffski & von der Schulenburg (2000, S. 181ff.). Insbesondere werden hier Zuordnungsprobleme und Ungenauigkeiten des hoch aggregierten Datenmaterials genannt. Entsprechende Krankheitskostenanalysen auf der Grundlage konkreter Krankheitsfälle und – verläufe (Bottom-up-Ansatz) liegen jedoch aufgrund der sehr zeit- und kostenintensiven Datenerhebung bisher nicht vor.

Als weitere problematische Annahme ist der unterstellte zeitlich konstante Effekt von Jugendhilfe über einen Zeitraum von 50 Jahren zu nennen. Zwar wurde in Abschnitt 3.1.2. beschrieben, dass im Jugendalter erworbene Verhaltensmuster und Einstellungen in späteren Lebensabschnitten beibehalten werden (siehe S. 27). Ein konstanter zeitlicher Effekt ist daraus jedoch nicht abzuleiten, noch berücksichtigt dies die Wirkung von späteren kritischen Lebensereignissen etc.

Darüber hinaus wurde für alle Untermodelle angenommen, dass das Krankheitsrisiko der Zielgruppe ohne Intervention gegenüber der Normalbevölkerung doppelt erhöht ist. Außer im Bereich der psychischen Erkrankungen gibt es jedoch hierfür keinerlei empirischen Hinweise.

Auch die angenommene Halbierung des Krankheitsrisikos bei Intervention erscheint zwar augenscheinlich plausibel, kann jedoch ebenfalls mit Ausnahme der psychischen Erkrankungen empirisch nicht untermauert werden. Insgesamt erscheint der Bereich des gesundheitsbezogenen Verhaltens in der Jugendhilfe eher wenig beachtet. Der Zusammenhang zwischen diesem Verhaltensbereich und den ausgewählten Erfolgsindikatoren ist nur unzureichend abgesichert. Ähnlich schwierig ist es, über die Wirkweise von Jugendhilfe (Interventionen etc.) auf den Zielbereich des gesundheitsbezogenen Verhaltens verlässliche Aussagen treffen zu können.

Dennoch liefern die im Partialmodell angestellten Überlegungen erste Hinweise dafür, auf welchen Ebenen pädagogische aber auch ökonomische Effekte in diesem Bereich erwartet werden können.

7.2.7. Diskussion des Partialmodells Jugendhilfe und Delinquenz

Wie bereits bei den anderen Partialmodellen beschrieben sind auch die in diesem Modell postulierten Zusammenhänge empirisch noch nicht hinreichend belegbar.

Die Kosten je Straftat werden wiederum mittels eines Top-down-Ansatzes geschätzt. Zudem wird bei der Mittelwertbildung die unterschiedliche Schwere von Straftaten (Diebstahl vs. Mord etc.) nicht berücksichtigt. Hinterfragt werden kann weiter die Annahme, dass bei einer positiven Entwicklung zumindest eine Straftat im Lebensverlauf reduziert wird. Unklar bleibt, was unter einer positiven Entwicklung bzw. einem Maßnahmeerfolg im Bereich des Legalverhaltens zu verstehen ist. Hier erscheinen selbst die Erläuterungen in den beteiligten Studien zu diesem Thema nicht eindeutig und aussagekräftig. Es konnte nicht geklärt werden, ob bei einem „Erfolg" auch tatsächlich Straftaten reduziert oder verhindert wurden.

Unberücksichtigt bleibt bei der Modellbildung auch, dass es unterschiedliche Risikogruppen für delinquentes Verhalten gibt, wie auch in Abschnitt 3.1.1. erläutert wurde. So wird beispielsweise nicht berücksichtigt, dass Männer ein deutlich höheres Delinquenzrisiko als Frauen haben und dass es Altersgruppenunterschiede gibt.

Das Modell wirkt insgesamt höchst vereinfachend und es werden auch keine Hinweise gegeben, wie Jugendhilfe (d.h. aufgrund welcher Interventionswirkung) positiv das Legalverhalten bzw. risikoverringernd delinquentes Verhalten beeinflusst.

Auch in diesem Bereich erscheinen daher weiterführende Studien sowie eine differenzierte Modellbildung und Betrachtungsweise erforderlich, um die genannten Begrenzungen der Analyse überwinden zu können.

7.2.8. Beeinflussbarkeit der Ergebnisse- Resultate der Sensitivitätsanalyse

Die in der Sensitivitätsanalyse (siehe Abschnitt 6.4.4.) dargestellten Befunde machen deutlich, dass bereits relativ geringe Veränderungen insbesondere bei den wichtigen Variablen Erfolgsindikator und Maßnahmekosten zu großen Effekten hinsichtlich der Zielvariablen Nutzen-Kosten-Differenz und Nutzen-Kosten-Relation führen können.

Da in den beteiligten Studien unterschiedliche Erfolgsindikatoren mittels sehr verschiedener Verfahren gebildet wurden, liegt nahe, dass die Auswahl eines geeigneten Erfolgsindikators sehr großen Einfluss auf die Studienergebnisse hat. So konnte für die JES-Studie gezeigt werden, dass bei Auswahl zweier unterschiedlicher Erfolgsindikatoren (Mittel aller Differenzmaße vs. Mittlerer Grad der Zielerreichung) sich ein Unterschied in der Erfolgswahrscheinlichkeit von 0,143 ergab, was zu einem Unterschied in der Nutzen-Kosten-Differenz in Höhe von über 75.000 € (bei Männern) bis über 85.000 € (bei Frauen) führte und die Nutzen-Kosten-Relation um ca. 0,7 bis 0,8 Punkte veränderte.

Diese enormen Veränderungen bei den Ergebnissen machen deutlich, dass die Erfolgsindikatoren sorgfältig ausgewählt und bei verschiedenen Studien möglichst gut miteinander vergleichbar sein sollten, um auch die Ergebnisse sinnvoll vergleichen zu können.

Ebenso zeigte sich, dass die Maßnahmekosten je nach Berechnungsmodus deutlich variierten. Bei der Berechnung der Maßnahmekosten anhand statistischer Daten (Top-Down-Ansatz) ergaben sich deutlich geringere Kosten als bei der empirisch durchgeführten Erhebung (Bottom-Up-Ansatz). Ein Grund hierfür war, dass bei den statistisch ermittelten Kosten nur die von der öffentlichen Hand gezahlten Leistungsentgelte berücksichtigt wurden. Hingegen wurden bei den empirisch ermittelten Daten die tatsächlich bei der Leistungserbringung (d.h. in den Einrichtungen) entstehenden Kosten erfasst. Diese höhere Genauigkeit musste jedoch mit einer deutlich geringeren Repräsentativität der Ergebnisse erkauft werden. Ob die berichteten, empirisch ermittelten Kosten für die Heimerziehung als repräsentativ gelten können, ist nicht geklärt. Die besprochenen Beispiele machen deutlich, dass eine Vielzahl von Faktoren Einfluss auf die Ergebnisse des komplexen Gesamtmodells haben und mögliche Verzerrungen in einem Bereich die Ergebnisse des Gesamtmodells stark beeinflussen können.

7.3. Aussagemöglichkeiten der Ergebnisse für die Jugendhilfepraxis

Im folgenden Abschnitt werden über die konkrete Interpretation der Ergebnisse (siehe 7.1.) hinausgehend allgemeine Aussagen und Empfehlungen für die

Praxis der Jugendhilfe dargestellt, die aus der vorliegenden Kosten-Nutzen-Analyse abgeleitet wurden.

7.3.1. Abkehr vom „Töpfedenken" der Haushaltspolitik

Die dargestellten Ergebnisse machen trotz der bestehenden Einschränkungen deutlich, dass Ausgaben im Bereich der Jugendhilfe nicht isoliert von anderen staatlichen Ausgabenbereichen gesehen werden sollten. Heutige Investitionen im Bereich der Jugendhilfe haben nach den dargestellten Modellen langfristige, positive Folgewirkungen im Sinne von Minderausgaben in anderen staatlichen Ausgabenbereichen. Umgekehrt werden heute versäumte Investitionen im Bereich der Jugendhilfe zukünftig Mehraufwendungen in anderen staatlichen Ausgabenbereichen verursachen und gesamtwirtschaftlich zu einer geringeren Entstehung des Sozialprodukts oder Volkseinkommens führen, als mit diesen Investitionen möglich gewesen wäre.

Eine „rigide" Sparpolitik, im Sinne von Ausgabenbeschränkungen oder Kürzungen in allen Bereichen, berücksichtigt nicht die langfristigen Folgewirkungen dieses Handelns. Ziel dieser sogenannten „Sparpolitiken" sind Steuersenkungen, um privatwirtschaftliche Investitionen zu ermöglichen.

Berücksichtigt man jedoch, dass Ausgaben im Bereich Jugendhilfe frühe Investitionen in das Humankapital unserer Gesellschaft sind und weiter, dass Humankapital ein wesentlicher Faktor für zukünftiges Wirtschaftswachstum ist, so kann eine undifferenzierte, rigide Sparpolitik im Bereich der Jugendhilfe eigentlich nicht zielführend sein. Vielmehr sollte differenziert überprüft werden, in welchen öffentlichen Ausgabenbereichen Ausgabenkürzungen oder –beschränkungen tatsächlich gesamtwirtschaftlich positive Folgewirkungen haben und in welchen nicht. Aufgrund der vorgelegten Analyse erscheint ein „Sparkurs" im Bereich der Jugendhilfe wenig geeignet, langfristige, positive gesamtwirtschaftliche Effekte erzielen zu können.

Weiter macht es gesamtwirtschaftlich wenig Sinn, mit hohem Verwaltungs- und damit Kostenaufwand sich über die Zuständigkeit verschiedener möglicher Kostenträger einer Maßnahme zu streiten, beispielsweise ob eine Therapie über die Jugendhilfe oder über die Krankenkasse zu finanzieren sei. Dies führte öfters dazu, dass der Beginn notwendiger Maßnahmen so lange verzögert wurde, dass nicht rechtzeitig und angemessen reagiert werden konnte und sich dadurch weitere Folgekosten ergaben. Insbesondere an den Schnittstellen unterschiedlicher Leistungssysteme (Jugendhilfe, Gesundheitswesen, Arbeitsförderung, Bildungssystem) sollten Überlegungen für eine verbesserte und damit effizientere Zusammenarbeit stattfinden. Abgrenzungsversuche unterschiedlicher Kostenträger sind demgegenüber als gesamtwirtschaftlich kontraproduktiv zu bewerten. Häufig führen diese in der Praxis dazu, dass notwendige Leistungen nicht finanziert werden, weil die Zuständigkeiten von Kostenträger zu Kostenträger hin und her geschoben werden.

7.3.2. Vorteile früher Interventionen

Aus zwei unterschiedlichen theoretischen Ansätzen ergeben sich Vorteile von im Lebensverlauf eines jungen Menschen früh stattfindenden Interventionen. Begreift man diese Interventionen als Investitionen in Humankapital im Sinne der Humankapitaltheorie, so ergibt sich der Vorteil dadurch, dass die Investition eine längere Laufzeit (nämlich die Restlebenszeit ab Interventionszeitpunkt) besitzt. Positive Effekte können sich daher länger auswirken.
Aus der Entwicklungspsychopathologie lassen sich Entwicklungspfade nennen, z.B. von aggressiven und delinquenten Verhaltensweisen (siehe Abschnitt 3.1.1), die mit zunehmendem Alter immer geringer und schwieriger beeinflusst werden können. Je früher daher eine Intervention ansetzt, je höher sind die Erfolgschancen und je geringer ist der minimal erforderliche Mitteleinsatz für das Erreichen eines entsprechenden Erfolgskriteriums.
Hieraus lässt sich ableiten, dass Hilfen zur Erziehung möglichst frühzeitig und in einer sinnvollen d.h. zielführend hohen Intensität geleistet werden sollten. Es erscheint sinnvoll, diejenige Hilfeform auszuwählen, die die höchste Erfolgswahrscheinlichkeit besitzt und nicht diejenige, die die geringsten Kosten verursacht. Insbesondere ein „Zuwarten" bis eine Intervention unumgänglich geworden ist, erscheint nach diesem Ansatz nicht vertretbar, da auf die längere Sicht dieses „Zuwarten" mit erheblich höheren Kosten verbunden ist als die frühe und rechtzeitige Intervention und Hilfeleistung.

7.3.3. Schaffen von Vergleichsmöglichkeiten

Durch das Bilden einer Nutzen-Kosten-Relation lassen sich Vergleiche zwischen verschiedenen Arten von Jugendhilfemaßnahmen hinsichtlich der gesamtwirtschaftlichen Effekte ziehen. Zu bedenken ist hierbei jedoch, dass sich Problemlagen der jungen Menschen in unterschiedlichen Hilfearten unterscheiden und damit die Vergleichsmöglichkeiten begrenzen.
Für den politischen Willensbildungsprozess ergeben sich aus dieser Analyse neue Bewertungsaspekte von Heimerziehung. In Folge der hier geschätzten, positiven Kosten-Nutzen-Relationen von Heimerziehung sollten bisherige Standpunkte und Einschätzungen der politisch Handelnden neu überdacht werden. Insbesondere sollte die Sinnhaftigkeit und Notwendigkeit von Jugendhilfe im Vergleich zu anderen Sozialleistungen und öffentlichen Ausgabenbereichen neu bewertet werden. Leider fehlen in vielen anderen öffentlichen Ausgabenbereichen Untersuchungen zu den (insbesondere langfristigen) Kosten-Nutzen-Wirkungen entsprechender Ausgabenfelder. Wenn jedoch die Effektivität und

Effizienz der Jugendhilfe aus gesellschaftlicher Sicht in Frage gestellt wurde – und eine solche Frage ist aus Sicht des Steuerzahlers legitim und berechtigt -, so sollten auch andere öffentliche Ausgabenbereiche einer solchen Analyse unterzogen werden, um deren Beitrag zur langfristigen, gesamtgesellschaftlichen Wohlfahrt abschätzen zu können.

7.3.4. Jugendhilfe als Investition in Humankapital offensiv vertreten

Die dargelegten Überlegungen machen deutlich, dass die Jugendhilfe sich der ökonomischen Betrachtungsweise nicht grundlegend verschließen sollte, wenngleich diese sicher auch nicht die vorherrschende Sichtweise werden darf. Aus den in der Analyse beschriebenen Gründen, insbesondere aus der Sichtweise der Humankapitaltheorie erscheint es jedoch notwendig, für die Jugendhilfe einen angemessenen gesellschaftlichen und auch finanziellen Stellenwert einzufordern.

Dies meint hierbei nicht, eine Nutzung ökonomischer Argumente zur Durchsetzung partikulärer Interessen, sondern vielmehr eine gesellschaftliche Diskussion über sinnvolle Zukunftsinvestitionen für die größtmögliche, langfristige Wohlfahrt dieser Gesellschaft aus der Sicht des allgemeinen Bürgers und Steuerzahlers. Hierbei sollte es Ziel sein, den Blick insbesondere auf eine langfristige, kontinuierliche Ausrichtung politischer Entscheidungen zu legen und gerade nicht auf eine begrenzte politische Perspektive, die über den nächsten Wahltag nicht hinausgeht und damit die langfristigen Folgen von Entscheidungen oft außer Acht lässt.

7.3.5. Bildung und Ausbildung als Schwerpunkt von Jugendhilfe

In der Kosten-Nutzen-Analyse ergaben sich deutliche, positive ökonomische Effekte von Heimerziehung im Bereich Erwerbstätigkeit und Arbeitslosigkeit, Deshalb sollte Jugendhilfe und speziell Heimerziehung einen besonderen Schwerpunkt ihrer Arbeit im Bereich der Förderung von Bildungs- und Ausbildungsabschlüssen setzen, um die möglichen positiven Nutzeneffekte in diesem Bereich in hohem Umfang erzielen zu können.

Sowohl gesellschaftlich sondern als auch ganz individuell scheint die soziale Teilhabe und Teilnahme am gesellschaftlichen Leben in Form der Erwerbstätigkeit eine ganz wesentliche Vorraussetzung für positiv gestaltete Entwicklungs- und Lebensverläufe zu sein. Umgekehrt ergeben sich aus einer Nicht-Teilnahme am Erwerbsleben häufig soziale und individuelle, materielle und auch psychische Folgeprobleme, die mit deutlichen Beeinträchtigungen der individuellen Lebensqualität einhergehen.

7.3.6. Gezielte Frauenförderung in der Jugendhilfe

Die dargestellten positiven Nutzeneffekte durch Heimerziehung lassen im besonderen Maße für Frauen eine gezielte Förderung von Bildungs- und Ausbildungsabschlüssen aus ökonomischer Sicht lohnenswert erscheinen. Die hierbei erzielbaren zusätzlichen Nutzeneffekte sind besonders hoch
.

7.3.7 Abkehr vom „Gießkannenprinzip"

Wie in Abschnitt 7.1. erläutert erweist es sich aus ökonomischer Sicht sinnvoll, Maßnahmen mit einer „optimalen Verweildauer", bei der eine maximale Nutzen-Kosten-Relation erzielt wird, durchzuführen.

Bei begrenztem Budget ist es nicht sinnvoll, viele Maßnahmen durchzuführen, die jedoch aus Kostengründen jeweils die „optimale Verweildauer" unterschreiten („Gießkannenprinzip"). Ökonomisch sinnvoll ist es vielmehr, gemäß dem Budget wenige Maßnahmen durchzuführen, die jedoch die „optimale Verweildauer" und somit eine maximale Nutzen-Kosten-Relation erreichen.

Sinngemäß könnte man argumentieren, dass viele nur zur Hälfte durchgeführte Operationen keinen Kranken richtig gesund machen. Demgegenüber machen wenige, aber vollständig durchgeführte Operationen wenigstens diese operierten Kranken gesund.

Hierbei wäre dann allerdings zu entscheiden, wer die Hilfe erhält und wer nicht. Aus ökonomischer Sicht ist diese Selektion dem „Gießkannenprinzip" deutlich vorzuziehen.

Am sinnvollsten wäre jedoch, finanzielle Mittel in angemessener Höhe, d.h. zumindest zur Erreichung einer „optimalen Verweildauer (=optimale Nutzen-Kosten-Relation) für alle Hilfebedürftigen zur Verfügung zu stellen.

7.4. Ausblick

Die vorliegende Arbeit lädt dazu ein, sich stärker sowohl im Bereich der Forschung und Theoriebildung als auch im Bereich der Jugendhilfepraxis mit Fragen der gesamtwirtschaftlichen Effekte und damit der Effizienz von Jugendhilfemaßnahmen zu befassen.

7.4.1. Implikationen für Forschung und Theoriebildung

Wie bereits dargestellt, eröffnet die jetzige Analyse einen Modellrahmen, innerhalb dessen sich eine Fülle von unterschiedlichen Partialmodellen und Hypothesen abbilden lassen. Insofern ergeben sich viele weitere Fragestellungen für Weiterentwicklungen und Modifizierungen aus dieser Arbeit. Es wäre wünschenswert, wenn dies der Anfang einer breiten, theoretisch wie empirisch fundierten Auseinandersetzung mit Fragen der Effizienz und Ökonomie im Bereich der Jugendhilfe darstellen würde. Die Entwicklung einer „Jugendhilfeökonomie" ähnlich der Gesundheitsökonomie sollte dabei weniger als Gefahr sondern als Chance begriffen werden. Denn im Sinne der Humankapitaltheorie könnte Jugendhilfe deutlich als Zukunftsinvestition in Humankapital dargestellt werden, die sich volkswirtschaftlich auszahlt. Das Vorurteil, Jugendhilfe sei eine fragwürdige, ungeliebte und unnötige Leistung eines „aufgeblähten" Sozialstaats, könnte somit nachdrücklich widerlegt werden.

Mögliche zukünftige Forschungsaktivitäten im Bereich der „Ökonomie der Jugendhilfe" könnten sein:

- Modifizierung und Verbesserung der vorliegenden Kosten-Nutzen-Analyse der Heimerziehung durch Einbeziehung neuerer Daten zur Effektivität von Heimerziehung, durch Verbesserungen der Partialmodelle etc.

- Durchführung weiterer Kosten-Nutzen-Analysen im Bereich der Jugendhilfe auf Grundlage der in dieser Arbeit beschriebenen allgemeinen Systematik (z.B. für Tagesgruppen, Vollzeitpflege, Jugendschulsozialarbeit, Erziehungsberatung etc.).

- Untersuchung jugendhilferelevanter Fragestellungen aus der Sicht der Humankapitaltheorie.

- Untersuchung von Abrechnungs- und Finanzierungsstrukturen von Jugendhilfeleistungen aus ökonomischer Sicht hinsichtlich ihrer Handlungsanreize, ähnlich z. B. den Arbeiten von Finsinger & Mühlenkamp (1989) sowie Neubauer und Unterhuber (1989) zur Krankenhausfinanzierung.

- Wohlfahrtstheoretische Betrachtung von Jugendhilfeleistungen: Theoretische Einordnung der Jugendhilfe in eine Sozialpolitiktheorie, ähnlich wie die von Schultz-Nieswandt (1992) für das Gesundheitswesen durchgeführte Analyse.

- Überprüfung weiterer Erkenntnisse der Gesundheitsökonomie auf ihre Aussagemöglichkeiten für den Bereich der Jugendhilfe.

7.4.2. Implikationen für die Jugendhilfepraxis

Die Ergebnisse der vorliegenden Studie können für die Jugendhilfepraxis in Form eines betriebswirtschaftlichen und volkswirtschaftlichen Effizienz-Systems umgesetzt werden. Auf der Grundlage der Kosten-Nutzen-Analyse kann eine Benchmarking-Struktur geschaffen werden, mit dem Jugendhilfeeinrichtungen oder Teile von Jugendhilfeeinrichtungen fortwährend auf ihre Effektivität und Effizienz hin untersucht werden können, mit dem Ziel einer ständigen Qualitäts- und Effizienzverbesserung.

Entsprechende Ansätze gibt es bereits im Gesundheitswesen. Hier werden im so genannten Krankenhaus-Report bereits Effektivitäts- und Effizienzindikatoren von vielen hunderten deutschen Krankenhäusern gesammelt, analysiert und veröffentlicht (Arnold et al., 2001).

Aber auch in der Jugendhilfe konnte mit dem Projekt „Qualitätsentwicklung durch Effizienz-Benchmarking" (Hermsen, Roos & Zinkl, 2004) erstmals ein solches System für den Bereich Heimerziehung modellhaft entwickelt und implementiert werden. In Abschnitt 6.2.1. wurde hierauf bereits eingegangen.

Ziel eines Benchmarking-Prozesses ist es, durch Vergleich der Einrichtungen untereinander, aber auch von Teilen einer Einrichtung, Verbesserungspotentiale im Bereich der Effektivität und Effizienz zu identifizieren, diese anzugehen und umzusetzen. Hierbei lernen alle am Benchmarking-Prozess beteiligten Einrichtungen voneinander und können gleichzeitig ihre Qualität, Effektivität und Effizienz nach außen dokumentieren.

Diesen ständigen Verbesserungsprozess im Bereich der Heimerziehung weiter voranzubringen, ihn insbesondere auch um den Blickwinkel der Wirtschaftlichkeit zu ergänzen, stellt eine Herausforderung aber auch Chance für alle Beteiligten dar.

Das Nutzen-Kosten-Verhältnis einer Maßnahme oder deren Wirtschaftlichkeit kann nur im Verhältnis zu anderen möglichen Maßnahmen betrachtet werden. Durch die prinzipielle Verbesserungsmöglichkeit dieser Maßnahmen sowohl im Bereich der Effekte als auch der einzusetzenden Mittel kann erwartet werden, dass die Betrachtung von Effizienzaspekten zu einer weitergehenden, ständigen Qualitätsverbesserung in diesem Bereich führen wird.

Nach Liesegang (1998, S. 67-70) gibt es drei Arten von Benchmarking:

1. Internes Benchmarking als Vergleich und Analyse ähnlicher Prozesse und Funktionen innerhalb eines Unternehmens oder einer Institution z.B. der Vergleich zwischen verschiedenen Heimgruppen einer Einrichtung.

2. Externes Benchmarking: Vergleich und Analyse von Dienstleistungen, Prozessen und Methoden mit direkten „Konkurrenten", z.B. der Vergleich verschiedener Leistungsanbieter von Heimerziehung.

3. Funktionales Benchmarking: Vergleich und Analyse von Arbeitsabläufen, Prozessen und Funktionsrealisierungen von Organisationen, die in keinem Wettbewerbsverhältnis stehen, z.B. Vergleich zwischen Einrichtungen der Heimerziehung mit Krankenhäusern oder Einrichtungen der stationären Altenpflege hinsichtlich der Kosten für Unterkunft und Verpflegung.

Alle drei genannten Benchmarking-Arten erscheinen hierbei sinnvoll, um wertvolle Hinweise für Qualitäts- und Effizienzverbesserungen erhalten zu können.

Hierbei bleibt nochmals festzuhalten, dass in dem hier vorgeschlagenen Benchmarking-Prozess, wie von Neubauer (1997) gefordert, die langfristigen gesamtwirtschaftlichen Folgewirkungen der Maßnahmen miteinbezogen werden sollten im Sinne einer Kosten-Nutzen-Analyse. Eine rein betriebswirtschaftliche Betrachtung ohne Betrachtung der gesamtwirtschaftlichen Zusammenhänge und langfristigen Folgen würde hingegen zu kurz greifen.

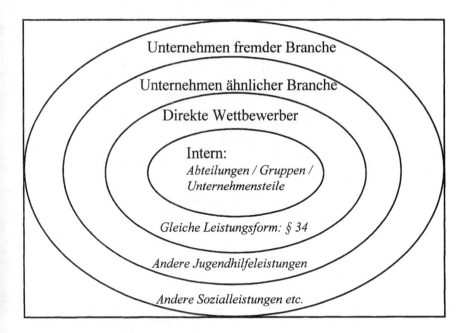

Abbildung 59: Ansatzpunkte des Benchmarking (nach Liesegang 1998, S.68)

Die ersten Ergebnisse aus dem Projekt „Qualitätsentwicklung durch Effizienz-Benchmarking" erscheinen viel versprechend. So konnten aussagefähige Wirksamkeits-Kosten-Indices gebildet werden. Auf längere Sicht sind hier wertvolle weitere Informationen und Erkenntnisse zu erwarten, die zu deutlichen Qualitätsverbesserungen im Bereich der Struktur-, Prozess- und Ergebnisqualität sowie der Maßnahmeneffizienz führen können. Neben einer zunächst betriebswirtschaftlichen Sicht ist im weiteren Verlauf auch die Integration gesamtwirtschaftlicher Effekte mittels der hier beschriebenen Methodik der Kosten-Nutzen-Analyse geplant.

Abschließend bleibt zu hoffen, dass sowohl in der pädagogischen Fachdiskussion, aber auch besonders auf politischer Ebene, die Bedeutung einer fundierten ökonomischen Analyse der Jugendhilfe hinreichend wahrgenommen wird. Die hierin liegenden Möglichkeiten und Chancen erscheinen beträchtlich.

Ökonomisch Denken heißt eben nicht, „Kürzungen mit dem Rasenmäher" vorzunehmen, sondern für eine möglichst effiziente Jugendhilfe zu sorgen, die sowohl hoch wirksam als auch mit sinnvollem finanziellem Mitteleinsatz arbeitet.

8. Literaturverzeichnis

Ahlheim, M. & Rose, M. (1989). *Messung individueller Wohlfahrt*. Berlin: Springer.

Alter, U. & Klausing, M. (1974). Effizienzmessung im Gesundheitswesen. Beispiele der Kosten-Nutzen-Analyse. *Deutsches Ärzteblatt*, 45, 3262-3267.

Andersen, H.H. & Graf v. d. Schulenburg, J. M. (1991). *Kommentierte Bibliographie zur Gesundheitsökonomie*. Göttingen: edition sigma.

Arnold, H. (1978). Kosten und Nutzen der Krebsfrüherkennung. *Das Öffentliche Gesundheitswesen*, 6, 329-338.

Arnold, V. (1992). *Theorie der Kollektivgüter*. München: Vahlen.

Arnold, M., Litsch, M. & Schellschmidt, H. (2001). *Krankenhaus-Report 2000*. Stuttgart: Schattauer.

Blandow, J. (1997). Hilfen zur Erziehung außerhalb des Elternhauses. In T. Rauschenbach & M. Schilling (Hrsg.), *Die Kinder- und Jugendhilfe und ihre Statistik: Band 2. Analysen, Befunde und Perspektiven* (15-86). Neuwied: Luchterhand.

Becker, G. (1996). *Familie, Gesellschaft und Politik*. Baden-Baden: Nomos.

Becker, P. & Petermann, F. (1998). Leistungen und Leistungsadressaten: Tendenzen in der Jugendhilfe-Statistik. *Kindheit und Entwicklung*, 7, 3–11.

Bergmann, E. & Horch, K. (2002). *Beiträge zur Gesundheitsberichterstattung des Bundes: Kosten alkoholassoziierter Krankheiten*. Berlin: Robert-Koch-Institut. Internet: www.rki.de

Blau, D. M. (1997). The Production of Quality in Child Care Centers. *The Journal of Human Resources*, 32, 354 -387.

Boeßenecker, K. (1998). *Spitzenverbände der freien Wohlfahrtspflege in der BRD: eine Einführung in Organisationsstrukturen und Handlungsfelder*. Münster: Votum.

Bundesministerium für Familie, Senioren, Frauen und Jugend (1997). *Kinder- und Jugendhilfegesetz (Achtes Buch Sozialgesetzbuch)*. Bonn: Eigenverlag.

Bundesministerium für Familie, Senioren, Frauen und Jugend (1998). *Zehnter Kinder- und Jugendbericht*. Bonn: Eigenverlag.

Bundesministerium für Familie, Senioren, Frauen und Jugend (1998). *Leistungen und Grenzen von Heimerziehung*. Schriftenreihe 170. Stuttgart: Kohlhammer.

Bundesministerium für Familie, Senioren, Frauen und Jugend (1999). *Qualitätsprodukt Erziehungsberatung. Materialien zur Qualitätssicherung in der Kinder- und Jugendhilfe*. QS 22. Düsseldorf: Vereinigte Verlagsanstalten.

Bundesministerium für Familie, Senioren, Frauen und Jugend (2002). *Elfter Kinder- und Jugendbericht*. Berlin: Eigenverlag.

Bundesministerium für Familie, Senioren, Frauen und Jugend (2002). *Effekte erzieherischer Hilfen und ihre Hintergründe*. Schriftenreihe 219. Stuttgart: Kohlhammer.

Bundesministerium für Arbeit und Sozialordnung (1981). *Soziale Dienstleistungen als Träger potentiellen Wachstums und ihr Beitrag zum Abbau der längerfristigen Arbeitslosigkeit*. Reihe Sozialforschung 43. Bonn: Eigenverlag.

Bürger, U.(1990). *Heimerziehung und soziale Teilnahmechancen. Eine empirische Untersuchung zum Erfolg öffentlicher Erziehung*. Pfaffenweiler.

Cohen, M. (2000). Measuring costs and benefits of crime and justice. *Criminal Justice*, 4, 264-315.

Cohen, M., Miller, T. & Wiersema, B. (1996). *Victim Costs and Consequences: A New Look*. National Institute of Justice. USA. Internet: www.ncjrs.aspensys.com

Cullis, J. & Jones, P. (1992). *Public finance and public choice: analytical perspectives*. London: McGraw-Hill.

Dichtl, E. & Issing, O. (Hrsg.) (1993). *Vahlens Großes Wirtschaftslexikon*. Band 1, A-K. München: Vahlen.

Dortmunder Arbeitsstelle KJHG-Statistik (2002). *KOMDat Jugendhilfe*, 1/2002.

Dortmunder Arbeitsstelle KJHG-Statistik (2004). *Ausgaben der öffentlichen Jugendhilfe*. Internet: www.akj-stat.fb12.uni-dortmund.de/tabellen

Drummond, M. (1993). Cost-Benefit Analysis in Health and Health Care: Fine in Practice, but Does it Work in Theory? In A. Williams & E. Giardina (Eds.), *Efficiency in the public sector: the theory and practice of cost-benefit analysis* (106-126). Cambridge: University Press.

Eisenberg, U. (2000). *Kriminologie*. München: Beck.

Entorf, H. & Spengler, H. (2002). *Crime in Europe: Causes and Consequences*. Berlin: Springer.

Engel, U. & Hurrelmann, K. (1994). *Was Jugendliche wagen: eine Längsschnittstudie über Drogenkonsum, Streßreaktionen und Delinquenz im Jugendalter*. München: Juventa.

Esser, G. & Wyschkon, A. (2002). Umschriebene Entwicklungsstörungen. In F. Petermann (Hrsg.), *Lehrbuch der Klinischen Kinderpsychologie und – psychotherapie, 5. korr. Auflage*, (409-430). Göttingen: Hogrefe.

Faber, M. (1999). *Wirtschaftstheorie I: Theorie des allgemeinen Gleichgewichts*. Skript zur Vorlesung am Lehrstuhl für Wirtschaftstheorie. Universität Heidelberg.

Finsinger, J. & Mühlenkamp, H. (1989). Einige Aspekte der Krankenhausfinanzierung in der Bundesrepublik Deutschland. In G. Duru (Hrsg.), *Ökonomische Probleme der Gesundheitsversorgung in Deutschland und Frankreich* (157-176). Frankfurt/Main: Campus.

Franz, W. (1998). *Arbeitsmarktökonomik*. Berlin: Springer.

Gernert, W. (1993). *Jugendhilfe. Einführung in die sozialpädagogische Praxis*. München: Reinhardt.

Gottesman, M. (1991). *Residential Child Care – an International Reader*. London: FICE/Whiting & Birch LTD.

Hanusch, H. (1987). *Nutzen-Kosten-Analyse*. München: Vahlen.

Hebborn-Brass, U. (1991). *Verhaltensgestörte Kinder im Heim – Eine empirische Längsschnittuntersuchung zu Indikation und Erfolg.* Freiburg: Lambertus.

Heinz, W. (2002). *Kriminalität von Deutschen nach Alter und Geschlecht.* Universität Konstanz. Internet: www.uni-konstanz.de/rtf/kik

Henke, K.-D. & Behrens C. (1986). *Die Kosten ernährungsbedingter Krankheiten.* Schriftenreihe des Bundesministers für Jugend, Familie und Gesundheit 179. Stuttgart: Kohlhammer.

Henke, K.-D., Martin, K. & Behrens C. (1997). Direkte und indirekte Kosten von Krankheiten in der Bundesrepublik Deutschland. *Zeitschrift für Gesundheitswissenschaften,* 5, 123-145.

Hennepin (2001). *Well-Designed Family Interventions Reduce Crime and Save Taxpayers Money.* USA. Internet: www.hennepin.mn.us/opa/reports/categories

Hermsen, T. (2002). *Projektantrag Qualitätssicherung durch Effizienz-Benchmarking.* Katholische Fachhochschule Mainz: Unveröffentlicht.

Hermsen, T., Roos, K. & Zinkl, K. (2004). *Abschlußbericht des Projekts Qualitätssicherung durch Effizienz-Benchmarking.* Katholische Fachhochschule Mainz: Unveröffentlicht.

Hofferth, S. L. & Wissoker, D. A. (1992). Price, Quality and Income in Child Care Choice. *The Journal of Human Resources,* 27, 70 -111.

Hohm, E. & Petermann, F. (2000). Sind Effekte erzieherischer Hilfen stabil? Ergebnisse einer 1-Jahreskatamnese. *Kindheit und Entwicklung,* 9, 212-221.

Horrisberger, B. (1986). *Die Kosten-Nutzen-Analyse. Methodik und Anwendung am Beispiel von Medikamenten.* Berlin: Springer.

Hottelet, H. (1998). Das System öffentlicher und freier Träger sowie gewerblicher Anbieter sozialer (Dienst-)Leistungen. In U. Arnold & B. Maelicke (Hrsg.), *Lehrbuch der Sozialwirtschaft* (137-199). Baden-Baden: Nomos.

Hurrelmann, K. (1999). *Zum Zusammenhang von Sozialisation und Drogen im Jugendalter.* Universität Bielefeld: Vortragsmanuskript.

Hurrelmann, K. & Settertobulte, W. (2002). Prävention und Gesundheitsförderung im Kindes- und Jugendalter. In F. Petermann (Hrsg.), *Lehrbuch der Klinischen Kinderpsychologie und –psychotherapie, 5. korr. Auflage,* (131-150). Göttingen: Hogrefe.

IAB, Institut für Arbeitsmarkt und Berufsforschung (2003). Was kostet uns die Arbeitslosigkeit. *IAB Kurzbericht.* 10/2003. Internet: www.iab.de.

Institut für Kinder- und Jugendhilfe (2000). *Evaluationsstudie erzieherischer Hilfen: Gesamtbericht 2/2000.* Mainz: IKJ Eigenverlag.

Johansson, P. & Löfgren, K. (1995). Wealth from optimal health. *Journal of Health Economics,* 14, 65-79.

Knab, E. & Macsenaere, M. (2002). *EVAS-Manual Version 2002.* Europäische Studien zur Jugendhilfe, Band 3. Mainz: IKJ Eigenverlag.

Kolvenbach, F. (1997). Die Finanzierung der Kinder- und Jugendhilfe - Zur Empirie eines vernachlässigten Themas. In T. Rauschenbach & M. Schilling (Hrsg.), *Die Kinder- und Jugendhilfe und ihre Statistik: Band 2: Analysen, Befunde und Perspektiven* (367-402). Neuwied: Luchterhand.

Kriedel, T. (1980). *Effizienzanalysen von Gesundheitsprojekten: Diskussion und Anwendung auf Epilepsieambulanzen.* Berlin: Springer.

Kurz-Adam, M. & Frick, U. (2000). *Umbau statt Ausbau – Analyse der Inanspruchnahme stationärer Erziehungshilfen der Landeshauptstadt München von 1996-1999 – Evaluation der Maßnahmen von 1996-1998. Projektbericht an das Stadtjugendamt München.* Benediktbeuren: Eigenverlag.

Lambers, H. (1995). Bestandsaufnahme zur Heimerziehungsforschung. *AFET-Wissenschaftliche Informationsschriften.* 13/1995.

Lancaster, K. (1983). *Moderne Mikroökonomie.* Frankfurt/Main: Campus.

Landeswohlfahrtsverband Baden (2000). *Praxisforschungsbericht Erfolg und Mißerfolg in der Heimerziehung – eine katamnestische Befragung ehemaliger Heimbewohner.* Karlsruhe: LWV Baden.

Liebig, R. & Struck, N. (2001). Was kostet die Jugendhilfe? Die Ausgaben der öffentlichen Hand im Innen- und Außenvergleich. In T. Rauschenbach & M. Schilling (Hrsg.), *Kinder- und Jugendhilfereport 1. Analysen, Befunde und Perspektiven* (33-50). Münster: Votum.

Liesegang, D. (1998). *Planung und Organisation*. Skript zur Vorlesung am Lehrstuhl für Betriebswirtschaftslehre. Universität Heidelberg: Vorlesungsskript.

Liesegang, D. (2000). *Umweltwirtschaft*. Skript zur Vorlesung am Lehrstuhl für Betriebswirtschaftslehre. Universität Heidelberg: Vorlesungsskript.

Loeber, R. (1990). Development an risk factors of juvenile antisocial behavior and denlinquency. *Clinical Psychological Review*, 10, 1-41.

Macsenaere, M. (2002). JES-Studie: Strukturinstrument. In Bundesministerium für Familie, Senioren, Frauen und Jugend (2002), *Effekte erzieherischer Hilfen und ihre Hintergründe* (100-121). Schriftenreihe 219. Stuttgart: Kohlhammer.

Manstetten, R., Hottinger, O. & Faber, M. (1998). Zur Aktualität von Adam Smith: Homo oeconomicus und ganzheitliches Menschenbild. *Homo oeconomicus,* XV, 127-168.

McNaull, F. (1981). The costs of cancer: a challenge to health care providers. *Cancer Nursing,* 4, 207-212.

Miller, T., Cohen, M. & Wiersema, B. (1996). *Victim Costs and Consequences: A New Look*. National Institute of Justice, USA. Internet: www.ncjrs.aspensys.com.

Mocan, H. N. (1997). Cost Functions, Efficiency and Quality in Day Care Centers. *The Journal of Human Resources*, 32, 861 -891.

Müller, B. (1996). *Qualitätsprodukt Jugendhilfe - Kritische Thesen und praktische Vorschläge*. Freiburg: Lambertus.

NCCIC, National Child Care Information Center (2004). *Economic Impact of Child Care (USA)*. Internet: www.nccic.org/cctopics/ecoimpact.

Neubauer, G. (1997). Ökonomische Aspekte von Institutioneller Beratung: Betriebswirtschaftliche Vorraussetzungen und volkswirtschaftliche Konsequenzen. In Katholische Bundesarbeitsgemeinschaft für Beratung e.v (Hrsg.), *Kooperative Fachtagung des „Deutscher Arbeitskreis für Jugend-, Ehe und Familienberatung" – Dokumentation der Expertentagung: Ökonomische Aspekte von Beratung – Volkswitschaftliche Konsequenzen aus der institutionellen Beratung*. Bonn: Eigenverlag.

Neubauer, G. & Unterhuber, H. (1989). Flexible Budgetierung für Krankenhäuser - Konzepte und Wirkungen. In G. Duru (Hrsg.), *Ökonomische Probleme der Gesundheitsversorgung in Deutschland und Frankreich* (177-189). Frankfurt/Main: Campus.

Niebank, K. & Petermann, F.(2002). Grundlagen und Ergebnisse der Entwicklungspsychopathologie. In F. Petermann (Hrsg.), *Lehrbuch der Klinischen Kinderpsychologie und –psychotherapie, 5. korr. Auflage* (57-94). Göttingen: Hogrefe.

OECD (1998). *Education at a Glance 1998: OECD Indicators*. Paris: OECD Publications.

OECD (2001). *Bildung auf einen Blick: OECD Indikatoren Edition 2001*. Paris: OECD Publications.

OECD (2003). *Bildung auf einen Blick: OECD Indikatoren Edition 2003*. Paris: OECD Internet Publications. Internet: www.oecd.org.

Opp, K. (1976). *Methodologie der Sozialwissenschaften*. Reinbek: Rowohlt.

Pabst, S. (1998). Privatisierung sozialer Dienstleistungen. In U. Arnold & B. Maelicke (Hrsg.), *Lehrbuch der Sozialwirtschaft* (95-110). Baden-Baden: Nomos.

Patzelt, H. (Hrsg.) (2000). *Würzburger Jugendhilfe-Evaluationsstudie WJE) – Die Wirksamkeit von heilpädagogisch-therapeutischen Hilfen*. Überregionales Beratungs- und Behandlungszentrum Sankt Joseph. Würzburg: Eigenverlag.

Petermann, F. (Hrsg.) (2002). *Lehrbuch der Klinischen Kinderpsychologie und –psychotherapie, 5. korr. Auflage*. Göttingen: Hogrefe.

Petermann, F.(2002). Grundbegriffe und Trends der Klinischen Kinderpsychologie und Kinderpsychotherapie. In F. Petermann (Hrsg.), *Lehrbuch der Klinischen Kinderpsychologie und –psychotherapie, 5. korr. Auflage* (9-28). Göttingen: Hogrefe.

Petermann, F., Döpfner, M., Lehmkuhl, G. & Scheithauer, H. (2002). Klassifikation und Epidemiologie psychischer Störungen. In F. Petermann (Hrsg.), *Lehrbuch der Klinischen Kinderpsychologie und –psychotherapie, 5. korr. Auflage* (29-56). Göttingen: Hogrefe.

Petermann, F., Döpfner, M. & Schmidt, M. (2001). *Aggressiv-dissoziale Störungen.* Leitfaden Kinder- und Jugendpsychotherapie, Band 3. Göttingen: Hogrefe.

Pothmann, J. (2002). Unerwartet – Kein Anstieg der Heimerziehung bei den unter 18-Jährigen. *KOMDat Jugendhilfe,* 1/ 2002, 1-2.

Powell, I. & Cosgrove, J. (1992). Quality and Cost in Early Childhood Education. *The Journal of Human Resources,* 27, 472 -484.

Rees, G. (1985). Cost-effectiveness in oncology. *The Lancet,* 21/28, 1405-1408.

Ribar, D. C. (1992). Child Care and the Labor Supply of Married Women: Reduced Form Evidence. *The Journal of Human Resources,* 27, 134-165.

Scheithauer, H. & Petermann, F. (1999). Zur Wirkungsweise von Risiko- und Schutzfaktoren in der Entwicklung von Kindern und Jugendlichen. *Kindheit und Entwicklung,* 8, 3-14.

Scheithauer, H. & Petermann, F. (2002). Aggression. In F. Petermann (Hrsg.), *Lehrbuch der Klinischen Kinderpsychologie und –psychotherapie, 5. korr. Auflage* (187-226). Göttingen: Hogrefe.

Schmidt, M. & Macsenaere, M. (2002). *Jugendhilfe-Effekte-Studie: Impulsveranstaltung des BvKE.* Power Point Präsentation. Mainz: unveröffentlicht.

Schöffski, O. & Von der Schulenburg, M. (2000). *Gesundheitsökonomische Evaluationen.* Berlin: Springer.

Schone, R. (2001). Familien unterstützen und Kinder schützen – Jugendämter zwischen Sozialleistung und Intervention. In Sozialpädagogisches Institut im SOS-Kinderdorf e.V. (Hrsg.), *Jugendämter zwischen Hilfe und Kontrolle* (51-89). Autorenband 5. München: Eigenverlag.

Schulz-Nieswandt, F. (1992). *Bedarfsorientierte Gesundheitspolitik – Grundfragen einer kritizistischen Lehre meritorischer Wohlfahrtspolitik.* Kölner Schriften zur Sozial- und Wirtschaftspolitik, Band 21. Regensburg: Transfer.

Siegler, B. F. (1997). *Ökonomik sozialer Arbeit.* Freiburg: Lambertus.

Simon, R., Tauscher, M. & Gessler, A. (1997). *Suchtbericht Deutschland 1997.* Baltmannsweiler: Schneider.

Statistisches Bundesamt (1998). *Sozialleistungen. Fachserie 13. Reihe 6.1.2. Jugendhilfe - Erzieherische Hilfen außerhalb des Elternhauses 1996.* Stuttgart: Metzler-Poeschel.

Statistisches Bundesamt (2002). *Datenreport 2002.* Internet: www.destatis.de

Statistisches Bundesamt (2003). *Sozialausgaben nach Funktionsbereichen.* Internet: www.destatis.de

Statistisches Bundesamt (2004). *Statistische gesamtwirtschaftliche Kennzahlen 2003.* Internet: www.destatis.de

Stiglitz, J. E. (1999). *Volkswirtschaftslehre.* München: Oldenbourg.

Temple, J. (2000). Growth Effects of Education and Social Capital in the OECD Countries. *Economics Department Working Papers*, No. 263. Paris: OECD Internet Publications. Internet: www.oecd.org

Walker, J. R. (1992). New Evidence on the Supply of Child Care: A Statistical Portrait of Family Providers and An Analysis of their Fees. *The Journal of Human Resources*, 27, 40 -69.

Weise, P. (1985). *Neue Mikroökonomie.* Würzburg: physica.

Welte, R. & König, L. (2000). Rauchen kostet Geld und Leben. *European Journal of Public Health.* 10, 31-38. Internet: www.medical-tribune.de/GMS/bericht/kosten_des_rauchens

Wieland, W. (1993). Das Menschenbild in der Gesundheitspolitik. In H. R. Vogel (Hrsg.), *Illusionen in der Gesundheitspolitik - Symposium am 11./12. Juni 1992 in Mainz* (7-23). Stuttgart: Gustav Fischer.

Wittchen, H. & Jacobi, F. (2002). Die Versorgungssituation psychischer Störungen in Deutschland. *Psychotherapeutenjournal,* 0/2002, 6-15.

9. Verzeichnis der Modellgleichungen

Im Folgenden wird das Formelwerk der vorliegenden Arbeit nochmals zusammenfassend dargestellt. Neben der formalisierten Schreibweise wird jede der Formeln kurz verbal erläutert.

$$(1) \ K_{Juhi} = K_{Juhi/Jahr} * t_{Juhi}$$

Die Kosten der Jugendhilfe ergeben sich als Produkt der jährlichen Kosten der Jugendhilfe und der Verweildauer in Jahren in Jugendhilfe.

$$(2) \ \Delta K_{Juhi} = K_{Juhi} = K_{Juhi/Jahr} * t_{Juhi}$$

Die Veränderung der Kosten der Jugendhilfe entspricht den Kosten der Jugendhilfe, da diese mit einer Situation ohne Jugendhilfe verglichen wird.

$$(3) \ K_{AL/Leben} = K_{AL/Jahr} * t_{AL/Leben}$$

Die Kosten der Arbeitslosigkeit im Lebensverlauf ergeben sich als Produkt der jährlichen Kosten der Arbeitslosigkeit und den Jahren in Arbeitslosigkeit.

$$(4) \ K_{AL/Leben} = K_{AL/Jahr} * p_{AL} * t_{EW}$$

Die Kosten der Arbeitslosigkeit im Lebensverlauf ergeben sich als Produkt der jährlichen Kosten der Arbeitslosigkeit, der Wahrscheinlichkeit für ein Jahr in Arbeitslosigkeit und den möglichen Jahren der Teilnahme am Erwerbsleben (40 Jahre).

$$(5) \ \Delta K_{AL/m} = s_{AL/m} * (K^{1}_{AL/L.} - K^{0}_{AL/L.})$$

Die Veränderung der Kosten der Arbeitslosigkeit durch die Maßnahme ergibt sich als Produkt der Erfolgswahrscheinlichkeit der Maßnahme im Bereich Arbeitslosigkeit und der Differenz der Kosten der Arbeitslosigkeit im Lebensverlauf bei Bildungsniveau 1 und bei Bildungsniveau 0.

$$(6) \ \Delta K_{AL/m} = s_{AL/m} * K_{AL/Jahr} * t_{EW} * (p^{1}_{AL} - p^{0}_{AL})$$

Die Veränderung der Kosten der Arbeitslosigkeit durch die Maßnahme ergibt sich als Produkt der Erfolgswahrscheinlichkeit der Maßnahme im Bereich

Arbeitslosigkeit, den jährlichen Kosten der Arbeitslosigkeit, dem betrachteten möglichen Erwerbszeitraum und der Differenz der Wahrscheinlichkeiten für ein Jahr in Arbeitslosigkeit bei Bildungsniveau 1 und bei Bildungsniveau 0.

$$(7)\ E_{Leben} = VE_{Jahr} * rEI * p_{EW} * t_{EW}$$

Das erwartete Lebenseinkommen eines Erwerbstätigen ergibt sich als Produkt des durchschnittlichen jährlichen Volkseinkommens, des relativen Einkommensindexes des Erwerbstätigen in Abhängigkeit des Bildungsniveaus, der Wahrscheinlichkeit für Erwerbstätigkeit in Abhängigkeit des Bildungsniveaus und den betrachteten möglichen Erwerbsjahren.

$$(8)\ \Delta E_m = s_{EW/m} * (E^1_{Leben} - E^0_{Leben})$$

Der erwartete Nutzeneffekt einer Maßnahme in Bezug auf zusätzlich entstehendes Volkseinkommen ergibt sich als Produkt der Erfolgswahrscheinlichkeit der Maßnahme im Bereich Erwerbstätigkeit und der Differenz des erwarteten Lebenseinkommen eines Erwerbstätigen bei Bildungs-niveau 1 und bei Bildungsniveau 0.

$$(9)\ \Delta E_m = s_{EW/m} * VE_{Jahr} * t_{EW} * (rEI^1 * p^1_{EW} - rEI^0 * p^0_{EW})$$

Der erwartete Nutzeneffekt einer Maßnahme in Bezug auf zusätzlich entstehendes Volkseinkommen ergibt sich als Produkt der Erfolgswahrscheinlichkeit der Maßnahme im Bereich Erwerbstätigkeit, dem durchschnittlichen jährlichen Volkseinkommen, den betrachteten möglichen Erwerbsjahren und der Differenz des Produkts (1) des relativen Einkommensindex und der Wahrscheinlichkeit für Erwerbstätigkeit bei Bildungsniveau 1 mit dem Produkt (0) des relativen Einkommensindex und der Wahrscheinlichkeit für Erwerbstätigkeit bei Bildungsniveau 0.

$$(10)\ \Delta K_{AL/m} / \partial s_{AL/m} = K_{AL/Jahr} * t_{EW} * (p^1_{AL} - p^0_{AL})$$

Die erste Ableitung der Veränderung der Kosten der Arbeitslosigkeit nach der Erfolgswahrscheinlichkeit der Maßnahme ergibt sich als Produkt der jährlichen Kosten der Arbeitslosigkeit, dem betrachteten möglichen Erwerbszeitraum und der Differenz der Wahrscheinlichkeiten für ein Jahr in Arbeitslosigkeit bei Bildungsniveau 1 und bei Bildungsniveau 0.

(11) $\Delta E_m / \partial\ s_{EW/m} = VE_{Jahr} * t_{EW} * (rEI^1 * p^1{}_{EW} - rEI^0 * p^0{}_{EW})$

Die erste Ableitung des erwarteten Nutzeneffekts in Bezug auf zusätzlich
entstehendes Volkseinkommen nach der Erfolgswahrscheinlichkeit der Maßnahme ergibt sich als Produkt des durchschnittlichen jährlichen Volkseinkommen, den betrachteten möglichen Erwerbsjahren und der Differenz des Produkts (1) des relativen Einkommensindex und der Wahrscheinlichkeit für
Erwerbstätigkeit bei Bildungsniveau 1 mit dem Produkt (0) des relativen Einkommensindex und der Wahrscheinlichkeit für Erwerbstätigkeit bei Bildungsniveau 0.

(12) $\Delta K_{PG/m} = s_{G/m} * K_{PG/Jahr} * t_G * (p^1{}_{PG} - p^0{}_{PG})$

Die Veränderung der Kosten der psychischen Gesundheit durch die Maßnahme
ergibt sich als Produkt der Erfolgswahrscheinlichkeit der Maßnahme im Bereich
psychischer Gesundheit, den jährlichen Kosten eines psychisch Kranken, dem
Betrachtungszeitraum (50 Jahre) und der Differenz der Wahrscheinlichkeiten
für psychische Erkrankungen mit und ohne erfolgreiche Maßnahme.

(13) $\Delta K_{AG/m} = s_{G/m} * K_{AG/Jahr} * t_G * (p^1{}_{AG} - p^0{}_{AG})$

Die Veränderung der Kosten der alkoholbedingten Erkrankungen durch die
Maßnahme ergibt sich als Produkt der Erfolgswahrscheinlichkeit der Maßnahme im Bereich der alkoholbedingten Erkrankungen, den jährlichen Kosten je
alkoholbedingt Erkrankten, dem Betrachtungszeitraum (50 Jahre) und der
Differenz der Wahrscheinlichkeiten für alkoholbedingte Erkrankungen mit und
ohne erfolgreiche Maßnahme.

(14) $\Delta K_{RG/m} = s_{G/m} * K_{RG/Jahr} * t_G * (p^1{}_{RG} - p^0{}_{RG})$

Die Veränderung der Kosten der durch Rauchen bedingten Erkrankungen durch
die Maßnahme ergibt sich als Produkt der Erfolgswahrscheinlichkeit der Maßnahme im Bereich der durch Rauchen bedingten Erkrankungen, den jährlichen
Kosten dieser Erkrankungen je Raucher, dem Betrachtungszeitraum (50 Jahre)
und der Differenz der Wahrscheinlichkeiten für Rauchen mit und ohne erfolgreiche Maßnahme.

(15) $\Delta K_{SG/m} = s_{G/m} * K_{SG/Jahr} * t_G * \Delta rKI_{SG}$

Die Veränderung der Kosten der sonstigen Erkrankungen durch die Maßnahme
ergibt sich als Produkt der Erfolgswahrscheinlichkeit der Maßnahme im Bereich
der sonstigen Erkrankungen, den durchschnittlichen jährlichen Gesundheits-

ausgaben pro Kopf, dem Betrachtungszeitraum (50 Jahre) und der Veränderung des relativen Kostenindex im Bereich der sonstigen Erkrankungen.

$$(16)\ \Delta K_{G/m} = \Delta K_{PG/m} + \Delta K_{AG/m} + \Delta K_{RG/m} + \Delta K_{SG/m}$$

Die Veränderung der Kosten im Bereich Gesundheit ergibt sich als Summe der Veränderungen der Kosten in den Bereichen psychische Gesundheit, der alkoholbedingten Erkrankungen, der durch Rauchen bedingten Erkrankungen sowie der sonstigen Erkrankungen.

$$(17)\ \Delta K_{D/m} = s_{D/m} * K_S * \Delta Z_S$$

Die Veränderung der Kosten im Bereich Delinquenz ergibt sich als Produkt der Erfolgswahrscheinlichkeit der Maßnahme im Bereich Delinquenz, der Kosten je Straftat und der bei einer erfolgreichen Maßnahme durchschnittlich reduzierten Anzahl an Straftaten.

$$(18)\ \Delta K_{T/m} = \Delta K_{AL/m} + \Delta K_{G/m} + \Delta K_{D/m} + \Delta K_{Juhi/m}$$

Die Veränderung der tangiblen Kosten durch die Maßnahme ergibt sich als Summe der Veränderungen der Kosten in den Bereichen Arbeitslosigkeit, Gesundheit, Delinquenz sowie Jugendhilfe.

$$(19)\ NKD_m = \Delta E_m - \Delta K_{Tm}$$

Die Nutzen-Kosten-Differenz der Maßnahme ergibt sich als Differenz des erwarteten Nutzeneffekts einer Maßnahme in Bezug auf zusätzlich entstehendes Volkseinkommen und der Veränderung der tangiblen Kosten durch die Maßnahme.

$$(20)\ NKD_m = \Delta E_m - (\Delta K_{AL/m} + \Delta K_{G/m} + \Delta K_{D/m} + \Delta K_{Juhi/m})$$

Die Nutzen-Kosten-Differenz der Maßnahme ergibt sich als Differenz des erwarteten Nutzeneffekts einer Maßnahme in Bezug auf zusätzlich entstehendes Volkseinkommen und der Summe der Veränderungen der Kosten in den Bereichen Arbeitslosigkeit, Gesundheit, Delinquenz sowie Jugendhilfe.

$$(21)\ NKR_m = NKD_m / (\Delta K_{Juhi/m})$$

Die Nutzen-Kosten-Relation der Maßnahme ergibt sich als Quotient der Nutzen-Kosten-Differenz und der durch die Maßnahme verursachten Kosten der Jugendhilfe.

(22) $\Delta NKD_m / \Delta\ s_m = \Delta E_m / \Delta\ s_m - \Delta K_{AL/m} / \Delta\ s_m - \Delta K_{G/m} / \Delta\ s_m - \Delta K_{D/m} / \Delta\ s_m$

Für die JES-Studie ergibt sich die erste Ableitung der Nutzen-Kosten-Differenz der Maßnahme nach dem Erfolgsindikator als Summe der ersten Ableitungen der Partialmodelle nach diesem Erfolgsindikator.

(23) JES-Männer: $NKD_m = 524.831\ \text{€} * s_m - 104.700\ \text{€}$

Für die JES-Studie ergibt sich bei den Männern oben stehende Funktion der Nutzen-Kosten-Differenz in Abhängigkeit des Erfolgsindikators.

(24) JES-Frauen: $NKD_m = 597.840\ \text{€} * s_m - 104.700\ \text{€}$

Für die JES-Studie ergibt sich bei den Frauen oben stehende Funktion der Nutzen-Kosten-Differenz in Abhängigkeit des Erfolgsindikators.

(25) JES-Männer: $NKR_m = 5{,}013 * s_m - 1$

Für die JES-Studie ergibt sich bei den Männern oben stehende Funktion der Nutzen-Kosten-Relation in Abhängigkeit des Erfolgsindikators.

(26) JES-Frauen: $NKR_m = 5{,}710 * s_m - 1$

Für die JES-Studie ergibt sich bei den Frauen oben stehende Funktion der Nutzen-Kosten-Relation in Abhängigkeit des Erfolgsindikators.

(27) JES-Männer: $NKR_m = (252.968\ \text{€} - K_{Juhi/m}) / K_{Juhi/m}$

Für die JES-Studie ergibt sich bei den Männern oben stehende Funktion der Nutzen-Kosten-Relation in Abhängigkeit der Kosten der Maßnahme.

(28) JES-Frauen: $NKR_m = (288.159\ \text{€} - K_{Juhi/m}) / K_{Juhi/m}$

Für die JES-Studie ergibt sich bei den Frauen oben stehende Funktion der Nutzen-Kosten-Relation in Abhängigkeit der Kosten der Maßnahme.

10. Anhang

10.1. Abbildungen : Integration in das Gesamtmodell: Studie : JES – Männer

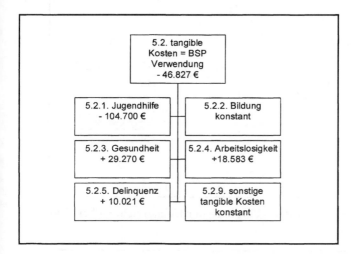

Abbildung A1: Kosten-Nutzen-Analyse der Heimerziehung – Kostenvergleich für JES-Studie – Männer

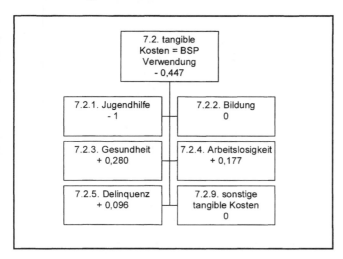

Abbildung A2: Kosten-Nutzen-Analyse der Heimerziehung – Nutzen-Kosten-Relationen der JES-Männer

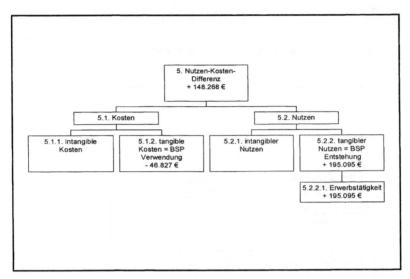

Abbildung A3: Kosten-Nutzen-Vergleich der Heimerziehung bei JES-Männern

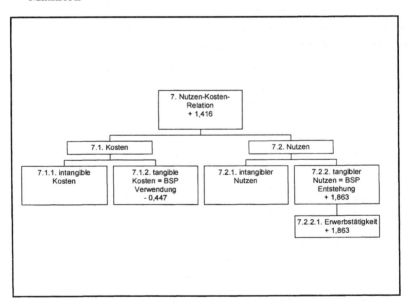

Abbildung A4: Kosten-Nutzen-Relationen der Heimerziehung bei JES-Männern

10.2. Abbildungen : Integration in das Gesamtmodell: Studie : JES – Frauen

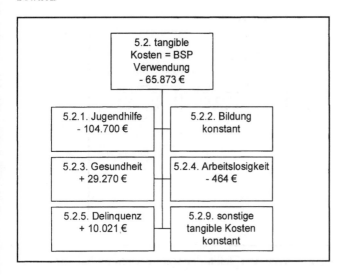

Abbildung A5: Kosten-Nutzen-Analyse der Heimerziehung – Kostenvergleich für JES-Studie - Frauen

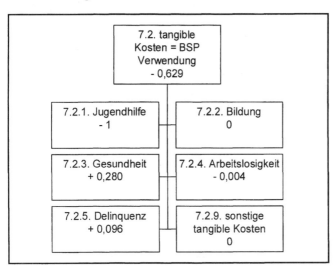

Abbildung A6: Kosten-Nutzen-Analyse der Heimerziehung – Nutzen-Kosten-Relationen der JES- Frauen

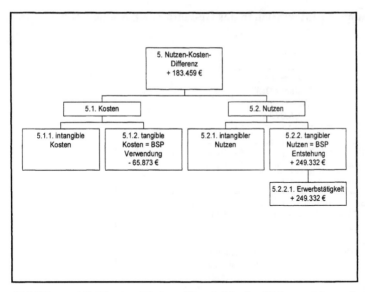

Abbildung A7: Kosten-Nutzen-Vergleich der Heimerziehung bei JES-Frauen

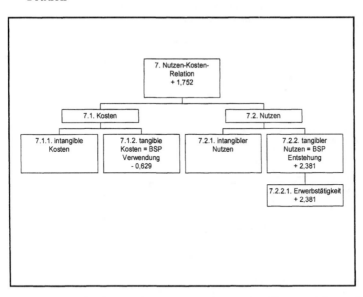

Abbildung A8: Kosten-Nutzen-Relationen der Heimerziehung bei JES-Frauen

10.3. Abbildungen : Integration in das Gesamtmodell: Katamnesestudie

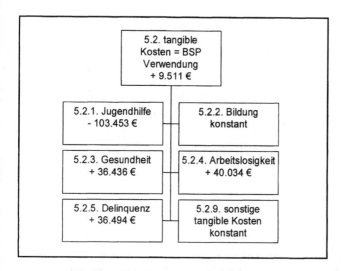

**Abbildung A9: Kosten-Nutzen-Analyse der Heimerziehung –
Kostenvergleich für Katamnesestudie**

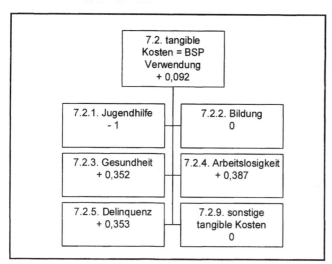

**Abbildung A10: Kosten-Nutzen-Analyse der Heimerziehung – Nutzen-
Kosten-Relationen der Katamnesestudie**

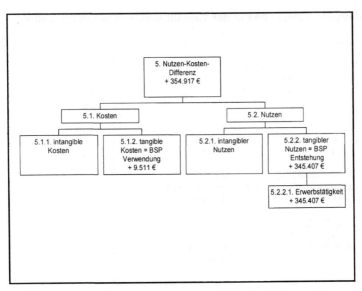

Abbildung A11: Kosten-Nutzen-Vergleich der Heimerziehung bei der Katamnesestudie

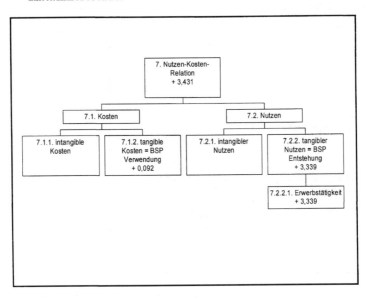

Abbildung A12: Kosten-Nutzen-Relationen der Heimerziehung bei der Katamnesestudie

STUDIEN ZUR JUGEND- UND FAMILIENFORSCHUNG

Herausgegeben von Prof. Dr. Franz Petermann

Band 21 Gianna Konrad: Entwicklung und Evaluation eines Gruppentrainings für Mütter von Kindern mit einer Aufmerksamkeitsdefizit-/Hyperaktivitätsstörung (ADHS). 2002.

Band 22 Marianne Manns / Jona Schultze: Soziale Kompetenz und Prävention. Berliner Präventionsprogramm für Haupt- und Gesamtschüler. 2004.

Band 23 Klaus Roos: Kosten-Nutzen-Analyse von Jugendhilfemaßnahmen. 2005.

www.peterlang.de